AF568218

Carol Bowman

Ich werde wieder bei dir sein!

Wiedergeburt in der Familie

Vorwort von James Van Praagh

Aus dem Amerikanischen von
Britta Hentschel

Besuchen Sie unseren Shop:
www.AmraVerlag.de

Ihre 80-Minuten-Gratis-CD erwartet Sie.
Unser Geschenk an Sie … einfach anfordern!

Amerikanische Originalausgabe:
Return from Heaven. Beloved Relatives Reincarnated Within Your Family

Deutscher Erstdruck im AMRA Verlag
Auf der Reitbahn 8, D-63452 Hanau
Telefon: + 49 (0) 61 81 – 18 93 92
Kontakt: Info@AmraVerlag.de

Herausgeber & Lektor	Michael Nagula
Einbandgestaltung	FranklDesign
Layout & Satz	Birgit Letsch
Druck	CPI books GmbH

ISBN Printausgabe 978-3-95447-152-2
ISBN eBook 978-3-95447-153-9

Exclusively published by Arrangement with Carol Bowman.
Copyright © 2001/2022 by Carol Bowman and Steve Bowman.
Dieses Werk wurde vermittelt durch die Thomas Schlück GmbH,
Literarische Agentur, Hohenzollernstr. 56, D-30161 Hannover

Folgende Bücher mit ähnlicher Thematik liegen bei AMRA vor:
Louise L. Hay – Lulus Abenteuer. Die kleine Ameise, Willy & Mimmi
Ted Mahr – Die ganze Welt wird eins sein! Botschaften der Neuen Zeit
Jan Erik Sigdell – Wiedergeburt und frühere Leben. Reinkarnation
Diana Cooper – Finns unglaublich spektakuläre Weltraumfahrt
Carol Bowman – Mama, ich war schon einmal erwachsen!

Alle Rechte der Verbreitung vorbehalten, auch durch Funk, Fernsehen
Und sonstige Kommunikationsmittel, fotomechanische, digitale
Oder vertonte Wiedergabe sowie des auszugsweisen Nachdrucks.
Im Text enthaltene externe Links konnten vom Verlag nur bis
zum Zeitpunkt der Buchveröffentlichung eingesehen werden.
Auf spätere Veränderungen hat der Verlag keinerlei Einfluss.
Eine Haftung des Verlags ist daher ausgeschlossen.

Inhalt

»Ich fand die Erinnerungen von Kindern an frühere Leben immer schon besonders faszinierend und überzeugend. Wenn Sie Ihrem Kind erlauben, über diese Erinnerungen zu reden, wird es die Freiheit haben, sich Ihnen ohne Furcht anzuvertrauen.«

BRIAN L. WEISS

Vorwort

Ich werde den Tag, als ich zum ersten Mal ein neugeborenes Kind im Arm hielt, nie vergessen. Staunend starrte ich seine winzigen Hände und den genauso kleinen Körper an. Als ich ihn an mein Herz drückte, war ich von der Reinheit und dem Zauber des Wunders, das wir als Geburt kennen, verblüfft. Nichts auf der Erde könnte mehr Glück mit sich bringen. Und wie die meisten Menschen konnte ich, während ich ihn anstarrte, nicht anders, als über sein zukünftiges Leben auf dieser Erde nachzusinnen. Hier in meinen Armen lagen Versprechen, Hoffnungen und Träume für eine neue Generation. Dies war ein neu geschaffener Körper, aber eine alterslose Seele, eine, die bereit war, den Tanz des Lebens zu beginnen – noch einmal.

Jede Seele macht ihre eigenen Erfahrungen, die mit Etappen auf einer unendlichen Landkarte zu vergleichen sind. Ganze Lebensspannen von Ereignissen sind ins Gedächtnis der Seele eingeprägt und alle Stärken und Schwächen werden in Anspruch genommen, um zu wachsen und zu verstehen. Das Bewusstsein formt und entwickelt sich aus diesem Wissen, um unsere Ichs zu bilden und sie in die einfachen und dennoch komplexen Bedeutungen des Lebens einfließen zu lassen.

Jeder von uns hat ein Seelenschicksal, aber diese Reise des Wissens muss nicht allein absolviert werden. Stattdessen wird sie geteilt. Wir sind ein Teil von vielen anderen und wir entscheiden, ob wir zurückkommen, um mit denen zu lernen und uns gemeinsam zu entwickeln, die wir schon früher geliebt haben. Auch wenn die Figuren, Rollen und Situationen sich ändern, sind die Bande der Liebe und Vertrautheit ein Teil von uns, der uns untrennbar innewohnt. Wir sind unsere Familien, unsere Freunde und unsere Feinde. Und indem wir teilen, lernen, lieben und in einer Vielzahl von Situationen unterschiedliche Aspekte der Persönlichkeit erleben, werden wir eins in unserer Suche nach Wahrheit und Verstehen.

Ein Kind ist einer der besten Lehrer des Lebens. Die Sichtweisen von Kindern sind ehrlich und frei. Ihr Geist wurde noch nicht von den Ängsten und Unsicherheiten gefangengenommen und konditioniert, die uns Erwachsene im Griff haben. Ein Kind begreift die Schlichtheit und sieht das Leben als spielerisches Abenteuer. Hinter den Worten eines Kindes versteckt sich keine Wertung und kein Motiv. Sie wissen, wer sie sind und was sie wollen und sie erzählen es dir, ohne dass du sie danach gefragt hast.

Kinder sind wesentlich mehr eins mit ihrer Intuition. Ein Bewusstsein für Religion oder ein Glaubenssystem müssen sie erst noch ausbilden, deshalb verlassen sie sich auf ihr »Gespür« oder ihr »Gefühl«, um eine Antwort zu finden. Ein Teil dieses Bewusstseins ist auf die Tatsache zurückzuführen, dass sie erst kürzlich aus der Geistigen Welt hierhergekommen sind und dass ihre Denkweise noch reich an Einflüssen aus dieser Welt ist.

Also nutzen und nähren Sie ihr Licht, denn es ist unsere Verantwortung, dass es weiter leuchtet. Der Geist eines Kindes ist der Platz der Seele und sollte so rein und frei wie möglich gehalten werden, um ein wahres, spirituelles Selbst heranzuziehen. Denn bekanntermaßen muss man werden wie ein Kind, um das Himmelreich zu betreten.

Den Glauben an die Reinkarnation findet man in fast jeder bekannten Religion und Zivilisation. Er war ganz sicher Teil der römischen Zeiten und wird von einigen griechischen Philosophen erwähnt, insbesondere von Platon. Die altägyptische Religion beinhaltete ebenfalls eine Form der Reinkarnation. Der Glaube daran, »zurückzukommen« und zu dieser Erde zurückzukehren, ist heute wieder genauso stark und gewinnt immer mehr Akzeptanz im Denken der Mehrheit. Warum ist dann aber die Reinkarnation immer noch ein Thema, das ins Licht des Geheimnisvollen getaucht wird?

In unserer begrenzten, materiellen, dreidimensionalen Welt gibt es keine von Menschenhand geschaffenen Geräte, die die »Erfahrungen« erfassen können, denen eine Seele über die Zeit hinweg ausgesetzt war. Wenn man von einer Seele oder einem Bewusstsein oder einer anderen Dimension spricht, welche wissenschaftlichen Methoden können dann verwendet werden? Keine. Die Maxime dazu lautet, dass es wäre, wie wenn man eine Nadel in einem Heuhaufen suchen würde.

Aber auf einer anderen Ebene ist das »Bewusstsein« etwas Reales und Greifbares, wie es durch Meditation, Nahtod- und außerkörperliche Erfahrungen erlebt wurde. Situationen, in denen Kinder Erinnerungen haben und beständige Details kennen, die über die Begrenzung ihres Bewusstseins hinausgehen, gehen damit konform. Die Tatsache, dass irrationale Phobien und Gesundheitsprobleme durch Rückführungstherapie gelindert werden konnten, demonstriert auf klare Weise und unwiderlegbar, dass ein Seelenbewusstsein existiert.

Der Geist ist unendlich. Wir sind nicht unsere Gehirne, unsere Körper, unsere Kleider oder unsere Häuser. Wir sind nicht unser Bankkonto, unsere Arbeit, unsere Länder und nicht einmal unsere Namen. Wir sind viel, viel mehr. Wir sind spirituelle Wesen, deren wahre Muttersprache die Liebe ist.

Für uns ist endlich die Zeit gekommen, uns diesem neuen »Seelenbewusstsein« zu öffnen. Das ist der Grund dafür, dass dieses Buch so wichtig ist, nicht nur als interessante Geschichte, sondern auch als Sammlung von Lektionen, aus denen wir lernen und nach denen wir leben können. Wenn wir beginnen, uns selbst als unendliche Wesen zu begreifen und uns »bewusst« sind, wie wir uns täglich verhalten, bekommen unsere Leben eine bedeutungsvolle Rolle und wir erkennen den Bilderteppich unserer Existenz besser, weil wir ihn direkter wahrnehmen. Wir beginnen, die Bedeutung hinter unseren Interaktionen mit Familie, Freunden und Kollegen zu verstehen. Wir beginnen zu begreifen, wie unsere früheren Handlungen dazu beitragen, das Leben zu formen, in dem wir gegenwärtig leben, und wir beginnen, mit einem »aufmerksamen Bewusstsein« für jede Wahl, die wir treffen, zu leben, weil wir wissen, dass sie Auswirkungen auf eine Zeit weit über morgen hinaus haben wird. Wir beginnen, ein Leben zu leben, in dem genau diese Wahlmöglichkeiten nicht als selbstverständlich betrachtet werden.

Diese Erde ist ein Schulzimmer für die Seele. Sie ist ein Ort, an den wir immer wieder zurückkehren, um auf unserer Straße zur Selbsterkenntnis voranzuschreiten. Wir hoffen, dass all die Erfahrungen, die wir hier machen, und die Vielseitigkeit der Szenarien, die wir ausleben, dazu führen, dass wir ein besseres Verständnis unserer selbst entwickeln. Wenn wir beginnen können, uns selbst ehrlich zu sehen, und anfangen, persönliche Verantwortung zu übernehmen – erst dann und nur dann begreifen wir, dass wir alle zu einem Sein verbunden sind und erblicken die wahre Bedeutung von Gott.

James Van Praagh

Einleitung

Wenn ein geliebtes Großelternteil, eine Tante oder ein Bruder stirbt, wenn wir einen Elternteil oder ein geliebtes Kind verlieren, fühlt sich dieser Verlust so traurig, so endgültig an. Wir sehnen uns danach, sie oder ihn noch einmal zu sehen, ihre Stimmen zu hören, ihre Anwesenheit zu spüren. Wenn wir nur wieder mit ihnen zusammen sein könnten!

Manche trösten sich damit, dass wir nach unserem Tod im Himmel, in der geistigen Welt, wieder mit den Seelen unserer verstorbenen Liebsten zusammen sein werden. Aber was, wenn Sie wüssten, dass es möglich wäre, noch in diesem Leben erneut mit ihnen zusammen zu sein, ohne vorher sterben zu müssen? Was, wenn ich Ihnen sage, dass es starke Hinweise darauf gibt, dass die Seelen der geliebten Menschen, die sterben, aus dem Himmel zurückkehren können, um wieder bei uns zu sein? Nicht in einem Traum oder einer Vision oder mit Hilfe eines Mediums, sondern in Wirklichkeit, durch Reinkarnation, die dafür sorgt, dass sie als Baby wieder in Ihre eigene Familie geboren werden?

Es ist möglich. Die wahren Geschichten, die ich in diesem Buch mit Ihnen teile, sind verblüffende Zeugnisse dafür, dass

Reinkarnation in der Familie ein reales Phänomen ist: Großväter kehren als ihre Urenkelsöhne wieder, Onkel als ihre Nichten, Mütter nehmen den Platz ihrer Töchter ein. Und die vielleicht erstaunlichste Offenbarung besteht darin, dass Kinder, die auf tragische Weise jung ums Leben kommen, innerhalb weniger Jahre zu derselben Mutter zurückkehren können.

All die Geschichten in diesem Buch handeln von sehr jungen Kindern, einige von ihnen erst zwei Jahre alt, die spontan anfingen, von ihren vergangenen Leben zu erzählen, ohne dass sie dazu aufgefordert oder hypnotisiert worden wären. Bei den Angehörigen dieser Kinder handelt es sich in den meisten Fällen um amerikanische Durchschnittsfamilien, die nicht an Reinkarnation glaubten, bis sie plötzlich mit diesem Phänomen konfrontiert wurden und durch die Beweise, die ihr eigenes Kind ihnen lieferte, zu der Überzeugung gelangten, dass ein verstorbener Verwandter in die Familie wiedergeboren wurde.

In den folgenden Geschichten können Sie diesen Entdeckungsprozess von dem Augenblick an mitverfolgen, in dem die Familien einen ersten Verdacht hegten, ihr Kind könnte ein wiedergeborener Verwandter sein. Meist trifft das Kind, wenn es anfängt, in ganzen Sätzen zu sprechen, verblüffend genaue Aussagen über das Leben des verstorbenen Verwandten – über Tatsachen, die ein Kleinkind auf keinen Fall wissen kann. Oder die Familie erkennt besondere Verhaltensweisen an dem Kind wieder, die die einzigartigen Marotten und die Persönlichkeit des Verwandten widerspiegeln. In einigen Fällen finden sie am Körper des Kindes auch Muttermale, die genau zu Verletzungen oder Narben passen, die der verstorbene Verwandte zu seinem Todeszeitpunkt aufwies – Merkmale, die nicht vererbt werden können.

Ich hatte schon mehr als zehn Jahre lang über vergangene Leben von Kindern geforscht, als ich zum ersten Mal auf diese

Spezialfälle einer *Rückkehr in die Familie* stieß. Sie wiesen mich auf etwas hin, das ich zuvor nicht erkannt hatte, indem sie auf eindrückliche Weise demonstrierten, wie *persönlich* Reinkarnation sein kann und wie Emotionen und Beziehungsprobleme von einem Leben zum nächsten weiterbestehen können. Die Entdeckung der Rückkehr in die Familie hat mein Verständnis der Reinkarnation vertieft und den Fokus meiner Forschungsarbeit verschoben.

Als ich 1988 begann, mich mit den früheren Leben von Kindern auseinanderzusetzen, näherte ich mich dem Thema nicht als Forscherin oder als Autorin, sondern als Mutter, die nach Antworten auf die Frage suchte, was mit ihren Kindern vor sich ging. Alles begann eines Nachmittags, als wir gemeinsam am Küchentisch saßen. Meine Tochter erinnerte sich plötzlich daran, wie sie vor langer Zeit bei einem Hausbrand ums Leben gekommen war, und mein Sohn lieferte mir eine realistische Beschreibung seines Todes mitten im Grauen und Chaos einer Schlacht im Bürgerkrieg. Was ich da hörte, verblüffte mich zutiefst, weil ich damals keine Ahnung hatte, dass sich Kinder an ihre vergangenen Leben erinnern können. Aber das, was meine Kinder erzählten, war so realistisch, so detailreich und begleitet von so passenden Emotionen, dass ich wusste, es konnte sich unmöglich um etwas handeln, das sie im Fernsehen gesehen oder bei einer Unterhaltung zwischen Erwachsenen mitgehört hatten. In diesem Punkt war ich mir aus mütterlichem Instinkt heraus sicher und der Beweis folgte einige Tage später, als mir auffiel, dass beide Kinder plötzlich von chronischen Krankheiten geheilt waren, weil sie sich an ihre früheren Leben erinnert hatten.

Diese Erkenntnis traf mich so unerwartet und war so unglaublich, dass sie mir die Augen für eine ganz neue Welt an Möglichkeiten öffnete und mich mit einer Menge Fragen konfrontierte. Ich musste mehr darüber herausfinden, was mit meinen Kindern passiert war. Und ich fragte mich: Wenn das ihnen einfach so passiert war, wie viele andere Kinder konnten sich dann ebenfalls an ihre vergangenen Leben erinnern?

Ich durchforstete Buchhandlungen und Bibliotheken (damals gab es noch kein Internet) nach einem Buch, das meine Fragen beantworten und mir raten würde, was ich als Nächstes tun sollte. Auf meiner Suche stieß ich auf die Arbeit von Dr. Ian Stevenson von der University of Virginia, der vierzig Jahre lang Tausende von Fällen kindlicher Erinnerungen an vergangene Leben dokumentiert und verifiziert hat. Seine beeindruckende Forschungsarbeit bestätigte mir, dass das Schicksal meiner Kinder nichts Ungewöhnliches war – es handelt sich um ein *Naturphänomen*, das Kinder auf der ganzen Welt betrifft. Ich war ihm sehr dankbar dafür. Aber Dr. Stevenson äußert sich in seinen Werken nicht zu praktischen Fragen – er sagt nichts dazu, was die Eltern tun sollten, wenn sich ihr Kind an ein früheres Leben erinnert. Viele meiner Fragen blieben unbeantwortet.

Da ich das, wonach ich suchte, nirgends fand, begann ich, selbst Nachforschungen anzustellen. Ich absolvierte ein Aufbaustudium zur Seelsorgerin und sammelte meine eigenen Fälle. Nach und nach wurde mir klar, dass niemand sonst über das Material und die Fälle verfügte, die mir vorlagen, und so schrieb ich ein Buch, um das Phänomen in einfachen Worten zu erklären und Eltern einen nützlichen Ratgeber zur Verfügung zu stellen. Ich schrieb das Buch, das ich so lange Zeit gesucht, aber nicht gefunden hatte.

Nach Erscheinen von *Mama, ich war schon einmal erwachsen!* erhielt ich Hunderte fesselnder E-Mails aus der ganzen Welt. Die Leser erzählten mir ihre Geschichten und bedankten sich dafür, dass ich ihnen geholfen hatte zu verstehen, was da mit ihren

Kindern vor sich ging. Als sie erfuhren, dass Erinnerungen an vergangene Leben bei Kindern nichts Ungewöhnliches sind und dass sie sogar von Vorteil sein können, waren sie genauso erleichtert wie ich damals. Und als durch meine Auftritte im Fernsehen und im Radio, meine Vorträge und meine Webseite immer mehr Menschen von meiner Forschungsarbeit erfuhren, prasselten die Fälle schließlich nur so auf mich ein.

Nach und nach entdeckte ich, dass diese neuen Fälle ein faszinierendes Muster aufwiesen. Bei vielen von ihnen handelte es sich um verstorbene Verwandte, die in dieselbe Familie wiedergeboren worden waren. In *Mama, ich war schon einmal erwachsen!* habe ich bereits über zwei solcher Fälle berichtet und auch erstmals von einer »Familienrückkehr« gesprochen. Ich glaubte aber, es würde sich um die Ausnahme von der Regel handeln, und schenkte ihnen keine weitere Beachtung. Doch nachdem ich eine große Anzahl von Fällen solcher Rückkehren in dieselbe Familie gesehen hatte, wurde mir klar, dass ich mir die Sache genauer ansehen sollte.

Was mir an diesen Geschichten über Familienrückkehr am meisten ins Auge fiel, war die Tatsache, dass sie *für Eltern und Familie* persönlich und emotional hoch aufgeladen sind. Sie sind anders als die typischen Fälle aus meinem ersten Buch, in dem sich ein Kind daran erinnert, irgendein Fremder aus der fernen Vergangenheit zu sein. Nein, in diesen neuen Fällen sehen sich die Familien direkt mit der Reinkarnation eines Verwandten konfrontiert, einer Person, der sie nahestanden und die sie gut kannten. Für sie ist die Situation sehr real und unmittelbar und die emotionalen Probleme, die dabei aufkommen, weisen dieselbe Komplexität auf wie jede enge Beziehung, die nach langer Trennung wiederaufgenommen wird. Für diese Familien ist Reinkarnation kein unscharfes, metaphysisches Konstrukt mehr, sondern wird zur praktischen Realität, zu etwas, das sie in ihrem Alltag direkt beobachten und erleben.

Ich begann, diese neuen Fälle in meine Vorträge einzubauen. Jedes Mal, wenn ich davon erzählte, hörte ich die Menschen im Publikum laut nach Luft schnappen, weil sie an ihre eigenen Familien dachten und begriffen, dass das Kind, über das sie immer scherzten, es sei »genauso wie sein Uropa« wirklich dieser Uropa war. Oder sie wurden zu dem simplen Wissen inspiriert, dass ein geliebter Partner, eine Mutter, ein Kind, ein Großelternteil, den sie sehr vermissten, als Baby zu ihnen in die Familie zurückkehren konnte. Einige dachten über ihren eigenen Tod nach und fanden Trost in dem Wissen, dass sie selbst eines Tages vielleicht ebenfalls zurückkehren und wieder mit ihren Liebsten zusammen sein würden.

Ich fand heraus, dass diese Geschichten wichtige Erkenntnisse nicht nur für die Eltern, sondern für uns *alle* beinhalten. Einige bieten uns frische Einsichten in metaphysische Fragen, beispielsweise, wie wir uns unsere Eltern und die Umstände unseres nächsten Lebens aussuchen. Andere werfen ein neues Licht auf das schwierige Thema Fehlgeburt und Abtreibung. Gemeinsam ist allen Geschichten die Erkenntnis, dass der Tod *nicht* das Ende des Lebens bedeutet und dass Beziehungen durch das alltägliche Wunder der Reinkarnation auch nach dem Tod fortbestehen.

Nun teile ich diese Geschichten über Wiedergeburt in der Familie mit Ihnen in der Hoffnung, dass sie Ihnen dieselbe Inspiration und denselben Trost schenken, wie dies bei anderen bereits der Fall war. Ich hoffe, dass Sie so wie ich entdecken werden, dass sie voller spiritueller Erkenntnisse und herzerwärmender Überraschungen stecken.

Carol Bowman

1

Rückkehr in die Familie

Dylan war erst zwei Jahre alt, als seine Mutter Anne zum ersten Mal ein auffälliges Verhalten an ihm bemerkte. An einem Herbstabend bereitete sie in der Küche das Abendessen zu, während er im Flur saß und spielte. Plötzlich hörte sie ihn sagen: »Ich rauche auch.« Diese seltsame Bemerkung überraschte sie, denn sie klang so gar nicht wie das fröhliche Geplapper, das ihr Sohn sonst beim Spielen von sich gab. Sie spähte zu ihm hinüber und sah, dass er zwei Finger dicht beieinander zu seinen Lippen führte und anschließend wieder sinken ließ. Es sah exakt so aus, als ob er einen Zug von einer Zigarette nehmen wollte. Dylan sagte erneut: »Ich rauche auch.« Bevor Anne darauf reagieren konnte, sah er zu ihr herüber und klopfte auf die Vordertasche seiner Hose: »Hier bewahre ich meine Zigaretten auf«, sagte er. Das verwirrte Anne noch mehr, denn in der ganzen Familie gab es niemanden, der rauchte. Deshalb konnte sie sich nicht vorstellen, dass Dylan mit diesem Verhalten jemanden imitierte.

Kurz darauf passierte erneut etwas Seltsames. Es war wieder zur Abendessenszeit. Anne bereitete das Essen zu und Dylan spielte im Flur mit seinen »Pogs«, kleinen Pappscheiben, die bei Kindern ein begehrtes Sammelobjekt waren. Dylan erregte ihre Aufmerksamkeit, als er rief: »Sieben! Ich habe die Sieben gewürfelt!« Er kniete auf dem Boden, hielt die kleinen Pappscheiben in der Faust und warf sie dann wie ein professioneller Spieler mit einem seitlichen Schwung des Handgelenks nach oben. Danach warf er seine kleinen Hände triumphierend in die Luft. Erneut schrie er: »Sieben! Ich habe die Sieben gewürfelt!«

Anne schüttelte verwirrt den Kopf. Wo hatte er das bloß her? Sie war sich ziemlich sicher, dass Dylan in seinem kurzen Leben noch nie jemanden beim Craps oder bei irgendeinem anderen Glücksspiel beobachtet hatte. Er war erst zwei Jahre alt und durfte, wie sie selbst am besten wusste, im Fernsehen nur zwei Sendungen sehen: die *Sesamstraße* und *Barney und seine Freunde.* Doch wie es wohl die meisten vielbeschäftigten Eltern tun würden, hakte sie das Gesehene bald als eine weitere der vielen Skurrilitäten ab, mit denen Kinder uns täglich überraschen.

Ein paar Monate später entwickelte Dylan jedoch ein neues, extremes Verhalten, das sich nicht so einfach ignorieren ließ. Zu seinem dritten Geburtstag hatte er eine Spielzeugpistole geschenkt bekommen. Von diesem Zeitpunkt an bestand er darauf, die Pistole ständig mit sich zu tragen. Wenn er sie verlor oder jemand sie ihm wegnahm, brach er in hysterische Anfälle aus. Er nahm die Pistole mit ins Bett und in die Badewanne, trug sie tagsüber in seinem Hosenbund mit sich herum und steckte sie sogar beim Schwimmen in den Bund seiner Badehose. Dabei hing er nicht unbedingt an dieser speziellen Spielzeugpistole – jede andere tat es auch. Bevor er das Haus verließ, überprüfte er stets, ob er die Pistole dabei hatte. Wenn er entdeckte, dass er sie vergessen hatte, schrie er so lange, bis man ihm eine andere gab. Als er seine Eltern einmal auf eine Beerdigung begleitete, fiel ihm zu spät auf, dass die Pistole nicht da war. Er weinte so heftig, dass er einen Hustenanfall bekam und kaum noch Luft kriegte. Dabei verursachte er einen solchen Aufruhr, dass seine Eltern ihn schließlich zurück ins Auto bringen mussten. Es dauerte eine ganze Zeit, bis Dylan sich so weit beruhigt hatte, dass sie nach Hause fahren konnten.

Nach diesem Vorfall hortete die gesamte Familie in allen möglichen Verstecken Spielzeugpistolen: in ihren Handtaschen, in ihren Häusern und sogar in den Handschuhfächern ihrer Autos – alles nur, um einen erneuten hysterischen Anfall von Dylan zu verhindern. Doch als er fünf wurde und bald in die Schule kommen sollte, verursachte seine Besessenheit zum ersten Mal echte Probleme. Dylan war kaum davon zu überzeugen, seine Pistole zu Hause zu lassen. Erst als seine Mutter ihm sagte, dass es gegen das Gesetz sei, mit einer Pistole zur Schule zu gehen, gehorchte er widerwillig.

Pop-Pop

Ich hörte Dylans Geschichte zum ersten Mal, als ich seine Tante Jenny auf einer Party traf. Jenny hatte gerade mein Buch *Mama, ich war schon einmal erwachsen!* gelesen und wollte unbedingt mit mir über ihren jetzt fünf Jahre alten Neffen sprechen, denn sie begann zu glauben, dass dieser die Wiedergeburt ihres Großvaters sei. Sie erklärte mir, dass sie schon länger offen für die Möglichkeit der Reinkarnation war, bisher aber nicht gewusst hatte, dass ein Kind ein wiedergeborenes Familienmitglied sein konnte. Doch vor diesem Hintergrund ergaben Dylans auffällige Verhaltensweisen endlich einen Sinn.

Sie erzählte mir die ganze Geschichte:

Unsere komplette Familie tat Dylans Verhaltensweisen zunächst als amüsante kleine Spleens ab. Wir lachten darüber. Niemand kam auf die Idee, dass es für sein Benehmen einen Grund geben könnte. Aber als ich dann Ihr Buch gelesen hatte, fielen alle Puzzleteile an den richtigen Platz.

Mein Großvater – wir nannten ihn Pop-Pop – war während der Großen Depression Streifenpolizist in Philadelphia. Später arbeitete er als Gefängniswärter. Er hatte stets eine Pistole dabei und bewahrte auch immer eine in seinem Haus auf. Er schlief auch stets mit einer Pistole neben seinem Bett. Das vergaß er nie.

Doch in den letzten drei Jahren seines Lebens war Pop-Pop sehr krank. Er war sein ganzes Leben lang Kettenraucher gewesen und litt nun an einem Lungenemphysem und einer Herzerkrankung. Es war klar, dass er letztendlich daran sterben würde. Doch sogar während seiner schweren Krankheit hörte er nicht auf zu rauchen, obwohl er am Ende kaum noch atmen konnte. Das Letzte, was wir von ihm hörten, als er auf einer Trage aus dem Haus gebracht wurde, war seine Frage nach einer Zigarette. Er starb auf dem Weg ins Krankenhaus.

Das Seltsame ist, dass Pop-Pop seine Zigaretten genau so aufbewahrte, wie Dylan es Anne gezeigt hatte – in der vorderen Hosentasche. Die meisten Menschen stecken ihre Zigaretten in eine Brusttasche, damit sie nicht zerdrückt werden. Nicht so Pop-Pop. Und Pop-Pop liebte das Glücksspiel, ganz besonders Würfelspiele. Während der Großen Depression spielten seine Freunde und er bei jeder sich bietenden Gelegenheit Craps hinter einem leer stehenden Haus.

Nachdem ich dieses Bild vervollständigt hatte – Dylan, der so tat, als ob er rauchte und Craps spielte –, fragte ich meine Mutter (Pop-Pops Tochter) nach Pop-Pops letzten Lebenstagen. Sie erzählte mir etwas, das ich vorher noch nie gehört hatte: Eines Tages putzte meine Großmutter das Haus, während Pop-Pop ein Nickerchen machte. Dabei fand sie Pop-Pops Pistole, die unter dem Sofakissen im Wohnzimmer versteckt war. Er hatte sie von ihrem ursprünglichen Platz auf seinem Nachttisch entfernt und dorthin gebracht. Das machte ihr große Angst, denn sie befürchtete, dass er sie irgendwann dazu benutzen würde, seinem Leid ein Ende zu setzen. Sie rief ihren Sonn an, der kam, um die Pistole abzuholen und sie im Fluss zu versenken. Als Pop-Pop das herausfand, wurde er sehr zornig. Ich glaube nicht, dass er jemals richtig über dieses Ereignis hinwegkam.

Als ich die Geschichte meiner Mutter hörte, bekam ich Herzklopfen und eine Gänsehaut. Ich dachte sofort: »Mein Gott – da gibt es einen Zusammenhang! Das ist der Grund für Dylans Besessenheit in Bezug auf Pistolen!« Inzwischen bin ich überzeugt davon, dass Dylan mein Großvater ist – sein eigener Urgroßvater. Ich denke, er will sicherstellen, dass seine Pistole immer in Reichweite ist. Das ist seine Reaktion darauf, dass sie ihm in einem früheren Leben weggenommen wurde.

Nachdem ich diese Geschichte gehört hatte, stimmte ich Jenny zu: Es war möglich, dass Pop-Pop als sein eigener Urenkel zurückgekehrt war. Dylans seltsame Verhaltensweisen, die im Kontext seines jetzigen Lebens und seiner beschränkten Lebenserfahrung überhaupt keinen Sinn ergaben, waren im Kontext von Pop-Pops Leben sogar überaus sinnvoll.

In vielen der Reinkarnationsfälle, die ich untersucht habe, zeigen kleine Kinder Verhaltensweisen und Spielgewohnheiten, die ihr Verhalten und ihre Angewohnheiten in einem früheren Leben widerspiegeln. Dylans Besessenheit in Bezug auf Pistolen, das Rauchen und das Würfelspiel passt in dieses Muster. In einigen Fällen sind solche ungewöhnlichen Verhaltensweisen für Eltern der erste Anhaltspunkt dafür, dass ein Kind sich an ein früheres Leben erinnert. In einem Fall lag zum Beispiel ein Kind, das in einem früheren Leben Kfz-Mechaniker gewesen war, häufig auf dem Rücken unter der Couch und gab vor, Autos zu reparieren. Ein anderes kleines Mädchen, von dem man annahm, dass es die Wiedergeburt seiner Großmutter war, nähte mit Begeisterung und tat ständig so, als sei es Schneiderin – das Schneidern war die lebenslange Beschäftigung der Großmutter gewesen. Auffällige Verhaltensweisen dieser Art treten besonders in der frühen Kindheit im Alter von bis zu fünf Jahren auf, denn dann sind die Erinnerungen an frühere Leben noch am stärksten. Sie verschwinden im Allgemeinen im Alter zwischen fünf und sieben, wenn die Eindrücke des früheren Lebens schwächer werden und das Kind sich stärker auf die äußere Welt ausrichtet.

Kommen wir zurück zu Dylans Fall. Ich fragte Jenny, was für einen Grund Pop-Pop dafür haben könnte, als der Sohn ihres Bruders und ihrer Schwägerin zurückzukommen. Hatten sie eine besonders enge Beziehung gehabt? Gab es ihres Wissens nach etwas Unerledigtes zwischen ihnen? Ich erklärte, dass die Reinkarnation im Gegensatz zur gängigen Überzeugung vieler Menschen keinesfalls einen Zufallsprozess darstellt. Eine Seele kann aufgrund starker emotionaler Bande in ihre letzte Familie zurückgezogen werden. Manchmal kehrt sie auch mit dem Ziel zurück, sich unerledigten Angelegenheiten zuzuwenden – um nur zwei der möglichen Gründe zu nennen.

Jenny hatte sich bereits ihre eigenen Gedanken zu den wahrscheinlichen Gründen von Pop-Pops Rückkehr gemacht. Sie bot die folgende Vermutung an:

Ein paar Jahre vor Pop-Pops Tod zogen seine Frau und er in ein Doppelhaus ein, das seinem Enkel, Dylans Vater Mike, gehörte. Pop-Pop wurde langsam alt und seine Gesundheit begann nachzulassen, weswegen er erleichtert darüber war, näher zu seiner Familie ziehen zu können. Seine Frau und er lebten drei Jahre lang in dem Haus. Dann sank der Wert der benachbarten Häuser und Mike beschloss, das Haus zu verkaufen, bevor er einen größeren finanziellen Verlust hinnehmen musste. Der Verkauf gelang und es ging alles sehr schnell, worüber Pop-Pop sich schrecklich aufregte. Es verletzte ihn zutiefst, dass Mike ihn einfach so aus seinem Zuhause hinauswerfen wollte – so empfand er es zumindest. Mike war klar, dass der plötzliche Umzug seine betagten Großeltern aufregen würde, weswegen er ihnen anbot, zu ihm und seiner Frau zu ziehen. Aber davon wollte Pop-Pop nichts wissen. Deshalb brachte Mike seine Großeltern in einem anderen Doppelhaus in einer besseren Nachbarschaft unter. Ich glaube nicht, dass Pop-Pop sich je von diesem aufwühlenden Umzug erholt hat.

Das Ironische daran ist: Wenn Pop-Pop wirklich als Dylan zurückgekommen ist, ist er jetzt auf eine andere Art doch noch bei Mike und Anne eingezogen – bei eben jenen Menschen, auf die er so böse war, weil sie ihn hinausgeworfen hatten. Und als Einzelkind wird ihm jetzt eine besondere Fürsorge zuteil! Vielleicht ist es ja das, was man als Karma bezeichnet.

Pop-Pops unerledigte Angelegenheiten

Jennys Geschichte und ihre Beweise dafür, dass ihr Neffe Dylan der wiedergeborene Pop-Pop war, ließen mich nicht mehr los. Deshalb wollte ich nun unbedingt mit Anne und Mike direkt sprechen. Ich war neugierig, ob sie noch mehr Details zu der Geschichte beisteuern könnten und ob sie auch glaubten, dass Pop-Pop zurückgekommen war. Allerdings wusste ich nicht, ob sie überhaupt mit mir reden würden. In anderen Fällen von Reinkarnation innerhalb der Familie habe ich es schon erlebt, dass die meisten Familienmitglieder die Anhaltspunkte, die sich direkt vor ihrer Nase befinden, vollkommen ignorieren – selbst dann, wenn ein Mitglied der Familie bereits relativ sicher ist, dass sich ein wiedergeborener Verwandter in ihrer Mitte befindet. Viele weigern sich, auch nur ein Gespräch darüber zuzulassen, vor allem dann, wenn ein Außenstehender daran beteiligt ist. Häufig steht die Idee der Reinkarnation in völligem Widerspruch zu ihren religiösen Überzeugungen. Für viele stellt der Glaube an Reinkarnation schlicht abergläubischen Blödsinn dar. Diese Art von Widerstand ist der Hauptgrund dafür, dass es so schwer ist, die Fälle aufzuklären. An ihm liegt es auch, dass die meisten Menschen noch nie etwas von Reinkarnation innerhalb der Familie gehört haben.

Doch in diesem Fall hatte ich Glück. Anne erklärte sich bereit, mit mir zu reden. Als ich sie zu Hause in Delaware anrief, begrüßte sie mich freundlich, versicherte aber direkt: »Da gibt es wirklich nicht viel zu besprechen.« Dennoch räumte sie ein, dass Dylans merkwürdiges Benehmen Mike und sie verwirrte. In einem langen Gespräch bestätigte sie mir alles, was Jenny mir erzählt hatte, ganz besonders Dylans heftige Besessenheit von Spielzeugpistolen. Sie sagte, dass diese Eigenart sich niedlich anhörte, aber *sie* sie überhaupt nicht lustig fand, weil sie diejenige war, die mit Dylans Anfällen fertigwerden musste, wenn er seine Pistole nicht finden konnte. Sie gab zu, dass sie die zufällige Parallele zwischen

Dylans Besessenheit von Pistolen und Pop-Pops Entrüstung über die Entsorgung seiner Pistole verblüffte. Einen Zusammenhang konnte sie hier aber nicht sehen.

Als ich nach Pop-Pops Reaktion auf den Verkauf des Hauses fragte, wurde ihre Stimme weicher und sie sagte, sie hoffe, dass Pop-Pop Mike und ihr verziehen habe. Sie gestand, dass es ihr das Herz brechen würde, wenn er gestorben wäre, ohne diesen Groll ablegen zu können. Trotzdem konnte sie keine Verbindung zwischen ihrem kleinen Sohn und Pop-Pop erkennen.

Nur zögernd fügte sie hinzu, dass ihr noch etwas anderes eingefallen war, während wir uns unterhielten. Nun fragte sie sich, ob es einen Zusammenhang gab. Für Dylan war es immer sehr schwer, sich von ihrem Mann und ihr zu trennen. Immer und immer wieder umarmte und küsste er sie und wollte sie einfach nicht gehen lassen, so als befürchtete er, sie nie mehr wiederzusehen. Anne gab zu, dass es ihr schon schwerfiel, dies überhaupt laut auszusprechen, weil sie Angst hatte, dass es ein Vorbote von etwas Schlimmerem sein könnte. Dylans Trennungsangst war so extrem, dass sie deswegen mit ihm zu einem Psychologen gegangen war. Der Psychologe beruhigte sie und sagte, dass sie sich keine Sorgen zu machen brauchte. Er ging davon aus, dass die Trennungsangst sich bei Dylan von alleine auswachsen würde. Doch trotz seiner Beteuerungen beunruhigten sie Dylans hochemotionale Abschiedsszenen weiterhin.

Annes Bemerkung veranlasste mich dazu, andere Fälle von Trennungsangst zu erwähnen, die mir im Rahmen meiner Arbeit begegnet waren. Ich erzählte ihr, dass starke Trennungsangst häufig auf traumatische Erlebnisse in früheren Leben zurückgeführt werden kann. Sowohl bei spontanen Erinnerungen von Kindern als auch bei Rückführungen mit Erwachsenen treten häufig plötzliche Trennungen oder traumatische Todeserlebnisse aus früheren Leben zutage, die dafür sorgten, dass kein richtiger Abschied möglich war.

Ich fragte Anne, wo sie gewesen war, als Pop-Pop starb, oder wie sie sich bei ihrem letzten Zusammentreffen voneinander verabschiedet hatten. Sie schwieg für einen Moment, dann platzte es aus ihr heraus: »Oh Gott! Wir waren nicht bei Pop-Pops Beerdigung! Mein Gott! Oh Gott!«

Ab da veränderte sich ihre Einstellung vollkommen. Aufgeregt und ganz außer Atem fuhr sie fort: »Ich habe diese beiden Dinge nie vorher in Zusammenhang gebracht. Wir waren nicht bei Pop-Pop, als er starb. Am Abend vor seiner Beerdigung waren wir bei einem Freund zum Essen eingeladen und Mike trank mit unserem Gastgeber zusammen verdorbenen Wein. Ihm wurde danach furchtbar schlecht. Er war die ganze Nacht krank und ich wäre beinahe mit ihm in die Notaufnahme gefahren. Weil Pop-Pops Beerdigung zwei Stunden entfernt in Philadelphia stattfand, mussten wir unsere Familie anrufen und Bescheid geben, dass wir es nicht schaffen würden. Glauben Sie, dass Pop-Pop sich darüber aufgeregt hat, dass wir uns nie richtig von ihm verabschiedet haben?«, fragte sie mich.

»Das ist gut möglich«, sagte ich.

Anne ging alle Beweise noch einmal durch – die Spielzeugpistole, das Rauchen, die verpasste Beerdigung. Jetzt sah sie all diese Ereignisse zum ersten Mal als Teile eines Puzzles, die perfekt zueinanderpassten und zusammen ein vollständiges Bild ergaben. Plötzlich ergab alles einen Sinn für sie – nicht nur logisch betrachtet, sondern auch emotional. Nachdem sie die neuen Informationen ein paar Minuten lang verarbeitet hatte, half ich ihr dabei, das vollständige Bild zu verstehen, indem ich hinzufügte, was ich durch andere Reinkarnationsfälle gelernt hatte – ganz besonders in Bezug auf das Konzept der *unerledigten Angelegenheiten.*

Wenn wir sterben und irgendeine Art unerledigte Angelegenheit hinterlassen – ob wir nun als Kind durch einen Unfall oder an einer schweren Krankheit sterben oder als Erwachsener, der voll von Ärger über einen ungeklärten Konflikt ist, als Mutter, die ihre kleinen Kinder zurücklässt, oder einfach in Sorge und voll Sehnsucht nach den geliebten Menschen, die wir zurücklassen mussten – die unerledigten Angelegenheiten begleiten uns, wenn wir in einem neuen Körper auf die Erde zurückkehren. Durch sie entsteht in der neuen Existenz der Impuls, uns diesen Angelegenheiten zu widmen und Ungelöstes zu bereinigen.

Wenn wir innerhalb relativ kurzer Zeit in unsere alte Familie zurückkehren, starten wir praktisch da, wo wir aufgehört haben, bevor wir starben.

Familien, die entdecken, dass sie einen wiedergeborenen Verwandten in ihrer Mitte haben, können möglicherweise herausfinden, worin die unerledigten Angelegenheiten des Kindes bestehen. Dazu sollten sie die Umstände des früheren Lebens mit denen des jetzigen vergleichen. Dabei lohnt sich ein Blick auf die Ereignisse rund um den Todeszeitpunkt besonders, da hier häufig unlösbare Konflikte entstehen. Diese Familien haben die einmalige Gelegenheit zu verstehen, warum das Kind zurückkam, um erneut bei ihnen zu sein.

In Pop-Pops Fall könnten Liebe und ein Gefühl der Unvollständigkeit die Beweggründe gewesen sein, die ihn in seine Familie zurückzogen. Weil der Umzug am Ende seines Lebens ihn beunruhigt hatte und ihm noch dazu seine geliebte Pistole weggenommen worden war, könnte seine Seele in einen Zustand der Rastlosigkeit geraten sein. Vielleicht brauchte ein Teil von Dylans Seele eine Entschuldigung oder eine Erklärung, um einen Abschluss dieser Lebensphase zu erreichen. Vielleicht brauchte er eine Bestätigung der Liebe seiner Familie, um diese Liebe nicht mehr weiter anzuzweifeln.

Ich beschrieb Anne eine einfache Technik, die ich schon häufig genutzt hatte, um sehr kleinen Kindern mit spontanen Erinnerungen an frühere Leben dabei zu helfen, ungelöste Angelegenheiten zu klären. Ich erklärte ihr, dass sie Dylan bei der Überwindung seiner Besessenheit von Pistolen und seiner Trennungsangst helfen könnte, indem sie erst einmal die Möglichkeit anerkannte, dass er der wiedergeborene Pop-Pop sein könnte. Sie könnte mit Dylan reden, als führte sie ein direktes Gespräch mit Pop-Pop, und sich bei ihm für die Missverständnisse in der Vergangenheit entschuldigen. Sie könnte erklären, dass es nie ihre und Mikes Absicht gewesen war, ihn aus dem Haus zu verscheuchen, indem sie es verkauften. Und sie könnte, falls sie es wollte, die Sache mit der Pistole thematisieren und erklären, dass sie sie ihm weggenommen hatten, weil sie ihn liebten und ihn beschützen wollten. Dieses Gespräch konnte Dylan auf keinen Fall schaden. Wenn sie mit ihrer Vermutung falsch lag, würde Dylan das Gespräch einfach ignorieren und sich wieder seinem Spiel zuwenden. Wenn sie aber richtig lag, könnte das Gespräch eine große Hilfe sein.

Einige Wochen später erhielt ich einen Brief von Anne:

Nach unserem Telefonat ging ich nach unten ins Wohnzimmer, um Mike über unser Gespräch zu informieren. Dylan saß ungefähr drei Meter von uns entfernt auf dem Boden und spielte. Er schien unserer Unterhaltung keinerlei Aufmerksamkeit zu widmen. Ich erklärte meinem Mann alles, was wir miteinander besprochen hatten – zum Thema Pistole und zum fehlenden Abschied von Pop-Pop.

Ich ließ nichts aus. Ich sagte ihm auch, wie leid es mir tat, dass Pop-Pop und seine Frau Nanny der Verkauf unseres Hauses so aufgeregt hatte.

Als wir am nächsten Tag das Haus verließen, fiel mir auf, dass Dylan seine Pistole nicht dabei hatte. Ich fragte ihn: »Wo ist deine Pistole?«, weil ich keine Lust hatte, auf halbem Weg wieder umkehren zu müssen, um sie zu holen. Aber Dylan sah mich an und sagte: »Mama, die brauche ich nicht mehr.« Und seitdem hat er sie nicht mehr mitgenommen. Dieser Umschwung muss mit dem Gespräch zu tun gehabt haben, das ich am Abend zuvor mit meinem Mann geführt hatte. Zuvor konnte nichts, das ich oder jemand anders sagte, Dylan davon überzeugen, dass er die Pistole nicht brauchte. Er musste sie ständig mitnehmen – sogar ins Schwimmbad. So extrem war seine Besessenheit. Ich glaube, dass sich das Problem schon durchs Zuhören gelöst hat, auch wenn keiner von uns direkt mit ihm darüber sprach. Es passierte augenblicklich!

Mir ist jetzt klar, was da geschah. Pop-Pops Seele musste begreifen, dass alles in Ordnung war. Ich musste zusichern, dass wir uns immer um ihn kümmern würden, und ich musste erklären, warum wir uns nicht von ihm verabschiedet und ihm seine Pistole abgenommen hatten. Es war ganz einfach.

Ich habe nie darüber nachgedacht, was nach unserer jetzigen irdischen Existenz mit uns passiert. Ich weiß nicht, ob das daran liegt, dass ich katholisch erzogen wurde, oder woran auch immer. Doch jetzt glaube ich wirklich an Karma, weil ich begriffen habe, dass alle unsere Handlungen Auswirkungen auf andere haben. Der Einfluss dieser Handlungen kann sogar bis in ein anderes Leben hineinreichen.

Was im Fall von Dylan passiert ist, ist nicht einzigartig. Ich habe einige andere Fälle von Kindern dokumentiert, für die es eine große emotionale Erleichterung war, als ein Elternteil ihre Erinnerungen an ein vergangenes Leben anerkannte und die unerledigten Geschäfte oder andere spezielle Angelegenheiten aus der Vergangenheit ansprach, die ihnen Kummer bereiteten. In einigen Fällen konnten dadurch nicht nur psychische, sondern sogar *physische* Beschwerden des Kindes beseitigt werden. Wenn eine Angelegenheit endgültig abgeschlossen ist, wird eine große Last von dem Kind genommen. Mit der Aufhebung alter Lasten kann das Kind die Vergangenheit vergessen und sich vollständig in der Gegenwart verwurzeln. Die Veränderung kann ganz unmittelbar geschehen und teils sehr auffällig sein. Das ist zum Beispiel dann der Fall, wenn seltsame Verhaltensweisen und Äußerungen des Kindes, die mit der Vergangenheit zusammenhängen, von heute auf morgen verschwinden.

Manchmal ist es allerdings nicht ganz so einfach. Es kann Gründe für die Rückkehr einer Seele geben, die so komplex und verschachtelt sind, dass sie selbst dann nicht ganz verstanden werden können, wenn die Identität der Seele im vergangenen Leben bekannt ist. Die schlichte Anerkennung der früheren Identität ist dann vielleicht nicht genug. Die Seele hat unter Umständen tiefgreifende Lektionen zu lernen, für die sie die gesamte Lebensspanne der gewählten Existenz durchlaufen und bestimmte Erfahrungen machen muss. Wenn man jedoch sieht, wie schnell ein Abschluss für *manche* dieser Angelegenheiten aus früheren Leben erreicht werden kann, ergibt sich daraus, dass Erinnerungen an frühere Leben eine natürliche Ressource darstellen, mit deren Hilfe man die Seele schon am Beginn eines Lebens heilen und so dafür sorgen kann, dass sich ein Kind freier und glücklicher entwickelt.

In mehreren weiteren Gesprächen mit Anne habe ich erfahren, dass sich Dylans Trennungsangst nicht ganz so schnell auflöste wie seine Besessenheit von Pistolen. Sie klang jedoch im Verlauf des folgenden Jahres langsam ab. Ob diese Angst nun mit Pop-Pops Leben zusammenhing oder nicht, ist bis heute nicht ganz klar. Aber als Dylan die erste Klasse besuchte, kam eine andere Erinnerung an Pop-Pops Leben an die Oberfläche. Seine Lehrerin hatte alle Schüler gebeten, ihren schönsten Urlaub zu schildern. Dylan erzählte sehr anschaulich und mit großer Liebe zum Detail von einer Tour in den Grand Canyon. Er beschrieb die steilen, verwinkelten Wanderwege und die roten und orangefarbenen Felsen. Die Lehrerin erzählte Anne später, wie beeindruckt sie von den Bildern war, in denen Dylan die natürliche Schönheit des Ortes beschrieb. Anne war vollkommen überrascht von den Worten der Lehrerin, denn Dylan war noch nie zum Grand Canyon gereist! Dafür waren sie gerade erst zwei Wochen zuvor in Disney World gewesen, wo er die schönste Zeit seines Lebens verbracht hatte. Deshalb war sie vollkommen überrascht darüber, dass er nicht von diesem Urlaub erzählte. Zufällig erzählte Anne ihrer Schwiegermutter davon, die von Dylans Verbindung zu ihrem verstorbenen Vater wusste. Die lachte leise vor sich hin und erzählte Anne, dass Pop-Pop und seine Frau vor Jahren in den Grand Canyon hinabgewandert waren. Die Reise war der Höhepunkt von Pop-Pops Leben gewesen und er wurde niemals müde, davon zu berichten.

Tod unter der Matratze

Als Dylans Familie erst einmal begriffen hatte, dass sich die früheren Leben von Kindern durch ihr Verhalten ausdrücken können, wurde offensichtlich, wer er in seinem früheren Leben gewesen war. Im Kontext der Reinkarnation ergab sein sonderbares und scheinbar unbegründetes Verhalten plötzlich einen Sinn. Durch ihre neue Aufgeschlossenheit für die Idee einer Rückkehr in die Familie konnten alle Beteiligten von zwei Vorteilen profitieren: Sie erkannten die Ursache von Dylans störenden Verhaltensweisen und sie konnten sich mit Pop-Pop versöhnen, obwohl dieser bereits Jahre zuvor gestorben war.

Seine Verhaltensweisen waren in Dylans Geschichte die hauptsächlichen Anhaltspunkte. Auch durch bestimmte Äußerungen kann ein Kind seine Identität in einem vergangenen Leben lüften. Wenn ein Kind mit unheimlicher Genauigkeit über die Details und die Ereignisse des Lebens eines verstorbenen Familienmitglieds spricht – Dinge, die das Kleinkind unmöglich in Erfahrung gebracht haben kann –, kann dies ein Zeichen für Reinkarnation sein.

Die nächste Geschichte ist ein Beispiel dafür. Ein kleiner Junge schockierte seine Mutter, Tracy, als er die Details einer Familientragödie beschrieb, über die sich keiner in der Familie zu sprechen traute. Tracy erzählte mir bei einem Telefonat, was passiert war.

Weil ich 1970, als das Haus meiner Familie bis auf die Grundmauern niederbrannte, erst zwei Jahre alt war, habe ich keinerlei Erinnerung daran. Bis vor Kurzem wusste ich nur, dass es in einer sehr kalten Nacht geschah – wir leben im Hinterland von Michigan, wo es sehr kalt werden kann – und dass meine Eltern, fünf meiner sechs Brüder und ich es rechtzeitig geschafft haben, aus dem Haus zu entkommen. Mein Vater rannte noch einmal in das brennende Haus zurück, um Gary, meinen drei Jahre alten Bruder, zu retten. Doch er schaffte es nicht mehr hinaus und starb zusammen mit Gary in den Flammen. Niemand in der Familie sprach je darüber, weil meine Mutter so verzweifelt darüber war, dass sie meinen Vater und meinen jüngsten Bruder in den Flammen verloren hatte. Jeder in der Familie wusste, dass es tabu war, dieses Ereignis auch nur zu erwähnen.

Ich habe keine Erinnerung an diese furchtbare Nacht, aber mein Sohn Peter, der im Jahr 1990 geboren wurde, wusste alles darüber. Es fing an, als er drei Jahre alt war – das war der Beginn des nächtlichen Schreckens. Peter wachte mitten in der Nacht auf und schrie: »Mama! Mama! Mama!« Jedes Mal, wenn ich in sein Zimmer rannte, war ich erneut schockiert über sein bizarres Benehmen. Er schien wach zu sein, denn er saß aufrecht im Bett und starrte mit weit geöffneten Augen geradeaus. Aber wenn ich ihn dann fragte, was los sei, stieß er mich weg und schrie: »Geh weg! Ich will meine Mama, ich will meine Mama!« Durch nichts, was ich tat, konnte ich ihn beruhigen. Er schrie immer nur noch lauter und stieß mich weg, als ob er nicht wüsste, wer ich war. Diese Szenen ereigneten sich monatelang immer wieder. Sie erschöpften mich emotional und körperlich.

In der Zeit, in der die nächtlichen Schrecken anfingen, begann Peter mir tagsüber Geschichten über seinen »Freund« Gary und seinen Tod zu erzählen. Ständig sprach er über Gary und ganz besonders über die Nacht, in der Garys Familie durch das Bellen ihres Hundes geweckt wurde und feststellen musste, dass das Haus in Flammen stand. Er beschrieb das Haus, das er immer »das gelbe Haus« nannte. Er sagte, dass neben dem Haus eine Kiefer stand, die ebenfalls verbrannt sei, und dass die Auffahrt im Gegensatz zu der unseres Hauses kreisförmig sei. Er fügte hinzu, dass Garys Großeltern, die gegenüber wohnten, herbei rannten und mit der Familie draußen in der Kälte standen, wo sie hilflos mitansehen mussten, wie das Haus niederbrannte. Er beschrieb die drei Feuerwehrautos, die mit Blaulicht angefahren kamen, und einen dicken Feuerwehrmann mit braunem Bart. Er sprach oft über das Feuer und fügte jedes Mal noch ein weiteres Detail hinzu. Er schien die gesamte Szene in seiner Erinnerung sehen zu können und wusste dabei genau, was zeitgleich inner- und außerhalb des Hauses geschah.

Peter beschrieb Einzelheiten, von denen ich niemals zuvor gehört hatte. Jedes Mal, wenn er ein neues Detail beschrieb, rief ich meine Mutter Edith an, um zu erfahren, ob er Recht hatte. Ich wollte sichergehen, dass er das alles nicht nur erfand. Edith bestätigte, dass jedes Detail, das Peter beschrieb, korrekt war. Die kreisförmige Einfahrt, die brennende Kiefer, die Großeltern, der bellende Hund und der Feuerwehrmann mit dem Bart – alles stimmte.

Als ob das nicht schon eigenartig genug gewesen wäre, erzählte der kleine Peter nun auch noch in allen Einzelheiten davon, wie Gary und sein Vater gestorben waren. Das versetzte mich wirklich in Angst und Schrecken. Peter sagte, dass Gary und sein Vater von den Flammen eingeschlossen worden wären, nachdem der Vater wieder ins Haus gerannt war, um Gary zu retten. Sie kamen nicht aus dem Haus heraus und versteckten sich deshalb unter einer Matratze, um sich vor dem Rauch zu schützen. Ich wollte meine Mutter nicht zu diesem schrecklichen Detail befragen, deshalb fragte ich stattdessen meinen ältesten Bruder. Er sagte, dass es wahr sei. Die Feuerwehrleute hatten die Leichen der beiden unter einer Matratze gefunden.

Ich begann den Verdacht zu hegen, dass Peter die Reinkarnation von Gary sein könnte. Aber ich versuchte dennoch, eine andere Erklärung zu finden. Niemand, den ich kenne, glaubt an Reinkarnation. Ich glaubte an die Möglichkeit, dass Peter in seiner Fantasiegeschichte einfach aus Zufall die richtigen Details unserer Familiengeschichte erraten hatte. Aber ich konnte mir einfach nicht vorstellen, dass ein Dreijähriger eine Geschichte erfindet, in der ein solch schrecklicher Tod in einem Versteck unter einer Matratze vorkommt. Aus diesem Grund begann ich ernsthaft daran zu glauben, dass Peter die Reinkarnation von Gary war.

Peter wiederholte seine Erzählungen von dem Brand mit all ihren Details ungefähr ein Jahr lang, bis er vier war. Die Erinnerungen kamen immer spontan und willkürlich. Ich fand keine Möglichkeit, sie absichtlich hervorzurufen. Es passierte zum Beispiel, dass Peter, der gerade noch in sein Spiel vertieft auf dem Boden gesessen hatte, plötzlich zu spielen aufhörte, mich mit ernstem Gesicht anstarrte und wieder von dem bellenden Hund, dem Feuerwehrmann mit dem braunen Bart, dem Rauch und dem Versteck unter der Matratze erzählte. Wenn er von dem Feuer erzählte, veränderte sich seine Haltung völlig. Normalerweise war er ein sorgloses Kind, das so glücklich und temperamentvoll war, dass alle es nur »Kindskopf« nannten. Aber wenn er von dem Brand sprach, wurde er sehr ernst und konzentrierte sich mit aller Kraft auf die Bilder in seinem Kopf. Wenn ich aufstand oder irgendetwas anderes tat, während er erzählte, folgte er mir überallhin, um sicherzugehen, dass ich ihm zuhörte. Es war offensichtlich, dass er etwas sehr Wichtiges zu erzählen hatte und meine volle Aufmerksamkeit wünschte.

Peters gesamtes Verhalten – seine exakte Beschreibungen, seine veränderte Haltung und die Tatsache, dass seine Erinnerungen sich auf seinen traumatischen Tod konzentrierten – deckt sich mit den grundsätzlichen Mustern, die ich bei

Erinnerungen von Kindern an frühere Leben entdeckt habe. Wenn kleine Kinder über ein früheres Leben sprechen, wird ihr Ton ernst und sachlich und ähnelt dem Singsang, den sie für Fantasiegeschichten nutzen, in keiner Weise. Ihre Miene wird ganz ruhig, beinahe erwachsen. Im Gegensatz zu Geschichten von Kindern, die fantasieren, bleiben die Geschichten über frühere Leben bezüglich aller Details auch über lange Zeiträume konsistent – manchmal über Wochen, Monate oder sogar über mehrere Jahre. Wenn das Vokabular des Kindes sich entwickelt und es sich besser ausdrücken kann, wird die Geschichte womöglich mit raffinierteren Details angereichert, aber die Kernaussagen bleiben identisch.

Wenn Kinder sich an frühere Leben erinnern, berichten sie oft von Ereignissen, die mit ihrem jüngsten Tod zusammenhängen. Das gilt ganz besonders dann, wenn es sich um traumatische Tode handelt wie in Peters Fall. Zum Erstaunen der Eltern wird das Kind erzählen, wie es erschossen wurde, bei einem Autounfall oder im Krieg starb. Manchmal wird es glasklare und eindeutige Bilder zu dieser Geschichte hinzufügen. In diesem Fall wusste Peter, dass Gary und sein Vater sich unter einer Matratze versteckt hatten, um sich vor dem Feuer zu schützen – etwas, das ein Dreijähriger niemals erfinden könnte. Exakte Details dieser Art sind für Erwachsene oft der erste Hinweis auf eine Erinnerung ihres Kindes an ein früheres Leben.

Peters Mutter, Tracy, fand eine Möglichkeit, die Erinnerungen ihres Sohnes zu überprüfen. Sie besaß ein Foto der ganzen Familie, das kurz vor Garys Tod aufgenommen worden war. Es war eines der wenigen Besitztümer, die das Feuer überstanden hatten, und seltsamerweise hatte es einige Jahre später noch einen weiteren Brand in einem anderen Haus überstanden. Tracy zeigte Peter das Foto und er tippte sofort auf Gary und sagte: »Das ist mein Freund Gary.« Er erkannte keinen der fünf anderen Brüder, nur Gary. Tracy konnte auf dem Foto erkennen, dass Peter und Gary sich sehr ähnlich sahen, beinahe wie eineiige Zwillinge. Keiner der anderen Jungen sah Peter auch nur annähernd so ähnlich.

Eine weitere Verhaltensweise von Peter, die Tracy auf die Tragödie zurückführt, ist seine panische Angst vor Feuer. Wenn in seiner Nähe eine Zigarette angezündet wird, gerät er sofort in Panik und läuft davon. Wenn er ein Feuerzeug sieht, flippt er geradezu aus. Er mag auch keine Kamine und beim Anblick von Ediths Kerosin-Heizung dreht er durch.

Bis heute weiß niemand, wie es zu dem Feuer kam, das Gary tötete. Aber wenn man berücksichtigt, was wir bisher über die Auswirkungen von Erinnerungen an frühere Leben wissen, ist Peters Feuer-Phobie nachvollziehbar. Es gibt Hunderte von dokumentierten Fällen kleiner Kinder, deren Phobien durch ihren Tod im früheren Leben verursacht wurden – besonders häufig werden solche Phobien durch einen plötzlichen oder traumatischen Tod ausgelöst. In meinen Akten habe ich zum Beispiel diverse Fälle von Babys, die hysterisch zu schreien begannen, sobald ein Flugzeug über ihnen zu hören war. Als sie alt genug waren, um zu sprechen, forderten sie ihre Eltern auf, sich zu verstecken, wenn sie ein Flugzeug sahen. Sie sagten, sie erinnerten sich, dass sie die Bomben aus den Flugzeugen getötet hätten, *als sie früher groß waren*. Phobien können sehr spezifisch sein und den Eltern seltsam und verwirrend vorkommen. Das gilt vor allem, wenn sie keinen Zusammenhang zu irgendetwas herstellen können, das dem Kind in diesem Leben zugestoßen ist. Aber wenn sich das Kind daran erinnert, wie es in einem früheren Leben gestorben ist, zeigt sich die Übereinstimmung zwischen der Art des Todes und der Phobie plötzlich sehr deutlich. In Fällen, in denen die Wiedergeburt in der gleichen Familie erfolgt, sind die Fakten aus der alten Inkarnation bekannt und die Eltern können die Wurzeln der Phobie mit einfachen Mitteln aufdecken.

Neben Peters vielen präzisen Beschreibungen zu den Umständen des Feuers beobachtete seine Großmutter Edith, dass einige Züge seiner Persönlichkeit mit denen von Garys identisch waren. Gary ging nicht auf Menschen zu und war in Anwesenheit von Fremden sehr schüchtern und anhänglich gewesen. Bei Peter war es genauso. Trotz seiner Schüchternheit hatte Gary in Bezug auf seine Mutter einen starken Beschützerinstinkt. Niemand konnte in Ediths Anwesenheit auch nur ein böses Wort sagen, ohne dass Gary sich sofort einmischte, um sie zu verteidigen. Peter benahm sich Tracy gegenüber genauso. Gary und Peter hatten beide Sprachprobleme und waren schwer zu verstehen. Peter, der inzwischen zehn ist, schließt gerade seine Sprachtherapie ab.

Diese Ähnlichkeiten in der Persönlichkeit und Peters frappierendes Wissen über das Feuer beängstigten seine Großmutter. Peter schien nicht nur alles über diese Nacht zu wissen, er beschrieb auch alle Ereignisse aus Garys einzigartiger Perspektive. Es war einfach zu unheimlich! Edith bemühte sich, eine logische Erklärung für das zu finden, was mit ihrem Enkel geschah, und die einzige, die sie finden konnte, war Reinkarnation – etwas, woran sie nie zuvor geglaubt hatte. Kurz nachdem Peter begonnen hatte, über den Brand zu sprechen, ermutigte Tracy Edith, ihn direkt dazu zu befragen. Edith stellte Fragen und Peter gab genau die richtigen Antworten. Ab dem Zeitpunkt, zu dem diese Gespräche begannen, erwähnte Peter das Feuer nicht mehr in Anwesenheit von Tracy, sondern sprach nur noch mit seiner Großmutter darüber.

Diese Unterhaltungen überzeugten Edith zu ihrer großen Erleichterung, dass Peter der wiedergeborene Gary war. Zum ersten Mal in über zwanzig Jahren war sie in der Lage, mit ihrer Familie über das Feuer zu sprechen, und zum ersten Mal in diesen zwanzig Jahren konnte sie ihren toten Sohn beim Namen nennen. Als Edith erst einmal angefangen hatte, sich zu öffnen und über die Tragödie zu sprechen, verriet sie Tracy ein schmerzhaftes Geheimnis – ein Geheimnis, dass sie hinuntergeschluckt und in all den Jahren seit Garys Tod für sich behalten hatte. Tracy erzählte mir:

> Meine Mutter versohlte uns nie den Hintern – wirklich nie –, egal was wir getan hatten. Erst jetzt fand ich den Grund dafür heraus. In der Nacht, in der Gary starb, hatte sie ihn zur Strafe versohlt, direkt bevor er ins Bett ging. Dann starb er. Sie hatte nicht nur keine Chance, sich von ihm zu verabschieden, sondern ihre letzte Handlung war auch noch eine Bestrafung gewesen. Wenn sie ihn doch nur mit einem Kuss und einem »Ich liebe dich« ins Bett geschickt hätte! Sie fühlte sich deshalb so schuldig, dass sie es in all den Jahren nicht ertragen konnte, mit irgendjemandem über den Brand zu sprechen – bis Peter damit anfing (allerdings hat er die Bestrafung nie erwähnt). Aber jetzt, wo meine Mutter mir dieses Detail endlich verraten hat, redet sie immer wieder darüber. Dieses Ereignis muss die Trauer über Garys Tod noch verstärkt haben und sie hat das alles in sich verschlossen. Es gibt mir ein gutes Gefühl, dass sie eine zweite Chance bekommen hat und diese Schuld nicht mehr mit sich herumtragen muss. Jetzt, wo Gary zurück ist, kann sie die Schuld loslassen. Sie ist frei.
>
> Ich glaube, dass das der Grund dafür ist, dass Gary zurückkam. Er kam her, um wieder mit meiner Mutter zusam-

men zu sein und um ihr zu helfen, die Wunden dieser lange zurückliegenden Tragödie zu heilen. Ich beobachte, dass die beiden eine natürliche Nähe und eine Leichtigkeit im Umgang haben. Das kommt sicher daher, dass sie früher einmal Mutter und Sohn waren. Ihre Verbindung ist so stark, dass ihr manchmal ein »Sohn« entschlüpft und er sie »Mama« nennt. Wenn Peter in Not ist, spricht er nicht mit mir darüber. Er geht erst zu meiner Mutter. Ich würde mich als seine Mutter sehr verlassen fühlen, wenn ich nicht begreifen würde, dass er der wiedergeborene Gary ist und deshalb diese spezielle Beziehung zu ihr braucht.

Tracy hat verstanden, warum Gary zurückkam, um mit Edith zusammen zu sein, aber warum kam er als *ihr* Kind zurück? Immerhin hat Edith noch fünf andere Kinder. Sie glaubt, er wählte sie sowohl aus emotionalen als auch aus geographischen Gründen als Mutter aus. Als einzige Tochter stand Tracy ihrer Mutter emotional am nächsten und weil sie in ihrer Nähe wohnte, hatte Peter die Möglichkeit, regelmäßig Zeit mit Edith zu verbringen.

In der Retrospektive findet Tracy es auch interessant, dass Edith darauf bestanden hatte, bei Peters Geburt dabei zu sein – die einzige Geburt unter all ihren Enkeln, bei der sie anwesend sein wollte. Vielleicht hatte sie auf irgendeiner Ebene gespürt, dass dieses Enkelkind ein besonderes sein würde. Heute ist Peter ihr Lieblingsenkel.

Peters Erinnerungen an das vergangene Leben haben Tracy zutiefst verändert. Die Bewältigung der Tatsache, dass ihr toter Bruder und ihr Sohn in irgendeiner Weise dieselbe Person sind, hat ihre Innenwelt erweitert und ihr Trost, Hoffnung und den Wunsch gegeben, mehr über die spirituelle Welt zu lernen. Nach außen hin wurde ihr Leben allerdings nicht einfacher. Sie ist überrascht über den Widerstand und die Anfeindungen, die andere ihr entgegenbringen:

> Ich glaube, dass Peter die Reinkarnation von Gary ist. Aber ich brauchte Hilfe, um zu verstehen, was das bedeutet. Ich bat Priester und Seelsorger um Rat und fragte sie, was mit meinem Sohn passierte. Aber sie wiesen mich alle ab. Sie waren überzeugt, dass ich verrückt sei und ein Problem hätte. Meine Mutter glaubt wie ich, dass Peter der wiedergeborene Gary ist. Aber mein Mann glaubt das nicht. Der Rest der Familie sagt mir, ich solle nun endlich damit aufhören. Sie weigern sich, das zu glauben, was sie direkt vor der Nase haben.

2

Das wiedergeborene Kind

Wie kann man akzeptieren, dass das eigene Kind, das gestorben ist, in einem neuen Körper zurückkommt? Manchmal ist es geradezu ein Hochgefühl – als schwebte ich statt zu laufen. Dann fällt es mir wieder schwer, es zu glauben, und ich wäre kein Mensch, wenn ich nicht auch meine Zweifel hätte. Es ist überwältigend, denn es zwingt mich zu einem anderen Blick auf Leben und Tod. Es ist kein bisschen weniger als das.

Kathy war 16 Jahre alt, als im März 1978 ihr Sohn James auf die Welt kam. Sie war nicht verheiratet und hatte sich bereits von James' Vater, einem übellaunigen jungen Mann, distanziert. Nach ihrer Trennung sah sie ihren Mann nie wieder und er besuchte auch seinen Sohn nicht. Kathy, die sich auch von ihren Eltern distanziert hatte, zog in eine eigene Wohnung und widmete sich ganz der Fürsorge James'. Er war ein reizendes, freundliches Kind, das das schöne lockigblonde Haar seines Vaters geerbt hatte. Kathy legte ihre Pläne, die Highschool zu beenden, auf Eis.

Kurz nachdem James begonnen hatte zu laufen, ungefähr mit 16 Monaten, bemerkte Kathy, dass er hinkte. Eines Tages fiel er auf den Wohnzimmerboden und konnte nicht mehr aufstehen. Wenn er versuchte, sein rechtes Bein zu belasten, schrie er vor Schmerz auf. Kathy brachte ihn sofort zum Arzt. Der machte ein Röntgenbild, auf dem eine Fraktur im linken Bein zu sehen war. Der Arzt bemerkte auch eine Geschwulst, ein Knötchen über dem rechten Ohr. Es wurden weitere Untersuchungen veranlasst. Als die Ergebnisse kamen, war Kathy fassungslos. Die Röntgenuntersuchung und die Biopsie des Knötchens über dem Ohr sowie die Ergebnisse der Knochenmarkuntersuchung zeigten, dass James ein Neuroblastom mit Metastasen hatte – eine Krebsart, die bei kleinen Kindern oft tödlich verläuft.

Kathy war am Boden zerstört. Es begann eine lange Reihe von Bestrahlungen und Chemotherapien, die die Tumore, die überall in James' Körper wucherten, verkleinern sollten. Als Nebenwirkung dieser Behandlungen fielen seine schönen blonden Haare aus. Kathy kümmerte sich hingebungsvoll um ihren kleinen Sohn und klammerte sich an die Hoffnung, dass für ihn eine Chance auf Heilung bestand. Sie weigerte sich einfach zu glauben, dass er sterben könnte.

Aber James ohnehin schon schwacher zweijähriger Körper, angegriffen von Krankheit und Chemotherapien, wurde noch schwächer, weil James kein Essen mehr bei sich behalten konnte. Um ihn zu stärken, platzierten die Ärzte eine Infusion in seiner rechten Jugularvene. Der Einschnitt hinterließ eine Narbe in Form einer geraden Linie in James' Nacken. Nach dieser Behandlungsreihe nahm Kathy ihn mit nach Hause. Ihr Leben drehte sich jetzt nur noch um James' Krankheit und um seine Versorgung – weit entfernt von all dem, womit sich andere 18-jährige Mädchen beschäftigen.

Wenige Monate später wurde James wieder ins Krankenhaus eingewiesen, weil die Tumore in seinem Mund stark bluteten. Er hatte auch einen großen Tumor hinter dem linken Auge, der ihn auf diesem Auge erblinden ließ und die linke Seite des Gesichts sichtbar entstellte. Leider kamen die Ärzte dieses Mal zu dem Schluss, dass sie nichts mehr für James tun konnten. Kathy, die wusste, dass er sterben würde, nahm ihn wieder mit nach Hause. Zum ersten Mal seit Jahren kamen ihr ihre Mutter und andere Familienmitglieder zu Hilfe – und halfen gemeinsam bei der Versorgung von James.

Kathy beschrieb mir die totale Hilflosigkeit, die sie zu dieser Zeit verspürte: »Normalerweise kann man seinem kranken Kind Medikamente gegen das Fieber oder die Ohrenschmerzen geben und die Krankheit in Schach halten, bis es wieder besser ist. Sieben Monate lang habe ich die Möglichkeit verleugnet, dass James sterben könnte. Ich war immer davon überzeugt gewesen, dass ich mit Gottes Hilfe die Krankheit stoppen könnte. Aber als die Ärzte mir sagten, dass sie nichts mehr tun könnten, waren mir die Hände gebunden. Alles, was ich tun konnte, war dazusitzen und mit anzusehen, wie er starb. Es war verheerend herauszufinden, dass er eine tödliche Krankheit hatte, aber es war noch viel schlimmer, dazusitzen, ihm beim Sterben zuzusehen und zu wissen, dass ich nichts tun konnte. Rein gar nichts.«

Wenn sie sah, dass James weinte, ging Kathy manchmal in ein anderes Zimmer, um dort selbst in Tränen auszubrechen. Wenn James das sah, war er sehr aufgebracht und sagte: »Mama, weine nicht mehr.« Am Morgen des 10. April 1980 sagte der zweijährige James zum letzten Mal zu seiner Mutter: »Weine nicht um mich.« Dann starb er.

Kathy hielt ihre Trauer zurück, um den letzten Wunsch ihres sterbenden Sohnes zu erfüllen. Die Reaktion ihrer Familie führte dazu, dass sie ihre Gefühle noch mehr unterdrückte. »Ich sah, dass jeder um mich herum emotional in sich zusammenfiel. Jemand musste stark sein und deshalb konnte ich mich nie gehen lassen. Ich musste das Rückgrat der Familie sein und fühlte mich um meine Gefühle betrogen. Ich brauchte jemanden, der sich um mich kümmerte, aber alle anderen waren so in ihre eigenen Gefühle verstrickt, dass keiner für mich da war. Ich kam an den Punkt, an dem ich nicht mehr hören wollte, wie sie sich fühlten. Ich konnte es einfach nicht mehr ertragen. Ich fühlte keine Verbindung mehr zu mir selbst oder zu irgendjemand anderem. Ich hätte wütend und traurig sein sollen. Aber ich schluckte all meine Gefühle hinunter und machte einfach weiter.«

Zu ihrer eigenen Misere kamen noch die Beschuldigungen von Kathys Mutter hinzu, die ihr vorwarf, James nicht zu lieben, weil sie ihre Trauer nicht zeigte. Obwohl Kathy begriff, dass die Wut ihrer Mutter deplatziert und sie durch den Verlust ihres Enkels fürchterlich aufgewühlt war, erzeugte diese Anschuldigung eine Kluft zwischen ihnen, die größer war als jemals zuvor.

Eine allumfassende und mächtige Kraft

Kathy hatte keine Wahl: Sie musste sich zusammenreißen und ihr Leben weiterführen. Einige Zeit später heiratete sie Don, einen Freund, den sie schon zu James' Lebzeiten gekannt hatte. Bald bekamen sie eine Tochter, Katie. Aber es dauerte nur vier Jahre, bis die Ehe geschieden wurde. Danach war Kathy erneut alleinerziehende Mutter eines Kleinkindes. Obwohl sie immer noch eine junge Frau in ihren frühen Zwanzigern war, hatte sie bereits eine Verantwortung und eine Lebenserfahrung, die über ihr wahres Alter hinwegtäuschten. Wie sie selbst es ausdrückt: »Ich wurde schnell erwachsen.«

Ein paar Jahre später traf sie Bill, den sie bald darauf heiratete. Er war ein früherer Rodeo Champion und ehemaliger Marinesoldat. Zusammen mit Katie zogen sie von Chicago in eine Stadt im nördlichen Teil des Bundesstaates Illinois. 1987 kam ihr erstes gemeinsames Kind zur Welt, ein Sohn namens Josh. Kathy, die endlich in einer guten Beziehung lebte und mit einer bezaubernden Tochter sowie einem wunderbaren neuen Baby gesegnet war, lebte wie in einer neuen, helleren Welt. Billy wusste Bescheid über James und über Kathys schmerzhafte Vergangenheit und er akzeptierte ihren Wunsch, ihn oder seinen Tod in ihrer neuen Familie niemals zu erwähnen. Kathy wollte nie mehr zurückblicken.

Obwohl ihre Erfahrung mit James eine tiefe Wunde in ihrem Herzen hinterlassen hatte, hatte sie sie auch gelehrt, jeden Tag ihres Lebens und jeden gemeinsamen Moment mit ihrer Familie wertzuschätzen. »Ich habe von James eine Lektion gelernt, die für mich ein Wendepunkt war: das Leben eines Kindes nicht als selbstverständlich zu betrachten (wie es so viele Leute tun), weil er oder sie nur für eine kurze Zeit hier sein könnte. Das können wir nie wissen. Weil jeder Tag der letzte sein könnte, an dem ich eines meiner Kinder sehe, gibt es bei uns immer viele Küsse, Umarmungen und *Ich liebe dichs*.«

1992 erfuhr Kathy zu ihrer großen Freude, dass sie erneut schwanger war. Ende Dezember kam das Baby per Kaiserschnitt zur Welt. Während Kathy noch ganz benommen von der Narkose war, betrat eine Gruppe weißgekleideter Spezialisten den Raum. Einer der Ärzte fragte sie in ernstem Ton: »Hat es Ihnen Ihr Mann schon gesagt?« Kathy rutschte das Herz in die Hose. In diesem Moment war sie sicher, dass ihr Baby gestorben war.

Der Arzt fuhr fort: »Sie haben einen zweiten Sohn. Aber bevor wir das Baby zu Ihnen bringen, müssen wir sie vorwarnen. Das Baby hat keinerlei Farbe im linken Auge. Das rechte Auge ist normal, aber wir gehen davon aus, dass er auf dem linken Auge blind ist.«

Obwohl die meisten Mütter bei diesen Neuigkeiten wohl sehr erschüttert gewesen wären, war Kathy erleichtert und glücklich. Ihr reichte es zu wissen, dass ihr Baby am Leben war. Sie dachte sofort an den Namen, den sie ihm geben wollte. Sie würde ihn Chad nennen.

Aber die Neuigkeiten über das Auge waren nur der Auftakt. Nichts hätte Kathy darauf vorbereiten können, was geschah, als die Schwestern das Baby zu ihr brachten. In dem Moment, als ihr erster Blick auf Chad fiel, bemerkte sie sofort das dunkle, schräg verlaufende Mal, das Chad auf der rechten Seite seines Nackens hatte. Es befand sich exakt an der Stelle, an der bei James der Einschnitt für die Infusion gewesen war. Sie fragte einen der Ärzte, den Kinderarzt, was es mit dem narbenähnlichen Mal auf dem Nacken des Babys auf sich habe. Sie wollte wissen, wie so etwas passiert sein konnte. Er tat es mit der Bemerkung ab: »Das ist nur ein Muttermal.« Aber Kathy war nicht überzeugt. Es sah in ihren Augen nicht wie ein Muttermal aus, sondern wie eine Narbe. Es war zu tief, um ein Kratzer zu sein, und es war auch keine offene Wunde. Es war eine gerade Linie und ähnelte einer Operationsnarbe. Der Einschnitt bei James war ebenfalls eine gerade Linie gewesen, die nicht genäht werden musste. Nun befand sich das gleiche Mal auf dem Körper von Chad. Sie prüfte ihn schnell vom Kopf bis zur Zehenspitze und stellte fest, dass er eine Geschwulst an der rechten Seite des Kopfes hatte, ungefähr zweieinhalb Zentimeter vom Ohr entfernt – am gleichen Platz, wo die Ärzte eine Gewebeprobe entnommen hatten, um James'

Tumor zu untersuchen. Sie befragte einen anderen Arzt aus der Gruppe, die sich um sie versammelt hatte, zu der Geschwulst. Handelte es sich um einen Tumor? Sie musste es wissen! Er sagte, es sei eine gutartige Geschwulst, die innerhalb weniger Wochen von selbst weggehen würde.

Kathy war sehr erschrocken über diese »zufälligen« Male auf Chads Körper. Sie dachte daran zurück, wie James vor seinem Tod ausgesehen hatte, wie man durch diese drei Dinge auf Anhieb gesehen hatte, dass er krank war: das durch seine Blindheit trübe Auge, die Narbe in seinem Nacken und den Tumor über seinem rechten Ohr. Hier waren genau die gleichen Male auf Chads Körper. Dann traf sie die Erkenntnis. Als sie Chad zum ersten Mal hielt, schwappte ein Ozean der Erleichterung über sie. Sie wusste sofort, dass eine allumfassende und mächtige Kraft von ihr Besitz ergriffen hatte.

»Es war, als wenn mir eine große Last von der Seele genommen worden wäre«, berichtete sie mir später. Ich fühlte mich plötzlich sehr wohl und war von Frieden erfüllt. Zuvor hatte immer etwas in meinem Leben gefehlt. Aber in diesem Moment war dieser Leerraum wieder gefüllt: Ich spürte, dass James zurück war. All das geschah in mir, während die Ärzte immer weiter darüber sprachen, dass Chad auf einem Auge blind war. Mir war das egal. Ich war völlig von diesem mächtigen Gefühl und von der Verbindung, die ich sofort zu Chad fühlte, ergriffen. Es war, als wenn wir schon zuvor verbunden gewesen wären, das konnte ich spüren und fühlen. Ich fühlte mich gesegnet.«

Kathy wusste, dass sie niemandem von diesen Gefühlen erzählen konnte. Die Ärzte würden das *nie* verstehen. Ihre Familie wäre skeptisch. Aber sie war sich sicher, dass das, was sie fühlte, kein Wunschdenken war und auch keine Fantasie, die aus der Sehnsucht nach ihrem toten Sohn erwachsen war. Es ging darüber hinaus – es ging über alles hinaus, was sie jemals gewusst hatte. »Als meine anderen Kinder geboren wurden, sehnte ich mich immer noch nach James. Als Josh geboren wurde, suchte ich, weil er ein Junge ist, nach irgendeiner Ähnlichkeit mit James. Es war überhaupt keine zu erkennen. Als Katie geboren wurde, hatte sie ebenfalls keine Ähnlichkeit mit James. Ich liebe sie dennoch genauso sehr – für das, was sie sind. Aber als ich Chad das erste Mal sah, war es anders. Ich konnte es sehen und *fühlen*, als ich ihn das erste Mal im Arm hielt. Ich hatte dieses Gefühl, das mir direkt ins Herz ging. Ich wusste, dass er James war. Es tröstete mich so sehr zu wissen, dass er zu mir zurückgekommen war.«

Es kostete Kathy sechs Monate, den Mut aufzubringen, ihrem Mann, der James nie begegnet war, zu gestehen, welchen Verdacht sie in Bezug auf James und Chad hegte. Billy stimmte ihr zu, dass etwas an Chad anders war, und er sah auch Kathys spezielle Verbindung zu ihm. Aber er wusste nicht, welchen Reim er sich darauf machen sollte. Kathys Mutter, ihre Großmutter und eine Tante, die James gekannt hatte, waren verblüfft über die Ähnlichkeiten zwischen den beiden Babys, aber sie sprachen ihre Gedanken nie aus. Eine Tante gestand später, dass sie James in Chad *fühlen* konnte, aber zunächst Angst gehabt hatte, dies mit Kathy zu besprechen, weil sie keine alten Wunden aufreißen wollte.

Aber nicht jeder in der Familie war so offen gegenüber der Möglichkeit, dass James zurück sein könnte. Als Kathy die äußerlichen Ähnlichkeiten zwischen Baby Chad und James gegenüber ihrem Ex-Mann Don erwähnte, antwortete dieser, dass sie den Verstand verloren habe. Kathy lernte, ihre Gedanken und Gefühle für sich zu behalten.

Als Chad älter wurde und seine Persönlichkeit sich entwickelte, bemerkte Kathys Seite der Familie noch mehr

Ähnlichkeiten zwischen den beiden Kindern. Genau wie James ist Chad eher still, spricht leise und neigt zu Nervosität. Chad »wirft« beim Gehen sein linkes Bein umher und bevorzugt das rechte, James hatte einen erheblichen Tumorbefall in seinem gebrochenen linken Bein, weswegen er hinkte. Kathy verglich Bilder der beiden Kinder im gleichen Alter und stellte fest, dass durch James' Tumor die linke Seite seines Gesichts kürzer wurde als die rechte. Die linke Seite von Chads Gesicht ist ebenfalls ein bisschen kürzer als die rechte. Es wirkt, als ob auf dieser Seite des Gesichts die Zeit stillsteht. Chad ist auch wie James vom Farbtyp sehr hell und sticht dadurch in der Familie heraus, denn Kathys andere Kinder sind alle dunkle Typen. James' Vater hatte blonde Haare und blaue Augen, während Chads Vater schwarze Haare und dunkelbraune Augen hat. Kathy ist ebenfalls ein dunkler Typ mit dunkelbraunen Haaren und grünen Augen. Chad sieht also vom Farbtyp her James ähnlich, aber nicht dem Rest seiner Familie.

Kathys Schwester beobachtete eine weitere auffällige Ähnlichkeit. Als Chad vier war, waren seine Milchzähne verfault. Der Kinderarzt glaubte, dass das daran lag, dass Chad mit der Flasche gefüttert worden war. Aber Kathy wies darauf hin, dass keines ihrer anderen drei Kinder dieses Problem gehabt hatte, obwohl sie alle mit der Flasche gefüttert worden waren. Sie fragte sich, ob Chads Zahnprobleme ebenfalls etwas sein könnten, das er von James übernommen hatte, der zum Zeitpunkt seines Todes mehr als ein Dutzend Tumore im Mund gehabt hatte.

Ein weiteres Rätsel war Chads Blindheit. Kathy suchte Spezialisten in ganz Chicago auf, um ihre Ursache und eine Heilungsmöglichkeit zu finden. Aber die Ärzte konnten nicht herausfinden, warum er überhaupt blind war – sie konnten keine medizinische Ursache erkennen. Bei der Untersuchung reagierte sein linkes Auge nicht und wies keinen Lidschlussreflex auf, als sie hineinleuchteten. Die einzige Diagnose, die sie für möglich hielten, war ein Hornhautleukom oder eine Netzhautablösung. Kathy war sicher, dass dieser Zustand etwas mit James zu tun hatte, denn der Tumor hatte dafür gesorgt, dass sein Auge aus der Höhle trat und sich von der Netzhaut löste. Aber sie wusste, dass sie diese Information nicht mit den Medizinern teilen konnte – die würden denken, dass sie verrückt sei.

»Weil ich dich dort zurückgelassen habe«

Ihr erfülltes und rasantes Leben ließ Kathy wenig Zeit, sich mit dem Rätsel zu beschäftigen, von dem sie täglich umgeben war. Zwei Jahre nach Chads Geburt gebar sie ein kleines Mädchen. Sie zog nun vier Kinder groß und arbeitete nebenbei als leitende Angestellte in der Nachtschicht bei Dunkin' Donuts. Billy arbeitete in der örtlichen Motorola-Fabrik und nebenher an der Tankstelle.

Anfang des Jahres 1997, als Chad vier war, schob sich das Rätsel in ihrem Leben wieder in die erste Reihe. Chad begann sich an verschiedene Dinge zu erinnern. Eines Tages fragte er Kathy mehr oder weniger aus heiterem Himmel, ob sie sich an ihr »anderes« Haus erinnerte. Kathy fragte ihn: »Welches *andere* Haus?« Er beschrieb das Haus als orange und braun mit »Schokoladenmöbeln« darin. Dann fragte er nach seinen Spielsachen, darunter ein rotes Stehaufmännchen, das klingelte, wenn man es bewegte. Kathy antwortete mit einer Gegenfrage, in der Hoffnung, mehr aus ihm herauszubekommen. Sie fragte: »Warum möchtest du zu diesem anderen Haus zurück? Wegen der Spielsachen?« Er guckte ihr direkt in die Augen und sagte: *»Weil ich dich dort zurückgelassen habe.«*

Diese Worte ließen Kathy die Nackenhaare zu Berge stehen. Das Haus, das Chad beschrieb, war die Wohnung, in der sie mit James gelebt hatte, als er noch ein Baby war. Es war von außen mit orangem und braunem Gips verputzt gewesen und sie hatten »schokoladenfarbene« Möbel gehabt. James hatte tatsächlich ein Stehaufmännchen besessen, weder Chad noch sein älterer Bruder hatten je eines gehabt. Kathy wusste, dass sie diese Details Chad gegenüber niemals erwähnt hatte. Auch ihr Mann Billy konnte mit Chad nicht darüber gesprochen haben, denn er hatte James nicht gekannt und ihr altes Wohnhaus nie gesehen. Sie hatte keine Fotos von ihrer Wohnung oder der Einrichtung. Chads letzte Bemerkung *»weil ich dich dort zurückgelassen habe«* war das erste Indiz dafür, dass er sich mit James identifizierte. Obwohl Kathy die Verbindung von seiner Geburt an gespürt hatte, hätte sie sich nie träumen lassen, dass Chad selbst davon wusste.

Und er erwähnte es nicht nur einmal. In den nächsten Monaten flehte Chad sie wiederholt an, ihn zu dem anderen Haus zu bringen. Immer, wenn er davon anfing, bekam Kathy sofort eine Gänsehaut. Sie bemerkte auch, dass Chads Stimme und seine Miene merklich anders wurden, wenn er von James' Leben sprach. »Wenn Chad eine Fantasiegeschichte erzählt, blickt er in die Ferne und seine Stimme wird furchtsam. Aber wenn er die Gespräche über das andere Haus beginnt, ist sein Ausdruck ganz anders. Er guckt mir direkt in die Augen und hat eine starke, sachliche Stimme. Ich kann seine Ernsthaftigkeit spüren.«

Kathy wusste nicht, was sie tun sollte. Sie wich Chads Bitten aus, zu dem anderen Haus zu gehen, weil sie Angst hatte, die Wahrheit herauszufinden. Sie erklärt ihre Lage: »Ich sollte wahrscheinlich nachsehen, ob es das Haus noch gibt, und ihn dann hinbringen. Der Weg ist nicht weit, aber er kostet mich eine Menge Nerven. Was, wenn es *nicht* der Ort ist, von dem er spricht? Und was, wenn er es *ist?*«

Einmal, als Kathy Chads Bitte auswich, wurde er so wütend auf sie, dass er seine Hand zu einer Faust ballte und explodierte: »Mama, ich habe das nicht erfunden, es ist wahr! Warum rufst du nicht deinen Vater an und fragst ihn, wo ich gelebt habe? Denn *er* weiß es.« Kathy fügt hinzu: »Das Eigenartige daran ist, dass Chad meinen Vater gar nicht kennt, aber Dad lebt in der Nähe meiner alten Wohnung und nicht weit weg von James' Grab.«

Jetzt, wo Chad sich an sein früheres Leben erinnerte, kamen Kathys starke Gefühle, die sie siebzehn Jahre lang in sich begraben hatte, wieder hoch. Diese plötzlichen Gefühlsausbrüche überraschten sie und zeitweise fühlte sie sich von ihnen überwältigt. »Die Ärzte versuchen, einen darauf vorzubereiten, ein Kind zu gebären, aber auf seelischer Ebene schaffen sie das nicht. Man kann zu so vielen Geburtsvorbereitungskursen gehen, wie man will, man ist immer noch nicht richtig vorbereitet. Und man ist ganz sicher nicht darauf vorbereitet zu erfahren, dass das eigene Kind sterben wird. Sogar wenn man es jeden Tag wieder hört, kann man es nicht akzeptieren. Und wie akzeptiert man dann, dass das Kind zurück ist? Manchmal ist es geradezu ein Hochgefühl – als schwebte ich statt zu laufen. Dann fällt es mir wieder schwer, es zu glauben, und ich wäre kein Mensch, wenn ich nicht auch meine Zweifel hätte. Wenn Chad darüber gesprochen hätte, dass er in einem früheren Leben eine Person in einem fernen Zeitalter war oder jemand, den ich nicht gekannt habe, wäre es nicht so ergreifend. Aber diese beiden Kinder, James und Chad, gehören beide zu mir. Es ist überwältigend, denn es zwingt mich zu einem anderen Blick auf Leben und Tod. Es ist kein bisschen weniger als das.«

Kathy rang mit ihren eigenen Gefühlen und ihrer Abneigung, sich mit Chads Erinnerungen zu konfrontieren, aber sie wusste auch, dass sie nicht die Einzige war, die sich damit quälte. Chad ging es genauso. Aus dem, was er sagte und wie er es sagte, konnte sie erkennen, dass er das Bedürfnis hatte, etwas aus seinem früheren Leben in seinem Geist, in seiner *Seele* zu klären. »Ich denke, dass Chad im Moment nach Hilfe sucht, aber ich weiß nicht, wie ich ihm helfen kann. Wenn er über diese Dinge spricht, sieht er mich verwirrt an. Ich weiß, dass er zurückgehen möchte. Aber möchte er nur das Haus wiedersehen, oder ist da noch mehr? Manchmal fühle ich mich schlecht und unruhig, weil ich nicht weiß, was ich tun soll.« Kathy betete darum, jemanden zu finden, der ihr erklären konnte, was mit Chad los war.

Dieselbe Seele in einem neuen Körper

Einige Monate später war Kathy in einem Buchladen und mein Buch *Mama, ich war schon einmal erwachsen!* schien geradezu aus dem Regal in ihre Hände zu fliegen. Sie war begeistert, die Hilfe zu finden, nach der sie gesucht hatte. Bevor sie auch nur über das erste Kapitel hinausgekommen war, notierte sie sich schon meine E-Mail-Adresse am Ende des Buches und gab sie ihrer besten Freundin, die mir eine E-Mail [auf Englisch] schicken sollte. Die E-Mail ihrer Freundin lieferte mir nur eine knappe Zusammenfassung von Kathys Geschichte: Ein Kind stirbt, ein weiteres Kind wird zwölf Jahre später geboren, die Male auf seinem Körper ähneln denen, die die Krankheit auf dem Körper des ersten Kindes hinterlassen hat, und es erinnert sich an Details aus dem Leben des ersten Kindes. War ich daran interessiert, mit Kathy zu sprechen? Ja, das war ich zweifellos. Ich schrieb sofort eine E-Mail mit meiner Telefonnummer [in den USA] und bat Kathy dringend, mich anzurufen. Dann wartete ich. Manchmal bekomme ich E-Mails mit verlockenden Fallgeschichten, doch dann kriegt der Verfasser kalte Füße und meldet sich nicht mehr bei mir. Zum Glück war dies kein solcher Fall. Kathy rief eine Woche später an.

In meinem ersten Gespräch mit Kathy fühlte ich mich sehr von ihrer bodenständigen, bedachten Art zu sprechen angezogen, die für Menschen aus dem Mittleren Westen typisch ist. Mit langen, nachdenklichen Pausen erzählte sie ihre Geschichte, gelegentlich unterbrochen von »Ich hoffe, Sie denken nicht, ich bin verrückt«-Entschuldigungen, die typisch für solche Erstgespräche sind. Ich versicherte ihr sofort, dass *nichts*, was sie sagte, mich schockieren könnte, weil ich bereits alle erdenklichen Geschichten über vergangene Leben und Wiedergeburt gehört habe.

Als Kathy ihre Geschichte erzählte, konnte ich meine Aufregung kaum verbergen. Sie beschrieb die auffälligen Ähnlichkeiten zwischen James' Zustand *zum Zeitpunkt seines Todes* – die aus diesem Grund nicht vererbt worden sein konnten – und den Geburtsmalen des neugeborenen Chad. Es war nicht nur eine Stelle an seinem Körper, die durch sein früheres Leben beeinflusst worden war, sondern es waren vier oder fünf, und es gab medizinische Schriftstücke, die als Beweis der Übereinstimmungen dienen konnten. Ich habe nie zuvor einen so stark physischen Fall von Reinkarnation gesehen. Als Forscherin verstand ich die Bedeutung dessen, was ich gehört hatte, und begriff, wie wertvoll der Fall als Beweis für Reinkarnation sein konnte. Egal, wie außergewöhnlich die Äußerungen eines Kindes sind, wie zum Beispiel in Peters Fall im vorangegangenen Kapitel, oder wie spezifisch und eigenartig die Verhaltensweisen, es wird immer noch einigen Raum für Zweifel geben. Aber ein zwei Leben verbindender *physischer* Beweis, wie ihn mir Kathy beschrieb, lässt sich nicht so einfach als Irrtum oder Zufall abtun.

Als Mutter fühlte ich mich überwältigt von der emotionalen und spirituellen Kraft, die Kathys Drama entfaltete. Die Geschichte war wirklich herzergreifend. Und die Art, wie Kathy sich ausdrückte, war so authentisch. Sie hatte dieses Wunder unmittelbar miterlebt und ihre Beobachtungen waren gerade deshalb so unverbraucht und rein, ihre Sprache so vernünftig und schlicht, weil sie mitten aus dem Bible Belt stammte, einem Gebiet, das sich hauptsächlich über die Südstaaten der USA erstreckt und und christlich-fundamentalistisch geprägt ist, im Glauben des Baptismus erzogen worden war, nie Bücher über Reinkarnation gelesen hatte und mit esoterischen Theorien in keiner Weise vertraut war. Sie sprach über Reinkarnation, als hätte sie sie erst vor Kurzem selbst entdeckt. Und auf irgendeine Weise hatte sie das wohl auch. Kathy war erleichtert, dass sie endlich ganz offen über James und Chad sprechen konnte, mit jemandem, der ihr glaubte. Sie hoffte, dass ich sie ein wenig beraten konnte, denn, wie sie selbst es sagte: »Wunder sind toll, aber sie können auch sehr verwirrend sein.«

Sie fragte mich zum Beispiel, wie Wiedergeburt eigentlich zu verstehen sei. Handelt es sich um dieselbe Seele in einem neuen Körper, befinden sich zwei Seelen in ein- und demselben Körper oder gibt es noch eine andere Möglichkeit? Was ist eine Seele überhaupt und was bedeutet es für diese Seele, wiedergeboren zu werden? Kathy tastete sich sozusagen ans Herz des Rätsels heran. Sie mühte sich mit diesem Mysterium ab und stellte fest, wie die Persönlichkeit von James manchmal in Chad zum Vorschein kam: »Chad ist im Grunde ein sehr ruhiges Kind, aber wenn er über James spricht, wird er ganz aufgeregt und ist voller Energie. Ich habe den Eindruck, es mit zwei Persönlichkeiten in einer zu tun zu haben. Ich bin schon Menschen mit einer multiplen Persönlichkeit begegnet, aber das ist etwas anderes. Ich habe es mit zwei Kindern zu tun, die beide meine Kinder sind, mit Chad und mit James. Nur dass sie sich in ein- und demselben Körper befinden. Es ist unfassbar.«

Die von Kathy angesprochenen Fragen verblüffen Theologen und Philosophen gleichermaßen. Nur dass Kathy jeden Tag mit ihnen konfrontiert wurde. Sie war in der einzigartigen Position, die erstaunlichen Ähnlichkeiten zwischen ihren beiden Söhnen, dem lebenden und dem toten, nicht nur mitzuerleben, sondern auch zu *fühlen*. Sie erlebte die Reinkarnation wahrhaftig von Angesicht zu Angesicht. Fragen über das Wesen der Seele waren für sie keine intellektuelle Herausforderung, sondern sie vollzog sie mit jeder Zelle ihres Körpers nach.

Ich hatte keine fertigen Antworten für sie. Sie betrat mit ihrem Fall ein emotional und spirituell unerforschtes Terrain und drang dabei tiefer in dieses Gebiet ein, als ich es jemals getan hatte. Es ging weit über das hinaus, was ich mit meinen eigenen Kindern erlebt hatte. Alles, was ich tun konnte, war ihre Vertraute zu sein und das mit ihr zu teilen, was ich durch andere Fälle von Reinkarnation gelernt hatte, um ihr so eine Orientierung zu geben. Ich versicherte Kathy, dass die Fälle, die ich bereits untersucht hatte, zeigen, dass Reinkarnation innerhalb der gleichen Familie möglich ist. Tatsächlich bin ich aufgrund der vielen dokumentierten Fälle aus dem Westen und aufgrund Hunderter dokumentierter Fälle aus anderen Kulturen und Ländern in der ganzen Welt davon überzeugt, dass es sich um ein ganz natürliches und universelles Phänomen handelt. Ich erzählte ihr von den vielen vollständig dokumentierten Fällen von Dr. Ian Stevenson, die auffällige Ähnlichkeiten zu Chads Fall aufwiesen. Auch hier waren Muttermale und Geburtsfehler aufgetreten, die Malen am Körper Verstorbener entsprachen.

Kathy brauchte nicht davon überzeugt zu werden, dass ihr Sohn zurück war. Aber es tröstete sie zu erfahren, dass sie nicht allein war. Sie sog begierig alles auf, was ich ihr über Erinnerungen von Kindern an frühere Leben erzählen konnte, und meine Erzählungen gaben ihr ein Gerüst, um die neue Wirklichkeit, die sie und Chad erlebten, zu begreifen.

Heilung durch frühere Leben

Weil Kathy sich dadurch, dass sie ihre Erkenntnisse und Fragen mit mir teilen konnte, immer wohler zu fühlen begann, gestand sie mir, dass sie glaubte, Chad sei aus einem bestimmten Grund zu ihr zurückgekommen. Sie wusste, dass es kein willkürlicher Zufall war. Nun fragte sie sich, *welcher Grund* es war. Warum war er zurückgekommen?

Ich erzählte ihr, dass manche der Fälle, die ich untersucht hatte, in der Tat nahelegten, dass es logische Gründe dafür gab, dass eine Seele in dieselbe Familie zurückkehrt: um erneut mit ihren Lieben zusammen zu sein, um ihren Lern- und Wachstumsprozess fortzusetzen und um sowohl seelische (wie bei Dylan und Peter) als auch physische Wunden zu heilen. Ja, es ist möglich, bei Kindern auch *physische* Wunden, die aus vergangenen Leben stammen, zu heilen, wenn sie die Möglichkeit erhalten, offen über ihre Erinnerungen zu sprechen und ihre früheren Erfahrungen abzuschließen.

Als Beispiele dafür, wie ein physisches Problem aus einem früheren Leben geheilt werden kann, teilte ich Kathy zwei Geschichten mit. Die erste handelte von meinem eigenen Sohn Chase. Als er fünf war, entwickelte er eine panische Angst vor lauten, dröhnenden Geräuschen. Seit seiner frühen Kindheit hatte er ein chronisches Ekzem an seinem rechten Handgelenk, das auf keine medizinische Behandlung ansprach. Kurz nachdem seine Phobie zum ersten Mal aufgetreten war, schockierte er uns mit anschaulichen und emotionalen Erinnerungen an seine Zeit als schwarzer Soldat, der während einer Schlacht in einem Bürgerkrieg umgekommen war. Er schilderte seine Erfahrungen auf dem Schlachtfeld aus der Perspektive eines Erwachsenen, nicht der eines Kindes. Er erklärte uns, wie ängstlich und verwirrt er in dem Chaos auf dem Schlachtfeld gewesen sei und wie traurig es ihn machte, dass er nicht bei seiner Frau und seinen Kindern sein konnte. Er beschrieb auch, dass sein rechtes Handgelenk verletzt wurde (genau an der Stelle, an der sich sein chronisches Ekzem befand) und wie er zu einem einfachen Feldlazarett gebracht worden war, wo man ihn behandelt und dann zurück aufs Schlachtfeld geschickt hatte. Schließlich wurde er durch einen Kanonenschuss getötet. Er beschrieb seinen Tod, wie er aus seinem Körper hinausglitt und von oben auf das qualmende Feld blickte.

Mein Sohn gestand, dass er sich immer noch schuldig fühlte wegen seiner Rolle als Soldat, der andere umgebracht hatte, um selbst zu überleben. Ich ermutigte ihn, offen über seine Gefühle zu sprechen, und erklärte, dass er an seiner Beteiligung an der Schlacht nicht schuld war, obwohl er auch selbst hatte töten müssen – er war damals einfach nur seiner Aufgabe nachgekommen. Ich sprach auf seelischer Ebene mit ihm und erklärte ihm, dass wir in unterschiedlichen Leben verschiedene Rollen einnehmen, wie Schauspieler in einem Theaterstück. Indem wir verschiedene Rollen einnehmen, lernen wir, was Menschsein bedeutet und wie wir zu besseren Menschen werden können. Überraschenderweise funktionierte diese einfache Erklärung: Chase war sichtbar erleichtert. Kurz darauf verschwand innerhalb von ein paar Tagen das Ekzem auf seinem Handgelenk und trat danach nie wieder auf. Seine Angst vor lauten dröhnenden Geräuschen klang ebenfalls vollständig ab. Heute ist er sogar ein begeisterter Schlagzeuger. Ich fand Chases Erfahrung so außergewöhnlich, dass es von da an zu meiner Leidenschaft wurde, die Erinnerungen von Kindern an frühere Leben zu erforschen.

Die andere Geschichte einer Heilung wurde mir von einer Mutter aus Connecticut erzählt, die mich angesprochen hatte, als ich in Virginia Beach einen meiner Vorträge hielt. Patricia Austrian war überzeugt davon, dass der lebensbedrohliche Tumor ihres Sohnes Edward geheilt wurde, als er sich an ein früheres Leben erinnerte. Als Baby hatte Edward ständig Probleme beim Schlucken gehabt. Sobald er sprechen gelernt hatte, zeigte er auf seinen Hals und klagte: »Mein Schuss tut weh, mein Schuss tut weh!« Er hasste es, eine Spritze in den Arm zu kommen, weshalb seine Eltern vermuteten, dass er den Schmerz im Hals damit verglich. Als er drei war, entdeckten sie allerdings eine starke Verdickung in seinem Hals. Ein Spezialist teilte ihnen mit, dass er eine gefährliche mediale Halszyste hatte, die so schnell wie möglich entfernt werden musste. Daher vereinbarten sie einen Termin für den Eingriff. Aber der zuständige Chirurg sagte, dass zunächst Edwards Mandeln herausgenommen werden müssten. Einige Wochen später würde er dann in einer zweiten Operation den Tumor entfernen.

Nach der Entfernung der Mandeln informierte der kleine Edward seine Eltern darüber, dass er die zweite Operation nicht brauchte, da der »Schuss« verschwunden sei. Sie nahmen an, dass er von der Betäubung und der Operation verwirrt sei, und achteten nicht weiter auf sein Geplapper.

Kurz darauf wurden seine Äußerungen jedoch noch seltsamer als zuvor. Er sagte ihnen, dass er, *als er früher groß war*, ein Soldat in Frankreich gewesen sei. Sein Name sei Walter gewesen. Er beklagte sich, dass er zu jung gewesen war, um zu kämpfen, gerade mal achtzehn Jahre alt – eine merkwürdige Bemerkung für einen Vierjährigen! Er sagte, dass er die ganze Zeit unter seinem Hunger, der Kälte und seiner Einsamkeit gelitten habe. An einem sehr regnerischen und kalten Tag schleppten er und die anderen Soldaten sich durch den Schlamm, als ein Geschoss ihn von hinten traf und in seinem Hals stecken blieb. Der vierjährige Edward gab dann, wie sein Vater später bezeugte, eine medizinisch akkurate Beschreibung des Sterbeprozesses, der durch eine Schussverletzung im Hals verursacht wird – grausige Details, die kaum ein Erwachsener, aber ganz sicher kein Vierjähriger kennt. Er wiederholte seine Geschichte in den nächsten Tagen mehrfach, wobei der Wortlaut exakt der gleiche war.

Seine Eltern waren verblüfft über diese realitätsnahe Erzählung. Sie konnten sich einfach nicht erklären, wie er über solche Dinge Bescheid wissen konnte. Ganz besonders erstaunt waren sie über die Beschreibung des Sterbeprozesses. Sie waren erstaunt und schockiert darüber, dass der Tumor innerhalb von drei Tagen vollständig verschwunden war. Das Erstaunen von Edwards Chirurg über diese Spontanremission war noch größer, denn er hatte noch nie gehört, dass ein Tumor dieses Typs von selbst verschwand. Er war überzeugt davon, dass der Tumor wiederkommen würde. Das ist jedoch seit inzwischen mehr als zehn Jahren nicht passiert.

Nachdem ich Kathy mit diesen Geschichten zum Heilungspotenzial von Erinnerungen an frühere Leben versorgt hatte, befragte ich sie zur Prognose für Chads Auge. Sie erklärte mir, dass die Ärzte keine Idee hatten, wie sie seine Blindheit kurieren könnten, da sie ja bisher keine physiologische Ursache dafür feststellen konnten. Dann sprach sie hörbar zu sich: »Wenn es emotionale Angelegenheiten aus der Vergangenheit gibt, die James und ich lösen müssen, irgendwelche unerledigten Angelegenheiten, und wenn wir sie klären können, glauben Sie, dass das Chads Auge heilen könnte?«

»Ja, ich glaube, dass das möglich ist«, antwortete ich Kathy.

Jetzt ist »nie« da

In den nächsten Monaten verbrachten Kathy und ich viel Zeit am Telefon. Wir sprachen über Chad und James und gingen die Möglichkeiten durch, die es gab, die unerledigten Angelegenheiten aus der Vergangenheit zu klären. All das wühlte in Kathy schmerzhafte Emotionen auf. Aber so schwer es auch war, sie war fest entschlossen, ihren Sohn und auch sich selbst zu heilen.

Zunächst mussten wir herausfinden, mit welcher unerledigten Angelegenheit von James wir uns befassen mussten. Wir konnten nur raten, was seine Seele durch Chads physische Symptome und seinen Wunsch, in das alte Haus zurückzukehren, ausdrücken wollte. Wies Chad mit seiner Äußerung *»weil ich dich dort zurückgelassen habe«* selbst auf das hin, was für ihn unerledigt war? Konnte das der Schlüssel zu der Frage sein, was er von Kathy brauchte? War er einfach deshalb zurückgekommen, weil er zu jung hatte sterben müssen und nun seine Mutter vermisste und wieder mit ihr zusammen sein wollte?

Ich erzählte Kathy die Geschichte von Gary, der im Feuer gestorben und augenscheinlich deshalb zurückgekommen war, um wieder mit seiner Mutter, Edith, zusammen zu sein. Das berührte etwas in Kathy. »Vielleicht ist James genauso sehr wegen meines verzweifelten und selbstsüchtigen Wunsches, ihn zurückzuhaben, wiedergekommen wie wegen seines eigenen Bedürfnisses, sein Leben fortzuführen, das so jung endete. Vielleicht haben auf irgendeine Weise auch meine Gebete ihn zu mir zurückgebracht.« Selbst wenn es unmöglich ist, sich sicher zu sein, was eine Seele braucht oder warum sie zurückkommt, klangen Kathys Begründungen für mich plausibel.

Es war einfacher herauszufiltern, was *Kathys* unerledigte Angelegenheiten sein könnten. Sie gestand ein, dass sie nie richtig um James getrauert oder seinen Tod vollständig akzeptiert hatte. Weil James sie angefleht hatte, nicht um ihn zu weinen, hatte sie es auch nie getan. Stattdessen hatte sie ihre Trauer in sich vergraben. »Ich glaube, dass ich irgendwo tief in mir von Schuldgefühlen zerfressen werde, weil ich getan habe, was man mir sagte, obwohl es nicht das war, was ich tun wollte. Manchmal frage ich mich, ob es für James nicht doch wichtig gewesen wäre, dass ich um ihn weine, denn nur so hätte er gemerkt, wie sehr ich ihn liebte.«

Der vierjährige Chad sprach unterdessen weiter davon, wie sein Leben als James gewesen war. Kathy erzählte zum Beispiel, wie er sich an seine Operation erinnerte. »Gestern Nacht sprachen wir über sein Auge und er fragte mich, ob er wieder operiert werden müsse. Ich sagte: ›Nein, und du bist auch noch nie operiert worden.‹ Er erwiderte: ›Doch, das bin ich, erinnerst du dich denn nicht? Es war über meinem Ohr.‹ Ich fragte: ›Welches Ohr?‹ Er deutete auf sein rechtes Ohr. James hatte eine Biopsie des Tumors über seinem rechten Ohr gehabt und Chad war mit einer Zyste an der gleichen Stelle geboren worden. Ich fragte ihn, ob er wüsste, warum die Operation nötig gewesen sei. Er sagte nein. Ich fragte ihn, ob es weh getan hätte, und er antwortete: ›Nein, ich habe geschlafen.‹«

Es überraschte Kathy immer noch, wenn Chad flüchtige Erinnerungen hatte, die aus dem Nichts zu kommen schienen. Ich versuchte sie davon zu überzeugen, dass diese Momente wie Eröffnungssequenzen seien, die sie brauchte, um ihm bei der Klärung seiner unerledigten Angelegenheiten zu helfen. Wenn er diese Dinge sagte, befanden sich seine Erinnerungen an das frühere Leben dicht unter der Oberfläche. Ich erklärte ihr, dass sie diese Eröffnungssequenzen nutzen konnte, um Fragen zu stellen und um herauszufinden, ob Chad noch irgendetwas aus seinem früheren Leben quälte.

Dies waren auch gute Gelegenheiten, um Chad mitzuteilen, dass sie wusste, dass er der wiedergeborene James war. Allein diese Bestätigung könnte die Tür zu seiner anderen Realität weiter öffnen. Dort konnte sie direkt mit James' Seele sprechen – mit dem Teil von ihm, der sich über Chad mit ihr in Verbindung setzte. Ich schlug vor, dass sie James direkt ansprechen könnte, während sie gemeinsam in diesem Raum des gegenseitigen Verstehens waren, und dass sie ihm sagen könnte, wie sie sich fühlte. Sie könnte etwa sagen: »Ich war sehr traurig, als du starbst, aber ich weiß, dass du deinen kranken Körper verlassen musstest, und jetzt bin ich sehr glücklich, dich wiederzuhaben.«

Ich schlug vor, dass sie ihm auch versichern sollte, dass er jetzt in einem gesunden Körper lebte und in einem anderen Leben war. Das ist ein wichtiger Punkt. Denn, so seltsam es auch klingen mag, andere Fälle zeigen, dass manche Seelen nicht begreifen, dass sie einen Übergang in einen anderen Körper vollzogen haben. In den ersten Jahren ihres Lebens verwechseln manche Kinder Vergangenheit und Gegenwart. Erinnerungen aus früheren Leben sind für sie genauso lebendig wie eine Geburtstagsfeier oder ein Strandurlaub, die letzte Woche oder letzten Monat stattgefunden haben. Sie identifizieren sich noch mit den Emotionen und dem Körper ihres letzten Lebens. Für die Seele kann es schon reichen, wenn ein Elternteil den Unterschied zwischen Vergangenheit und Gegenwart klarstellt und ihr begreiflich macht, dass sie sich jetzt in einem neuen Körper befindet. Manche Kinder verstehen es sofort: Ein Funke der Erkenntnis blitzt in ihren Augen auf, das Gesicht erhellt sich und es ist, als ob ein Gewicht ihnen spürbar von den Schultern genommen ist. Ich hatte mit Fällen zu tun, in denen die Veränderung so schnell vor sich ging und so vollständig war, dass es wie ein Wunder erschien.

Aber Kathy war noch nicht bereit für dieses direkte Vorgehen. Es schien zwar einfach zu sein und sie war auch sehr an einer Heilung interessiert, aber sie gestand mir, dass es ihr schwerfiel, dem Prozess zu trauen. Sie hatte Angst, dass es für Chad möglicherweise zu viel werden könnte, wenn sie sich gemeinsam mit der Vergangenheit auseinandersetzten. Zusätzlich fürchtete sie, dass das schmerzhafte Aufbrechen der alten Wunde auch für sie selbst unerträglich sein könnte. Sie vertraute mir an, dass der tiefe Schmerz und die Ratlosigkeit, die sie viele Jahre zuvor in sich vergraben hatte, jedes Mal an die Oberfläche kamen, wenn Chad über James sprach. »Chads Erinnerungen öffnen eine Wunde, die ich zu schließen versucht habe. Sein Tod war so schmerzhaft und ich habe mir schließlich geschworen, nie wieder an diesen Tag zu denken. Ich wollte die Tür zu diesem Kapitel meines Lebens verschließen und sie nie mehr öffnen – egal für wen. Und jetzt ist ›nie mehr‹ doch da und aus irgendwelchen Gründen wurde die Tür geöffnet.«

Ich verstand Kathys Abneigung davor, im Schmerz zu wühlen, und ihr Bedürfnis nach einem langsamen und vorsichtigen Vorgehen. Und doch wusste ich auch, wie sehr sie sich wünschte, das zu klären, was Chad zurückhielt. Also ermutigte ich sie, Chads Bemerkungen sofort anzusprechen und ihn nicht zu lange abzuweisen. Ich befürchtete, dass dieses Erinnerungsfenster nicht mehr allzu lange geöffnet bleiben würde und dass dann eine natürliche Heilung nicht mehr möglich wäre. In den meisten Fällen, die ich mir angesehen habe, sprechen Kinder nur über einen relativ kurzen Zeitraum spontan von ihren Erinnerungen an frühere Leben. Normalerweise ist das die Zeit zwischen zwei und sieben. Diese Momente von Klarheit sind oft kurz und scheinen willkürlich aufzutreten. Sie treten nur dann auf, wenn die Seele des Kindes in Aufruhr ist. Wenn sie älter als sieben Jahre sind, vergessen die Kinder ihre Erinnerungen entweder vollständig – dann bestreiten sie oft, sie gehabt zu haben –, oder die Erinnerungen sind nicht mehr so leicht zugänglich, weil sie von der kulturellen Prägung überlagert werden und sich das Kind außerdem stärker auf die äußere Welt ausrichtet.

Ich versicherte Kathy, dass der Prozess aus meiner Erfahrung zum Glück über einen längeren Zeitraum hinweg schrittweise voranschreite. Damit haben sowohl das Kind als auch der betroffene Elternteil die Möglichkeit, das Geschehen zu integrieren. Manche Eltern haben mir erzählt, dass der Prozess »gesteuert« zu sein schien. Als Chad weiter über James sprach, stellte Kathy zum Glück selbst fest, dass das wahr war: Es war ein sanfter und maßvoller Prozess, der sie nicht überforderte. Chad öffnete sich langsam, gerade genug, um es ihr zu ermöglichen, den lange aufgebauten emotionalen Druck in kleinen Dosen statt in einer großen Explosion hinauszulassen. Auf diese Art und Weise war es für sie erträglich.

Manchmal, wenn *sie* sich in der Lage fühlte, über die Vergangenheit zu sprechen, und das Gespräch in Richtung James zu lenken versuchte, passierte überhaupt nichts. Entweder verweigerte Chad sich oder es war einfach nicht die richtige Energie vorhanden und er hatte keinen Zugang zu seinen Erinnerungen. Sie begann sich zu fragen, ob Chad ihren Widerstand anhand der Spannung in ihrer Stimme oder ihres ängstlichen Gesichtsausdrucks spürte und daher ihr zuliebe seine Antworten abwog. »Wenn er merkt, dass ich mich aufrege, ist es wie ein Sicherheitsventil: Er verschließt sich. Warum, weiß ich nicht. Aber ich bin sehr dankbar, dass Chad so mit meinen Gefühlen und meinem Befinden im Einklang ist, dass er nicht mit allem auf einmal auf mich einstürmt.« Die Gespräche wurden zu einer Art Tanz, den beide erst lernen mussten.

Eines Nachts holte Kathy zum Beispiel ein Foto von James heraus. Sie hatte weder Chad noch einem anderen Mitglied ihrer Familie jemals ein Foto von ihm gezeigt und sie wollte sehen, wie Chad reagieren würde, wenn er zum ersten Mal eines sah. »Als er James sah, waren sein Gesichtsausdruck und das Grinsen auf seinem Gesicht schwer zu deuten. Sein Gesichtsausdruck war schockiert. Seine Kinnlade fiel herunter, seine Augen wurden groß und er schnappte nach Luft.

Ich fragte ihn: »Was ist los?«

Er sagte: »Ich habe mich so nach diesem Foto gesehnt. Ich möchte es haben, weil *ich* das bin.«

»Ich antwortete nicht darauf. Ich wollte weder sagen ›ja, das bist du‹ noch ›nein, das bist nicht du‹. Ich wollte neutral bleiben und abwarten, was weiter geschah. Aber dann war der Moment vorbei. Die Energie war weg und Chad sagte nichts mehr.«

An einem anderen Tag meinte Chad während des Abendessens spontan zu seinem älteren Bruder: »Ich sage dir mal was. Als ich zwei Jahre als war, wurde ich so krank, dass ich nicht mal mehr Seven Up bei mir behalten konnte. Dann starb ich und kam wieder zurück. Wenn ich noch einmal sterbe, werde ich wieder zurückkommen.« In diesem Moment betrat sein Vater den Raum und der Bann war gebrochen. Chad sagte nichts mehr, aber was er gesagt hatte, hätte nicht direkter und eindeutiger sein können. Kathy fügte noch hinzu, dass die Geschichte mit dem Seven Up stimmte und dass niemand sonst davon wusste.

Kathy begann, ihren guten Instinkten und ihrer Intuition zum Timing zu vertrauen. Sie wartete ab und erzwang nichts. »Ich bekomme dieses unbeschreibliche Gefühl, wenn es Zeit ist, mit Chad über seine Erinnerungen zu sprechen. Ich spüre es in meinem ganzen Körper. Dann funktioniert es. Ich weiß nicht, was es ist, aber ich verlasse mich auf meinen guten Instinkt und warte, bis ich diese spezielle Energie wahrnehme. Ich spüre, wenn es so weit ist.«

Ein Kapitel nach dem anderen

Es war nun ungefähr sechs Monate her, dass Kathy und ich zum ersten Mal telefoniert hatten, und sie trat immer noch mehr oder weniger regelmäßig mit mir in Kontakt, um mir ihre Neuigkeiten zu erzählen. Ich freute mich auf ihre Anrufe, denn ihre Erkenntnisse aus erster Hand brachten mir jedes Mal etwas Neues darüber bei, wie es ist, mit einem wiedergeborenen Kind zu leben. Manchmal, wenn es mir gelang, die Sache von außen zu betrachten, wurde mir allerdings auch klar, wie merkwürdig unsere Konversationen wohl für einen Außenstehenden geklungen hätten. Wir unterhielten uns keinesfalls über die Alltagssorgen aller Eltern: Sauber werden, die richtige Schule oder die lustigen Bemerkungen, die Kinder manchmal machen, gehörten nicht zu unseren Themen. Stattdessen diskutierten wir über den Heilungsprozess der

Seele. Und keine von uns konnte vorhersagen, wie dieses Rätsel ausgehen würde – ob Chads Symptome abheilen und Kathy endlich ihren Frieden finden würde.

Es gab immer wieder längere Abschnitte, in denen ich von Kathy gar nichts hörte. Manchmal dauerten sie mehrere Wochen an. Wenn sie dann schließlich wieder anrief, erklärte sie, dass Chad nichts Neues gesagt hatte, dass die Kinder krank gewesen waren oder sie schlicht von den Aufgaben des Alltags überfordert gewesen war. Ich lernte geduldig zu sein und zu warten. Eines Tages kam nach einer ungewöhnlich langen Zeit des Schweigens ein Anruf. Kathy war aufgeregter als sonst.

Sie erzählte mir, dass nun endlich die richtige Zeit und Energie gekommen war, um mit Chad direkt über James zu sprechen. »Eines Abends nahm ich Chad auf den Schoß und sagte: ›Ich weiß nicht alles, aber ich weiß, dass du schon früher hier gewesen bist und dass du damals ein sehr kranker kleiner Junge warst. Dann musstest du gehen, damit du in einem gesunden Körper zurückkehren konntest.‹ Chad saß einfach da und hörte mir zu. Dann zog er die Augenbrauen hoch, sein Gesicht erhellte sich und er sagte: ›Ich weiß.‹ Dann rannte er weg, um zu spielen. Das war alles.

Zwei Tage später kam er in die Küche gerannt und war ganz aufgeregt. Er schloss sein rechtes Auge und sagte: ›Ist das nicht toll, ich kann auf diesem Auge sehen!‹ (Damit meinte er das linke.) Ich erklärte ihm, dass er auf diesem Auge nicht sehen konnte, aber er bestand darauf, dass er es konnte. Um ihn zu testen, schlug ich vor, dass wir ein Spiel spielten, das wir bereits häufig gespielt hatten. Ich hielt drei Finger hoch und sagte, er solle sie zählen. Er zählte richtig. Ich versuchte es nochmal mit einem Finger. Auch dieses Mal war seine Antwort richtig. Einige Stunden später wiederholte ich das Ganze noch einmal, nur um mich zu vergewissern, dass er wirklich sehen konnte. Und zu meiner Verblüffung konnte er es! Ich sah das Blitzen in seinen Augen und das Lächeln auf seinem Gesicht, die seine Aufregung darüber ausdrückten. Denn nie zuvor hatte das Kind auf diesem Auge sehen können. Das ist so ein Segen! Wenn dein eigenes Kind die ersten fünf Jahre seines Lebens auf einem Auge blind war und nun auch nur ein kleines Bisschen sieht, ist das schon eine große Sache!«

Kathy war von diesem plötzlichen Durchbruch überrascht. Sie war verblüfft, dass ihre einfachen Aussagen überhaupt eine Auswirkung auf Chad hatten. »Es ist seltsam, aber ein Teil von mir war überzeugt davon, dass überhaupt nichts passieren würde, sogar wenn ich Chad direkt bestätigte, dass er James war. Ich hatte Angst, dass er das überhaupt nicht verstehen würde. Auch wenn ich mir seine Heilung erhofft hatte und für sie betete, hätte ich mit so etwas *niemals* gerechnet. Wie falsch ich damit lag!«

Kathys wunderbare Neuigkeiten begeisterten mich. Ich drängte sie dazu, mit Chad zu seinem Augenarzt zu gehen und sein Auge überprüfen zu lassen. Der Arzt stellte fest, dass es nur eine kleine, kaum messbare Veränderung in seinem linken Auge gab. Kathy war überrascht, dass die Überprüfung keine größere Veränderung zeigte. Aber die Tatsache, dass Chads Besserung nur gering war, verminderte ihre Freude nicht.

Für Kathy war *jede* Verbesserung ein greifbarer Beweis dafür, dass es eine positive Entwicklung gab. Das machte ihr Hoffnung auf weitere Verbesserungen. Sie glaubte, dass ihre Worte tief in Chads Innerstes eingedrungen waren und dass seine Seele begann zu verstehen und zu heilen. Sie begann zu begreifen, dass jede Heilung zunächst auf der tiefsten Ebene des Seins erfolgt. »Ich bete darum, dass unsere beiden Seelen ihren Heilungsprozess fortsetzen. Mein größter Wunsch ist es, dass Chads Seele ihren Frieden findet. Damit das passieren kann, müssen wir beide die Vergangenheit abschließen. Wenn er sich schuldig fühlte, weil er mich verlassen musste, oder wenn er wissen musste, wie traurig ich war, als er starb, dann weiß er jetzt, dass es mir gut geht und dass er geliebt wird. Jetzt können wir mit allem umgehen, was noch kommen mag. Die Seele zu heilen ist irgendwie so, wie ganz langsam ein Buch zu lesen. Man liest ein Kapitel nach dem anderen.«

Im Laufe des nächsten Jahres sprach der fünfjährige Chad weiter über sein Leben als James – immer spontan und unregelmäßig, aber mit der Zeit immer seltener. Kathy wusste jetzt, dass die Erinnerungen, die bei Chad hochkamen, ein Segen waren und Heilungspotenzial mit sich brachten. Sie fürchtete sie nicht mehr, sondern hieß sie willkommen und bedauerte, dass sie zu schwinden begannen.

Kathy fiel auch auf, dass sie sich mit der Zeit leichter fühlte. »Ich fühle die schwere Last der Schuld nicht mehr – all das ›was wäre wenn‹ und ›was hätte sein können‹ rund um James' Tod. Ich habe meinen Frieden gefunden. Das Gefühl überrascht mich, denn ich habe diese schwere Schuld so viele Jahre mit mir herumgetragen. Plötzlich fühle ich mich glücklich. Das Gefühl ist so neu für mich, dass ich manchmal gar nicht weiß, was ich damit anfangen soll.«

Chad, der inzwischen zu einem lebhaften Sechsjährigen geworden ist, spricht kaum noch von seinem Leben als James. Er wächst jetzt zu einem gesunden und kräftigen Kind heran. Seine magere Gestalt wird allmählich fülliger. Er spielt gerne draußen mit den Nachbarskindern und legt seine Schüchternheit langsam ab. Er kann es kaum abwarten, bis er im Herbst in die Schule kommt. Kathy merkt, dass er dabei ist, wirklich zu 100 Prozent Chad zu werden. Manchmal, etwa wenn sie sein Spiegelbild aus einem speziellen Blickwinkel sieht oder die Narbe in seinem Nacken, erinnert sie sich wieder daran, dass auch James noch bei ihr ist. Das tröstet sie. Sie ist dankbar, dass Chad gesund aufwachsen darf und die Freuden der Kindheit erlebt, die James nie kennengelernt hat.

»Rückblickend erinnere ich mich, dass ich vor seinem Tod darum gebetet habe, eine zweite Chance zu haben und James in einem gesunden Körper zurückzubekommen. Jede Nacht habe ich darum gebetet. Aber wenn mir jemand bei James' Tod erzählt hätte, dass ich ihn in Gestalt eines anderen Kindes zurückbekommen würde, hätte ich gedacht, dass er auf Drogen sei oder komplett den Verstand verloren habe. Hätte man mir erzählt, dass meine Gebete Erfolg haben würden, hätte ich gedacht, dass ich zu viel verlangte und um das Unmögliche bat. Aber jetzt verleiht mir die Tatsache, dass James wiedergeboren wurde, inneren Frieden. Ich akzeptiere, dass James ein Teil von Chad ist. Und ich akzeptiere, dass das die Antwort auf meine Gebete ist.«

3

Reinkarnation und Biologie

> Es war ein ergreifendes Treffen. Er freute sich so sehr, sie zu sehen, dass er beinahe in Tränen ausbrach. Er fragte, ob sie sich an ihn, ihren Vater, erinnerte. Für das 17-jährige Mädchen war es schwierig, diese Worte, die von einem dreijährigen Jungen kamen, zu akzeptieren. Aber Chanai lieferte ihr schließlich genug persönliche Details aus ihrem früheren Leben, um sie davon zu überzeugen, ihn als ihren wiedergeborenen Vater zu akzeptieren.

Manche Menschen fragen mich, woher ich weiß, dass eine Geschichte wie die von Kathy wahr ist. Woher weiß ich, dass es sich wirklich um einen Fall von Reinkarnation handelt und nicht um etwas anderes? Könnten Chads Geburtsmale nicht auch ein bloßer Zufall gewesen sein, aus dem Kathy dann eine ausgeklügelte Illusion konstruierte, um die Sehnsucht nach ihrem toten Sohn zu stillen? Und ermutigte ich sie nicht auch noch, dieser Fantasie Glauben zu schenken?

In der Tat: Woher wissen wir, dass auch nur einer dieser Fälle innerhalb derselben Familie wahr ist? Können sie nicht alle durch Erbvorgänge, Zufälle oder dadurch erklärt werden, dass ein Kind etwas wiederholt, das es zufällig aufgeschnappt hat? Oder durch reines Wunschdenken: Eltern sehnen sich so verzweifelt danach, dass ein Kind oder ein anderer Verwandter zu ihnen zurückkehrt, dass sie schon kleinste Anhaltspunkte von der Wiedergeburt überzeugen.

Ja, ich glaube, dass manche Familien sich durch falsche Hinweise irrtümlich davon überzeugen lassen, dass sie es mit einem Fall von Reinkarnation zu tun haben. Aber solche Fälle bekomme ich selten zu Gesicht. Ich vermute, dass die Familien ihren Verdacht für sich behalten, wenn es kaum Beweise gibt. Ich sehe dagegen viele Fälle, in denen die Beweise so auffällig sind, dass sie die Familie dazu treiben, darüber zu sprechen. In den besten Fällen sind die Beweise so zwingend, dass sie jeder normalen Erklärung außer Reinkarnation trotzen. Mit Wunschdenken – das von Skeptikern meistens als Pauschalerklärung für das Phänomen genutzt wird – kann man die unverkennbaren Beweise, die manche Familien vor Augen haben, nicht einmal annähernd erklären.

Ich bin überzeugt davon, dass viele der Fälle, mit denen ich mich beschäftige, authentische Fälle von Reinkarnation *sind*. Und viele davon sind Fälle von Rückkehr in die Familie. In diesem Kapitel werde ich aufzeigen, warum ich überzeugt davon bin, dass diese Fälle echt sind.

Glaubwürdige Zahlen

Seit dem Jahr 1988, als ich begann, Erinnerungen von Kindern an frühere Leben zu erforschen, habe ich Hunderte von Fällen gesammelt. Sie erreichen mich durch Menschen aus sämtlichen Gesellschaftsschichten und kommen aus allen Teilen der USA und Kanadas. Ein paar stammen auch aus Europa. Sie stammen von Menschen, die immer schon an Reinkarnation geglaubt haben, und selbst von Menschen, die eindeutig nicht daran glaubten, bis es ihnen selbst widerfuhr. Die Fälle tauchen überall auf. Sie kommen per E-Mail oder über das Forum meiner Website[1] zu mir, sie stammen von Menschen, denen ich bei meinen Vorträgen, im Flugzeug, im Supermarkt oder bei Treffen mit Freunden begegne. Sobald die Leute herausfinden, dass ich etwas über die vergangenen Leben von Kindern weiß, öffnen sie sich und gestehen ihr »Familiengeheimnis«. Ich bin immer noch verblüfft darüber, wie oft so etwas geschieht und wie häufig diese Fälle offenbar sind. Und weil sich so viele von ihnen in derselben Familie abzuspielen scheinen, überzeugt mich die schiere Anzahl davon, dass Reinkarnation in derselben Familie ein wesentlich üblicheres Phänomen ist, als gemeinhin angenommen wird.

Der Fairness halber muss ich erwähnen, dass nicht alle Geschichten, die ich höre, eindeutig Fälle von Reinkarnation sind. Einige sind zu dürftig und liefern zu wenige Anzeichen in die eine oder in die andere Richtung, so dass ich mir keine klare Meinung bilden kann. Das Kind gibt ein oder zwei auffällige Äußerungen im Stil von »als ich früher groß war« von sich und weiter nichts. Oder es neigt zu auffälligen Verhaltensweisen, gibt aber keine Äußerungen von sich, mit deren Hilfe man dieses Verhalten mit einem anderen Leben in Verbindung bringen könnte. In solchen Fällen kann es sein, dass sich das Kind an ein früheres Leben erinnert, es kann aber auch sein, dass nicht.

In anderen Fällen jedoch sehe ich eine Gesamtkonstruktion aus Äußerungen, Verhaltensweisen und körperlichen Merkmalen, die zusammengenommen auf ein früheres Leben hindeuten. Normalerweise erkenne ich im Gespräch mit Eltern die echten Fälle schon nach wenigen Minuten, weil sie in das Schema passen, das bei Erinnerungen an frühere Leben gewöhnlich auftritt. Es ist verblüffend, wie häufig ich in einem Fall nach dem anderen die gleiche Art Dinge beobachte: das sehr junge Alter, in dem das Kind zum ersten Mal von dem früheren Leben spricht, der ernste und sachliche Tonfall, Äußerungen mit präzisem Bezug zur Vergangenheit sowie Verhaltensweisen und körperliche Merkmale, die genau zu denen des Verstorbenen passen. Wenn Sie mehrere der Geschichten in diesem Buch gelesen haben, werden Sie ebenfalls ein Gespür für dieses Schema entwickeln.

Die große Anzahl ähnlicher Fälle, die mir begegnen, ist nicht der einzige Hinweis darauf, dass es sich um ein reales Phänomen handelt. Es ist auch die Art und Weise, *wie* die Eltern überzeugt werden, häufig gegen ihren Willen. Die meisten Menschen, die mich aufsuchen, haben zuvor nicht an Reinkarnation geglaubt. Es kommt ihnen nicht im Entferntesten in den Sinn, dass ein Verwandter in ihrer Mitte wiedergeboren werden könnte. Viele sind zunächst bestürzt über das, was sie bei ihrem Kind beobachten, denn es rüttelt an ihrem Glauben, dass »wir nur einmal leben«, und widerspricht ihrer religiösen Erziehung.

Dennoch sind die Eltern überzeugt, weil sie das, was das Kleinkind ihnen aus erster Hand verrät, als Tatsache erkennen. Sie wissen, über welche verborgenen Familiengeheimnisse, Tragödien und Peinlichkeiten die Familie niemals spricht – ganz besonders nicht in Anwesenheit der Kinder. Deshalb wird die Familie sofort aufmerksam, wenn ihr Baby so etwas sagt. Sie wissen, welche Eigenschaften – beispielsweise ein charakteristisches Hinken, das durch eine Verletzung erzeugt wurde – nicht vererbt worden sein können.

Manche entdecken Muttermale bei ihrem Kind, die Wunden oder Narben des Verstorbenen entsprechen. Sogar dann widerstrebt es ihnen, die Ähnlichkeiten als Reinkarnation zu bezeichnen, und sie suchen eifrig nach jeder möglichen rationalen Erklärung, die sie finden können, egal, wie abwegig diese auch sein mag. Erst wenn sie alle normalen Erklärungen ausgeschlossen haben, kommen sie zu dem Schluss, dass es sich tatsächlich um einen Fall von Reinkarnation innerhalb der Familie handelt, dem sie beiwohnen.

Manche Eltern, die mich kontaktieren, sind verwirrt und brauchen Hilfe, um zu verstehen, was mit ihrem Kind vorgeht. Selbst wenn sie mit der Theorie der Reinkarnation an sich kein Problem haben, fällt es ihnen doch schwer, sich vorzustellen, dass eine Seele so schnell aus dem Jenseits zurückkehrt. Es kann auch sein, dass sie noch nie von einer Seele gehört haben, die in dieselbe Familie zurückkehrt, und jetzt fürchten, dass ihre Familie eine Art groteske Ausnahme darstellt. Sie fühlen sich allein und isoliert. Außerdem haben sie Angst, dass etwas mit ihrem Kind nicht stimmen könnte. Deshalb sind sie sehr erleichtert, wenn ich ihnen erkläre, dass sie *nicht* allein sind, dass *viele* Familien das Gleiche mit ihrem Kind erleben und dass das Kind in keiner Weise unnormal ist. Diese Kinder beginnen häufig sogar ungewöhnlich früh zu sprechen, sind später außerordentlich ausdrucksstark und von ungewöhnlich klarem Bewusstsein.

Andere Eltern brauchen nicht überzeugt zu werden. Wenn ich zum ersten Mal mit ihnen spreche, haben sie bereits einige Zeit mit dem wiedergeborenen Kind zusammengelebt und sich daran gewöhnt. Um ihre Überzeugung auf die Probe zu stellen und um zu begreifen, was sie so sicher macht, fordere ich diese Eltern heraus, indem ich andere Erklärungen als Reinkarnation nahelege. Sie antworten damit, dass sie die verräterischen Anzeichen auflisten, denen ich inzwischen vertraue. Wenn wir dann einige Zeit gesprochen haben und es ihnen leichter fällt, ihre Geheimnisse mit mir zu teilen, beschreiben sie das *Gefühl*, das sie mit dem Kind verbindet, das ungewöhnlich starke Band, das sie vereint, die tiefe Verbindung, die dieses Kind für sie zu etwas ganz Besonderem macht. Ich habe das schon so oft gehört, dass ich zu dem Schluss gekommen bin, dass eine tiefe, zwingende *Überzeugung* genauso real ist wie die objektiveren Anzeichen.

Wenn sie einmal akzeptiert haben, einem Fall von Reinkarnation in der Familie beizuwohnen, sind fast alle Eltern begierig darauf, die Bedeutung und die Konsequenzen von Reinkarnation in der Familie näher zu erforschen. Sie möchten erfahren, was es bedeutet, dass ein geliebtes Familienmitglied nach seinem Tod in die Familie zurückkehrt. Sie schütten mir ihr Herz aus und dann machen wir uns gemeinsam an die Erforschung. Das Rätsel ist so tief und unendlich, dass ich jedes Mal etwas Neues dabei lerne.

Dr. Ian Stevenson

Die Fälle, die ich jeden Tag sehe, haben mich davon überzeugt, dass es Reinkarnation in der Familie wirklich gibt. Aber wenige Menschen haben wie ich Gelegenheit, so nah an solchen Fällen zu arbeiten. Ich verstehe, dass es für viele Menschen schwer ist, ihre Meinung über eine lebensverändernde Idee wie die Reinkarnation zu ändern, ohne das Phänomen direkt zu erleben oder empirische Beweise dafür zu sichten. Zum Glück *gibt* es diese Art von Beweisen. Wenn ein echter Skeptiker mich zu einer Debatte zum Thema Reinkarnation oder zur Rückkehr in die Familie herausfordert, debattiere ich nicht mit ihm. Stattdessen akzeptiere ich das Bedürfnis nach echten Beweisen und erzähle vom Werk des Dr. Ian Stevenson von der Universität von Virginia. Ich zähle seine makellosen Referenzen auf und beschreibe seine präzisen Methoden. Dr. Stevenson hat die letzten vierzig Jahre seiner wissenschaftlichen Forschung den spontanen Erinnerungen von Kindern an frühere Leben gewidmet und mehr als 2.600 Fälle zusammengetragen. Seine Arbeit ist solide und respektabel und ermöglicht es vernunftorientierten Menschen aus der westlichen Zivilisation, Reinkarnation als seriöses Forschungsobjekt zu behandeln und sogar zu akzeptieren, dass es sie wirklich gibt, ohne dabei ihr Vertrauen in Ratio und Wissenschaft ad acta zu legen.

Und, um noch einen Schritt weiter zu gehen: Sein Werk ermöglicht es uns, auch an Reinkarnation innerhalb der Familie zu glauben. Es ist schwer, Reinkarnation in der Familie direkt zu beweisen, denn dafür müssen Dinge dokumentiert werden, die nur die Familie genau wissen kann. Aber dank Dr. Stevenson ist das kein Problem mehr. Er bewies den grundsätzlichen Fall: Kinder können sich an kurz zuvor zu Ende gegangene Leben erinnern, und sie tun es auch. Und wenn einige Kinder sich daran erinnern können, in einem früheren Leben ein völlig Fremder gewesen zu sein, dann folgt daraus, dass sie sich genauso leicht daran erinnern können, ein verstorbener Verwandter zu sein. Seine klare Beweisführung bildet die Grundlage für die Glaubwürdigkeit meiner Arbeit über Reinkarnation in der Familie.

Dr. med. Ian Stevenson war Doktor der Psychiatrie, ein Veteran der medizinischen Forschung, auf dessen Konto Hunderte wissenschaftlicher Artikel und mehr als ein Dutzend Bücher gehen. Auf dem Höhepunkt seiner Karriere in der klassischen Medizin war er Chef des Instituts für Psychiatrie an der Universität von Virginia. Jetzt ist er vor allem als Begründer der Reinkarnationsforschung bekannt. Er hat den größten Teil seiner über sechzigjährigen Karriere (Stevenson verstarb leider 2007 im Alter von 89 Jahren) damit verbracht, die Methoden zur Verifizierung der Erinnerungen von Kindern an frühere Leben zu verbessern. Er hat beinahe tausend Fälle zusammengetragen, in denen die Äußerungen des Kindes über sein früheres Leben detailliert und präzise genug waren, um den Verstorbenen eindeutig zu identifizieren. Mit Hilfe der Informationen des Kindes lokalisierte Stevenson dann Familie und Freunde des oder der Verstorbenen und verifizierte die Äußerungen, Verhaltensweisen und physischen Merkmale des Kindes, indem er sie mit den Fakten aus dem Leben des Verstorbenen verglich. In jedem der beinahe tausend Fälle fand er eine direkte Übereinstimmung zwischen den Erinnerungen des kleinen Kindes und dem Leben des Verstorbenen.

Bei den meisten von Stevensons Fällen handelt es sich nicht um Reinkarnation in der Familie. Weil sein Hauptinteresse darin bestand, Beweise zu sammeln, die der kritischen Überprüfung durch die Wissenschaft standhalten, bevorzugte er Fälle, in denen nachgewiesenermaßen kein Kontakt zwischen der Familie des Kindes und der des Verstorbenen bestand. Das machte es leichter zu beweisen, dass das Kind nicht einfach nur etwas aufgeschnappt hat, das es jetzt wiederholt. Dennoch hat Dr. Stevenson herausgefunden, dass Fälle von Reinkarnation innerhalb der Familie häufig vorkommen. Er hat Hunderte davon in seinen Akten und Publikationen.

Die Mehrheit von Stevensons Fällen stammt aus asiatischen Ländern – Indien, Thailand, Sri Lanka, dem Libanon, der Türkei, Myanmar (früher Burma) – und aus Westafrika sowie von den Stämmen am nordwestlichen Pazifik. Auf den ersten Blick scheinen die Fälle der Tatsache zuzuschreiben zu sein, dass die Bevölkerung dieser Länder an Reinkarnation glaubt – eine kulturelle Variante der Wunschdenken-Theorie. Aber das ist aus vielen Gründen falsch. Zum einen gibt es keinen universellen Glauben an Reinkarnation, nicht einmal in einem Land wie Indien. Auch dort treten die Fälle sowohl in Familien auf, die an Reinkarnation glauben, als auch in solchen, die nicht daran glauben. Und wenn man genug Fälle studiert hat, erkennt man, dass Eltern in nicht-westlichen Ländern genau so viele Gründe dafür haben, sich gegen Reinkarnation als Erklärung für das seltsame Verhalten ihres Kindes zu wehren – auch wenn die Gründe nicht immer identisch mit denen der westlichen Bevölkerung sind.

Dass Dr. Stevenson zur Erforschung der Reinkarnation dennoch immer wieder in diese Länder zurückkehrte, ist ganz einfach der Tatsache geschuldet, dass es leichter war, dort solche Fälle zu finden. Die Menschen in diesen Kulturen sind mit Reinkarnation vertraut und sie haben keine Angst, darüber zu sprechen, weswegen dort mehr Fälle zutage traten und seinem etablierten Informantennetzwerk zu Ohren kamen. Bei uns im Westen dagegen herrschte ein kulturelles Tabu vor, das es verbot, Reinkarnation ernst zu nehmen und in der Öffentlichkeit darüber zu sprechen. Wegen der hier vorherrschenden Einstellung fand Stevenson es schwierig, im Westen gute Fälle für seine Forschung zu finden. Meiner Erfahrung nach ändert sich das jedoch in letzter Zeit.

Suleyman und die Mehlschaufel

Die Geschichte von Suleyman Capar ist ein typischer Stevenson-Fall. Im Gegensatz zu den meisten amerikanischen Fällen, mit denen ich mich beschäftigt habe, haben die Kinder in Dr. Stevensons besten Fällen sehr klare Erinnerungen an ihre vergangenen Leben und identifizieren sich stark mit der Person, die sie früher einmal waren. Wenn man eine dieser Geschichten zum ersten Mal hört, verblüfft sie durch ihre unglaublich bizarre, märchenartige Anmutung. Es ist schwer, sich vorzustellen, dass so etwas einem Kind passiert. Liest man aber mehrere von Stevensons Geschichten, wird man feststellen, dass es sich tatsächlich um reale, wenn auch seltene Ereignisse handelt, die echten Kindern widerfahren. (Ich möchte betonen, dass Dr. Stevensons Fälle die extremste Form der Erinnerung von Kindern an frühere Leben repräsentieren. Keiner der amerikanischen Fälle, mit denen ich mich beschäftigt habe, war so detailliert wie sie.)

Die von Dr. Stevenson publizierte wissenschaftliche Abhandlung von Suleymans Fall umfasst vierzehn Seiten und ist voll von verschachtelten Anmerkungen und tabellarisierten Details. Ich habe hier nur den Kern der Geschichte herausgefiltert, um ihre wichtigsten Merkmale zu beleuchten.[2]

Suleyman Capar wurde im Jahr 1966 in einer türkischen Stadt am Mittelmeer geboren. Sobald er sich sprachlich verständigen konnte, zeigte er weg von seinem Elternhaus und flehte seine Eltern an, ihn »zum Fluss« zu bringen. Von da an bat er ständig darum, »zum Fluss, zum Fluss« gebracht zu werden. Als seine sprachlichen Fähigkeiten besser wurden, zeichnete sich die Geschichte seines früheren Lebens immer detaillierter ab. Er sagte, er sei ein Müller aus Ekbar. Sein Name sei Mehmet und er sei in einem Streit getötet worden. Er sprach dabei stets in der Gegenwart und bestand auf seiner Geschichte: »Ich bin verheiratet, ich habe zwei Söhne und eine Tochter, ich habe ein Pferd.« Er erinnerte sich an seine Mutter und sagte, sein Vater habe sich eine zweite Frau genommen. Er fügte hinzu: »Ich glaube, die neue Frau hat sein ganzes Geld ausgegeben.«

Er beschrieb seinen Tod. Er war von einem wütenden Kunden getötet worden, der ebenfalls Mehmet hieß. Der hatte ihm mit einer Mehlschaufel auf den Kopf geschlagen. Der kleine Suleyman wiederholte diese Geschichte so lange, bis seine Mutter schließlich im Alter von kaum zwei Jahren mit ihm nach Ekbar fuhr, das einige Dörfer weiter lag. Suleyman führte sie zum Fluss, zur Mühle und deutete auf das Haus, in dem er gelebt hatte. Bei einem zweiten Besuch erkannte er spontan die Mutter von Mehmet Bekler und grüßte sie. Sie räumte ein, dass ihr Sohn Müller gewesen und vier Jahre zuvor bei einem Streit durch den Schlag mit einer Mehlschaufel getötet worden war. Gerichtsakten bestätigten Suleymans Beschreibung des Mordes. Auch die Details über die Familie waren korrekt, einschließlich der Tatsache, dass Mehmets Vater ein zweites Mal geheiratet hatte (allerdings hatte er beim Pferd unrecht – das gehörte Mehmets Vater).

Bevor all dies geschah, hatten sich die beiden Familien nicht gekannt – Suleymans Familie mahlte ihr Getreide in einer Mühle in ihrem eigenen Dorf. Als Suleyman heranwuchs, besuchten er und Mehmet Beklers Familie sich regelmäßig, und er glaubte weiter, dass er Mehmet war. Das ging so weit, dass er versuchte, Mehmets Land für sich zu beanspruchen. Bei einem Besuch in Ekbar zeigte er auf einen Fremden und schrie: »Er hat mich getötet!« Der Mann war Mehmet Bayrakdar, der verurteilte Mörder von Mehmet Bekler.

Diese Geschichte ist in mehrfacher Hinsicht typisch für die Fälle von Dr. Stevenson. Suleyman war noch sehr klein, ein Baby, das gerade begann zu sprechen, als er sein früheres Leben zum ersten Mal erwähnte. Er machte präzise Aussagen und nannte vollständige Namen, die es seiner Mutter ermöglichten, seine frühere Familie zu finden. Er erkannte Mehmets Mörder, seine Mutter und andere Personen, die in seinem früheren Leben von Bedeutung gewesen waren. All das erhöhte die Glaubwürdigkeit seiner Aussagen. Suleyman zeigte Verhaltensweisen – seine Identifikation mit der Familie und sein Hass auf den Mörder –, die perfekt zu Mehmets Leben passten. Und er erinnerte sich an seinen Tod. In einer hohen Prozentzahl von Dr. Stevensons Fällen erinnerten sich die Kinder sehr plastisch an ihren jüngsten Tod.

Reinkarnation und Biologie

Es gibt noch ein weiteres wichtiges Merkmal in Suleymans Fall, das ich bisher nicht erwähnt habe. Er hatte einen Geburtsfehler, eine physische Verbindung zwischen seinem früheren und seinem jetzigen Leben, der alle anderen Hinweise darauf, dass er der wiedergeborene Mehmet Bekler war, noch verstärkte. Geburtsmale treten in vielen von Stevensons Fällen auf und sind für sein späteres Werk sehr bedeutsam.

Drei Zeugen, die bei Suleymans Geburt dabei waren, berichteten, dass die Rückseite seines Schädels eingedellt und weich war. Die Haut war dort runzelig und verfärbt wie bei einer Narbe. Dr. Stevenson selbst untersuchte Suleyman, als der Junge sieben war, und berichtete, dass das Geburtsmal immer noch hervorstach. Es war weich und eingedellt, verfärbt und mit wenigen Haaren bedeckt. Es ähnelte einer schlecht verheilten Wunde, wie sie durch einen Schlag auf den Hinterkopf entsteht. Nachdem er den Obduktionsbericht von Mehmet Bekler, den er von einem staatlichen Krankenhaus erhielt, überprüft hatte, bestätigte Dr. Stevenson, dass die Verformung von Suleymans Schädel im Hinblick auf Art, Position und Größe der tödlichen Wunde entsprach, die die Mehlschaufel verursacht hatte.

Kann Suleymans Geburtsmal als Zufall wegerklärt werden? Wenn es der einzige Fall dieser Art wäre, könnte man es vielleicht als unerklärliche Merkwürdigkeit abtun. Aber das ist es nicht. Es ist einer von 225 Fällen, die 1997 von Dr. Stevenson in seinem Buch *Reincarnation and Biology: A Contribution to the Etiology of Birthmarks and Birthdefects* veröffentlicht wurden und in denen Muttermale oder Geburtsfehler eine Rolle spielen. In fast allen Fällen hat ein Kind Muttermale oder Geburtsfehler, die einem Mal oder einer Verletzung, normalerweise einer tödlichen Verletzung, der verstorbenen Person ähneln, die das Kind gewesen zu sein glaubt. In den meisten Fällen äußert das Kind genügend Erinnerungen, um es Dr. Stevenson zu ermöglichen, die verstorbene Person zu identifizieren und zu verifizieren, dass die Muttermale und Geburtsfehler tatsächlich den Wunden auf deren Körper entsprechen.

Das Buch ist wahrhaftig eine gewaltige Leistung. Seine beiden Bände haben 2268 Seiten und wiegen beinahe vier Kilo. Wenn man sie durchblättert, sieht man, dass sie voll sind von Grafiken, anatomischen Zeichnungen, Autopsie-Fotos, Röntgenbildern, detaillierten Fallbeschreibungen, Fußnoten und zahlreichen Anhängen. Hinzu kommen Doktor Stevensons umfangreiche Analysen und Kommentare, die sich durch das ganze Werk ziehen. Es ist ein geradliniges akademisches Werk, das für die medizinische Fachwelt gedacht ist.

Reincarnation and Biology ist nicht nur wegen seines Umfangs und seiner Größe revolutionär, sondern auch, weil es den Standard in der Reinkarnationsdebatte erhöht. Das Buch liefert greifbare Beweise dafür, dass der Körper eines Neugeborenen von einem früheren Leben geprägt sein kann. In einigen

Fällen konnte Stevenson die dokumentierten und fotografierten Muttermale und Geburtsdefekte mit Autopsieberichten und Krankenakten vergleichen. In den besten Fällen ist die Wahrscheinlichkeit, dass es sich um Zufälle handelt, derart gering, dass sie den statistischen Standards entspricht, die in der klassischen Medizin zugrunde gelegt werden.

Bei den Muttermalen, die in *Reincarnation and Biology* für die Beweisführung herangezogen werden, handelt es sich nicht um normale Leberflecken, wie sie jeder hat. In den meisten Fällen geht es um äußerst selten vorkommende Male, die entweder aus hervorstehendem oder eingedelltem Gewebe bestehen und oft farblos und unbehaart sind. Mit anderen Worten: Sie sehen aus wie Narben. Zusätzlich haben manche der Kinder zwei oder mehr Muttermale oder Geburtsfehler, die mit zwei oder mehr Wunden oder Narben übereinstimmen – der Rekord liegt bei acht Übereinstimmungen.[3] Das erhöht die Wahrscheinlichkeit um ein Vielfaches, dass es sich nicht um bloße Zufälle handelt. Die Muttermale, die meiner Meinung nach besonders gegen die Zufallstheorie sprechen, sind die doppelten Muttermale, die mit Schussverletzungen übereinstimmen. Dr. Stevenson nimmt in sein Werk vierzehn Fälle auf, in denen auf dem Körper des Kindes ein kleines, rundes Muttermal zu finden ist, das in Größe, Form und Platzierung exakt der Eintrittsstelle des Geschosses entspricht, das die Person getötet hat, an deren Leben sich das Kind erinnert. Auf der gegenüberliegenden Seite des Körpers befindet sich in jedem der Fälle ein größeres, unregelmäßig geformtes Muttermal, das der größeren, unregelmäßigen Austrittstelle von Geschoss und Knochensplittern entspricht.[4]

Und das sind nur die Muttermale. Ein Band des zweibändigen Werks ist vollständig den Geburtsfehlern gewidmet.

Fälle mit Geburts*fehlern* sind seltener als die mit narbenähnlichen Geburtsmalen. Sie beinhalten fehlende Gliedmaßen, fehlende Finger und andere schlimme Entstellungen des Körpers, die in dem Band durchgängig durch Fotos veranschaulicht werden.

Eines der eindrucksvollsten Fotos im Band über Geburtsfehler ist das eines burmesischen Mädchens, deren rechtes Bein direkt unterhalb des Knies endet. Sie erinnerte sich an das Leben eines jungen, sehr armen Mädchens im Teenageralter, das sich seinen Lebensunterhalt durch den Verkauf von Rosen am Bahnhof des Dorfes verdiente. Sie wurde von einem Zug überfahren, der sie tötete und ihr rechtes Bein abtrennte. Wie in den meisten Fällen in *Reincarnation and Biology* machte das Kind detaillierte Angaben und verfügte über Erinnerungen, die ihre Familie überzeugten, dass sie die Reinkarnation eines Teenagers war, den ein Zug getötet hatte. Noch dazu hatte sie eine starke Phobie vor Zügen. Anhand von medizinischen Zitaten zeigt Doktor Stevenson auf, wie selten und ungewöhnlich ihr Geburtsfehler ist.[5]

Eine andere seltene Deformation zeigte sich bei einem kleinen Jungen aus Indien. An seiner rechten Hand befanden sich von Geburt an keine Finger. Das dazugehörige Foto zeigt, dass die deformierten Finger alle auf derselben Höhe enden, als wären sie dort abgetrennt worden. Seine andere Hand und der Rest des Körpers sind normal. Er erinnerte sich an das Leben eines kleinen Jungen, der alle Finger an der rechten Hand verlor, als sie aus Versehen in eine Futterschneide-Maschine gerieten – ein Gerät, dessen große, rotierende Schneiden nicht gesichert waren. Auch in diesem Fall analysierte und erörterte Dr. Stevenson die Seltenheit der Deformation und veranschaulichte seine Analyse durch Röntgenbilder, die die Knochenstrukturen der beiden Hände des Jungen zeigen.[6]

Chanai Choomalaiwong fragt nach seinen Jeans

Die Fälle, die ich bisher beschrieben habe, sind reine Zusammenfassungen der Berichte in *Reincarnation and Biology.* Sie werden den detaillierten Beschreibungen eines typischen Stevenson-Falles nicht gerecht. Um Ihnen ein Gefühl dafür zu geben, wie vollständig manche der Fälle dokumentiert sind, erzähle ich Ihnen hier eine meiner Lieblingsgeschichten – die Geschichte von Chanai. Sie zeigt, wie sich Äußerungen, Verhaltensweisen und Geburtsmale zu einem schlagkräftigen Beweis für Reinkarnation zusammenfügen. Aber sie illustriert nicht nur die Beweisführung, sondern erzeugt auch eine Ahnung der menschlichen Dramen, die sich hinter Dr. Stevensons wissenschaftlichen Darstellungen verbergen.

Eine bemerkenswerte Besonderheit in Chanais Fall ist das *doppelte* Muttermal, das den tödlichen Ein- und Austrittswunden seines früheren Lebens exakt entspricht. Zusätzlich ist der Fall ein Beispiel dafür, dass, wie in den meisten Fällen, Äußerungen vorkommen, *bevor* die Familie irgendetwas über den Verstorbenen weiß. Dies widerlegt das Argument, dass die Familie solche Äußerungen erzeugt, um rückwirkend eine Erklärung für die Muttermale zu finden.[7]

Chanai Choomalaiwong wurde im Jahr 1967 in einer ländlichen Gegend in Thailand geboren. Kurz nach seiner Geburt ließen ihn seine Eltern, die sehr arm waren, bei seiner Großmutter Prom zurück, um in verschiedenen Gegenden nach Arbeit zu suchen. Prom finanzierte ihr Leben mit einer Entenzucht.

Als Chanai drei Jahre alt war, bemerkte Prom, dass er jedes Mal, wenn er mit anderen Kindern spielte, so tat, als wäre er ein Lehrer. Er nahm seine Rolle sehr ernst und wies seine Spielkameraden an, ihm Papier für die Schule zu bringen.

Ungefähr zur selben Zeit erzählte er seiner Großmutter, dass er in seinem letzten Leben ein Lehrer namens Bua Kai gewesen und auf seinem Weg zur Schule durch einen Schuss in den Hinterkopf getötet worden sei. Er fügte noch hinzu, dass seine Eltern Kian und Jong seien und er eine Frau namens Suan sowie Zwillingstöchter, Toi und Tim, habe. Er erzählte seiner Großmutter, er könne ihr seine Familie vorstellen und ihr zeigen, wo er gelebt habe, wenn sie ihn in eine Stadt namens Ban Khao Phra brachte. Prom erklärte sich damit allerdings nicht einverstanden, denn sie war nicht überzeugt davon, dass ihr Enkel sich tatsächlich an ein früheres Leben erinnerte. Sie hatte Angst, sich lächerlich zu machen, wenn sie mit seiner Behauptung, ein wiedergeborener Verwandter zu sein, an Fremde herantraten. Was, wenn sich die Geschichte als falsch erwies?

Der Dreijährige fixierte sich auf die Idee, seine Familie wiederzufinden. Ständig weinte er und lag seiner Großmutter damit in den Ohren, ihn nach Ban Khao Phra zu bringen. Prom war seine Drängelei bald leid und drohte ihm an, ihn zu bestrafen, wenn er wieder davon anfing. Aber trotz ihrer Drohungen ließ er nicht locker. Schließlich gab sie nach. Mit dem Bus brachte sie Chanai in die Nachbarstadt von Ban Khao Phra, die dreißig Kilometer entfernt lag.

Als sie am Marktplatz der Stadt aus dem Bus stiegen, führte der dreijährige Chanai seine Großmutter über eine Schotterstraße direkt zu einem Haus. Dort wurden sie von einem älteren Paar namens Kian und Yong begrüßt – genau wie Chanai es vorausgesagt hatte. Das Kind stellte sich dem Paar sofort als Bua Kai vor und nannte sie »Mutter« und »Vater«. Das aufdringliche Kind, das an ihrer Tür erschien und behauptete, ihr Sohn zu sein, muss das Paar schockiert haben, denn schließlich war dieser Sohn etwa acht Jahre zuvor ermordet worden. Dennoch waren sie von dieser verblüffenden Vorstellung fasziniert genug, um Prom und Chanai in ihr Haus einzuladen. Ungläubig hörten sie zu, als das Kind seine Erinnerungen an sein Leben als Lehrer mit Zwillingstöchtern, der auf dem Weg zur Schule in den Hinterkopf geschossen wurde, wiederholte. Aber erst als sie sahen, dass Chanai zwei Muttermale am Kopf hatte – ein kleines rundes hinten und ein größeres unregelmäßiges auf der linken Seite der Stirn –, nahmen sie seine Behauptung ernst. Sofort luden sie Chanai und seine Großmutter ein, sie bald wieder zu besuchen.

Als sie ein paar Tage später wiederkamen, hatten sich noch weitere neugierige Mitglieder der Familie Kai versammelt, um sie zu treffen. Sie begannen sofort, Chanais Erinnerungen zu überprüfen. Einer deutete auf eine Frau in der Gruppe und fragte, wer sie sei. Ohne zu zögern sagte Chanai: »Das ist natürlich Suan.« Suan war die Witwe von Bua Kai. Sie baten ihn, die Ereignisse von Bua Kais Todestag noch einmal zu erzählen. Chanai lieferte eine detaillierte Beschreibung von Bua Kais letztem Tag – wie er seine Wäsche gemacht und geduscht hatte und wie er eine Buddha-Halskette auf den Tisch gelegt hatte, bevor er mit dem Rad zur Schule fuhr. Er bemerkte, dass Bua vergessen hatte, seine Halskette anzuziehen, dass er seine Pistole nicht dabei gehabt hatte und dass beide wohl von den Mördern gestohlen worden wären, wenn es anders gewesen wäre. Die Verwandten, die ihn verwirren und seine Erinnerungen auf die Probe stellen wollten, bestanden darauf, dass er auf dem *Heimweg* von der Schule erschossen worden sei. Chanai fiel nicht darauf herein und wiederholte, dass er auf dem Weg *zur* Schule gewesen sei. Sie baten ihn, die Halskette zu beschreiben. Er sagte, dass Buddhas an ihr hingen, und hielt drei Finger hoch, um zu zeigen, wie viele es waren. Sie holten die

Original-Halskette herbei, um ihm zu zeigen, dass sie nur einen Anhänger hatte. Chanai ärgerte sich über den Anblick der Halskette und fragte, wo die anderen Buddhas seien. Die Familie gab zu, dass sie zwei der Anhänger nach Buas Tod seinen Söhnen gegeben hatte.

Alles andere, was Chanai sagte, war ebenfalls korrekt. Als letzten Test holte Buas Mutter sechs Patronengurte hervor und erklärte Chanai, dass sie ihn als ihren wiedergeborenen Sohn akzeptieren würde, wenn er den Patronengurt heraussuchte, der Bua gehört hatte. Prom erkannte besorgt den Druck, dem ihr Enkel durch diesen letzten Test ausgesetzt war – ihr Ruf stand dabei ebenfalls auf dem Spiel. Ohne zu zögern wählte Chanai den Gurt aus, der drei Patronen enthielt, und sagte: »Mutter, dies ist mein Gurt.« Er hatte Recht. Buas Familie war zu Tränen gerührt. Sie waren nun überzeugt davon, dass Chanai der wiedergeborene Bua Kai war.

Alles, was Chanai gesagt hatte, war richtig. Bua Kai war ein Lehrer gewesen, der eine Frau, Suan, zwei Söhne und Zwillingstöchter, Tim und Toi, gehabt hatte. Als er eines Tages mit dem Fahrrad auf dem Weg zur Schule gewesen war, war er von hinten in den Kopf geschossen worden. Das Geschoss trat über seinem linken Auge aus der Stirn aus. Dr. Stevenson berichtet, dass Bua Kai neben seinem Leben als Lehrer und Familienvater auch eine dunkle Seite hatte. Er flirtete gern mit Frauen und man sagte ihm nach, dass er außereheliche Affären unterhielt. Außerdem hatte er Kontakte zu ortsansässigen Gangstern und besaß mehrere Waffen. Jeder dieser Umstände konnte ein Motiv für den Mord an ihm geliefert haben. Es gab eine polizeiliche Untersuchung des Mordes, aber aus Mangel an Beweisen erfolgten keine Festnahmen.

Nachdem Chanai von der Familie Kai als der wiedergeborene Bua akzeptiert worden war, verfiel er vollständig in die Rolle des Bua Kai. Er erhob Anspruch auf Buas Besitztümer und verhielt sich auch seinen früheren Kindern gegenüber besitzergreifend. So lief er zum Beispiel im Haus herum und machte Bemerkungen über fehlende Möbel oder Bücher, die die Familie nach Buas Tod entfernt hatte. Er fragte nach einer kleinen Medizintasche, die Bua als Erste-Hilfe-Ausrüstung mit in die Schule genommen hatte, und ging schließlich in die obere Etage, wo er sie in einem Zimmer fand. Er fragte nach einer Jeans, die Bua kurz vor seinem Tod gekauft, aber noch nie getragen hatte. Als seine Witwe Suan gestand, dass sie die Jeans für sich selbst nutzte, grummelte und maulte er vor sich hin, dass sie ständig seine Sachen benutzte.

Chanai wurde mit Buas Zwillingstöchtern wiedervereint, wobei er Tim zuerst traf. Es war ein ergreifendes Treffen. Er freute sich so sehr, sie zu sehen, dass er beinahe in Tränen ausbrach. Er fragte, ob sie sich an ihn, ihren Vater, erinnerte. Für das 17-jährige Mädchen war es schwierig, diese Worte, die von einem dreijährigen Jungen kamen, zu akzeptieren. Aber Chanai lieferte ihr schließlich genug persönliche Details aus ihrem früheren Leben, um sie davon zu überzeugen, ihn als ihren wiedergeborenen Vater zu akzeptieren. Chanai bat darum, auch ihre Schwester Toi sehen zu dürfen. Als er sie schließlich traf, fragte er sie, ob sie immer noch so sensibel sei. Weil der Altersunterschied zwischen Chanai und den Mädchen ihnen ein unbehagliches Gefühl vermittelte und die Situation insgesamt so heikel war, nannten sie ihn am Anfang *kleiner Neffe.* Chanai weigerte sich, diese Anrede zu akzeptieren. Er sagte ihnen, dass er nicht mehr mit ihnen sprechen würde, bis sie ihn korrekt mit *Vater* ansprachen. Sie kamen dieser absonderlichen Forderung nur widerstrebend nach. Einer ihrer Brüder war dazu allerdings nicht bereit und Chanai mied ihn daraufhin.

Chanai besuchte die Familie von Bua Kai oft und wurde manchmal von seiner Großmutter Prom begleitet. Den beiden Mädchen brachte er als Geschenk immer Zuckerrohrstückchen mit, was auch Bua Kai stets getan hatte. Als er noch nicht ganz vier Jahre alt war, schlich er sich gelegentlich ohne Erlaubnis seiner Großmutter zum Bus und sagte dem Fahrer, er solle ihn in dem anderen Dorf absetzen. Wenn Prom merkte, dass er verschwunden war, wusste sie immer, wohin er gegangen war, und holte ihn wieder ab. Die Bindung zwischen Chanai und der Familie von Bua Kai wurde so stark, dass die Kais vorschlugen, ihn zu adoptieren. Prom weigerte sich jedoch, dieses Kind, das sie so sehr liebte, aufzugeben.

Die Frage nach Körper und Geist

Einige Leute halten immer noch an der Vorstellung fest, dass Reinkarnation nicht möglich ist. Sie versuchen die überwältigenden Beweise, die sich in Fällen wie dem von Chanai finden, abzutun, indem sie die Methoden von Dr. Stevenson angreifen. Sie nehmen an, dass er Fehler gemacht haben muss oder dass die Familien sich untereinander abgesprochen und ihn hereingelegt haben, damit er ihre Lügengeschichten glaubt. Oder sie stellen Stevensons Objektivität in Frage und vermuten, dass ein Mann, der sich so sehr dem Beweis der Reinkarnation verschrieben hatte, für die Beweisführung nicht objektiv genug war.

Sprechen wir also über die Glaubwürdigkeit dieses Mannes. Wie gut halten seine Methoden und seine Objektivität einer genaueren Überprüfung stand?

Sie bestehen diese Überprüfung mit gutem Erfolg. Eigentlich ist es so, dass seine Beweise nicht weniger überzeugend, sondern umso *überzeugender* werden, je mehr man über ihn erfährt. Dr. Stevenson fiel durch sein außergewöhnliches Wesen auf. Er war ein unabhängiger Denker aus Leidenschaft, der sich nicht davor fürchtete, auch tief verwurzelte Überzeugungen zu ändern, wenn sie nicht durch objektive Beweise gestützt werden. »Für mich ist alles, was Wissenschaftler heute glauben, offen für Zweifel, und ich bin stets aufs Neue bestürzt darüber, dass viele Wissenschaftler das derzeitige Wissen für unverrückbar halten. Sie verwechseln Ergebnis und Prozess.«[8]

Dr. Stevenson hatte nie vor, die Reinkarnation zu beweisen. Er ist zunächst und vor allem ein medizinischer Forscher. Sein erstes Ziel war es immer, die Ursachen von Krankheiten und die Wurzel der Persönlichkeit besser zu verstehen. Aber sein Ansatz unterscheidet sich grundlegend von denen anderer medizinischer Forscher. Seine Theorien gehen davon aus, dass der Geist, als eine vom Körper *getrennte* Einheit, die Biochemie von Krankheiten und die der Persönlichkeit beeinflussen kann. Das ist auch für heutige Zeiten radikal. Noch radikaler war diese Theorie in den 1940ern, als Stevensons Karriere begann. Die meisten Wissenschaftler des 20. Jahrhunderts arbeiteten auf Grundlage der Prämisse, dass der Körper eine Art Maschine ist, die Summe seiner biochemischen Bestandteile, und dass der Geist das Produkt unserer Hirnwindungen ist. Dr. Stevenson, inspiriert von seiner umfangreichen Lektüre außerhalb des medizinischen Bereichs, hat diese Prämisse stets als allzu begrenzt und nicht von Fakten gestützt zurückgewiesen.

Er begann seine Karriere im damals neuen Fachbereich der psychosomatischen Medizin, wo er die Auswirkungen von Emotionen auf Krankheiten untersuchte. Schon als junger Arzt trug er viel Bedeutsames zu diesem Fachbereich bei.

Dann befasste er sich mit der Freudschen Psychoanalyse, in der Hoffnung, Aufschluss darüber zu erlangen, wie das Unterbewusste Krankheiten und Verhaltensweisen beeinflusst. Er war jedoch schnell desillusioniert in Bezug auf Freuds Theorien, denn seiner Meinung nach waren sie unwissenschaftlich, schlecht begründet und wiesen wenig Bezug zu objektiver Forschung auf. Er kritisierte Freud als Kaiser ohne Kleider – das war zu der Zeit, als Freuds Theorien Psychologie und Psychiatrie dominierten, eine mutige Aussage.

In den frühen 1950er Jahren begann sich Stevenson auf die Frage »Was überlebt den physischen Tod?« zu konzentrieren. Sie diente ihm als Instrument, das aufzeigen sollte, dass der Geist unabhängig vom Körper funktionieren kann. Dies führte ihn zur Erforschung paranormaler Phänomene – Erscheinungen und körperlose Wesen, Todesvisionen, Nahtoderfahrungen und Medialität. Es interessierte ihn nicht weiter, dass das medizinische Establishment das Paranormale als ein untaugliches Thema für verantwortungsvolle Forschung und als schlechte Berufswahl zurückwies.

Als er begann, Experimente auszuführen, die objektive Beweise für die Existenz des Paranormalen liefern sollten, traf er auf ein schwerwiegendes Problem. Er stellte fest, wie schwierig es ist, die Beweise von den Erwartungen, dem vorher vorhandenen Wissen und der Subjektivität seiner erwachsenen Probanden abzugrenzen. Dann, im Jahr 1960, gelang ihm ein Durchbruch. In seiner Lektüre entdeckte er eine Reihe von Fällen, in denen Kinder sich an frühere Leben erinnerten. Ihm wurde klar, dass sehr kleine Kinder die besten Probanden abgeben würden, weil man bei ihnen eindeutig herausfinden kann, welchen Erfahrungen sie bereits ausgesetzt waren. Er stürzte sich auf die systematische Untersuchung der Erinnerungen von Kindern an frühere Leben, um die Frage »Was überlebt den physischen Tod?« zu beantworten. Heute gilt er, nach Jahrzehnten des Sammelns und Publizierens von Fällen, als Vater der Reinkarnationsforschung. Wissenschaftler überall in der Welt übernehmen seine Methoden und vervielfältigen seine Ergebnisse.

Viele Menschen schreiben Dr. Stevenson die Erstellung empirischer Beweise für Reinkarnation zu, aber ironischerweise war ihm selbst dieser Verdienst gar nicht wichtig. Er sprach viel lieber darüber, welchen Beitrag sein Werk, ganz besonders *Reincarnation and Biology: A Contribution to the Etiology of Birthmarks and Birthdefects* zur medizinischen Forschung leistet. Immerhin bezeichnet »Ätiologie« – der deutsche Begriff für den englischen Terminus »Etiology« – die »Ursache einer Krankheit«. Wissenschaftler haben für mehr als zwei Drittel aller Geburtsmale und Geburtsfehler keine Erklärung. Dr. Stevenson bietet eine Theorie an, die durch Beweise gestützt wird: Manche von ihnen werden durch Verletzungen verursacht, die aus einem anderen Leben mitgebracht wurden und deren Auswirkung andauert. In gewisser Weise ist seine Karriere damit zum Ausgangspunkt zurückgekehrt. »Diese Fälle haben mich zu meinem hauptsächlichen Interesse in der Medizin zurückgeführt: psychosomatische Zusammenhänge. Denn wir reden ja jetzt über den Einfluss des Geistes auf den Körper über den Tod hinaus.«

Wie eine Erinnerung an ein früheres Leben bewiesen werden kann

Wie hoch ist die Wahrscheinlichkeit, dass Dr. Stevenson Fehler machte, als er seine Feldforschung betrieb? Gibt es einen grundlegenden Fehler in seiner Methode, der die Möglichkeit eröffnen würde, dass es für Tausende von Fällen, die er gesammelt hat, eine andere Erklärung als Reinkarnation gibt?

Ich habe herausgefunden, dass die Leute, die Lücken in Dr. Stevensons Beweisen finden möchten, indem sie seine Forschungsmethoden kritisieren, sich nicht die Zeit genommen haben, wirklich vollständig zu begreifen, was er tat, wenn er seine Fälle dokumentierte. Sie haben keine Vorstellung davon, wie systematisch und gründlich seine Untersuchungen waren. Der Kern seiner Methode war das Interview und für diesen Bereich war Dr. Stevenson Experte. Schon früh in seiner Karriere schrieb er ein medizinisches Lehrbuch für Psychiater: *The Diagnostic Interview* (1971). Es basiert auf den Methoden, die Anwälte nutzen, um vergangene Ereignisse für die Präsentation der Beweislage vor Gericht zu rekonstruieren. Multiple Interviews sind das Hauptwerkzeug. Er befragte mehrere Zeugen getrennt voneinander und verglich anschließend die Ergebnisse. Monate, manchmal sogar Jahre später, befragte er wichtige Zeugen noch einmal, um festzustellen, ob ihre Aussage gleich blieb. Bei einer so genauen Prüfung durch einen professionellen Interviewer ist es unvorstellbar, dass irgendjemand eine Lügengeschichte aufrechterhalten oder mit der Präsentation von Fantasien als Tatsachen durchkommen könnte. Gerade für nicht vorgebildete Dorfbewohner aus der Dritten Welt wäre das schwierig gewesen.

Wenn Dr. Stevenson begann, einen Fall zu überprüfen, besuchte er das Kind und seine Familie immer zu Hause – sie kamen niemals zu ihm. Er befragte das Kind und alle, die ihm nahestanden. Er dokumentierte sämtliche Äußerungen und Verhaltensweisen des Kindes, die auftraten, bevor der Fall bekannt wurde, und machte die Gegenprobe. Wenn das Kind zum Beispiel als eines der ersten Dinge sagte, dass es in seinem früheren Leben zwei Pferde besaß, suchte Stevenson zwei oder mehr Menschen, die bezeugten, dass das Kind vom Besitz zweier Pferde in seinem früheren Leben gesprochen hatte.

Ein viel versprechender Fall enthielt genug Informationen, um die verstorbene Person zu identifizieren, an deren Leben sich das Kind erinnerte (in Stevensons Schriften wird sie als die *frühere Persönlichkeit* bezeichnet). Dr. Stevenson stattete dem Dorf, in dem die frühere Persönlichkeit lebte, einen Überraschungsbesuch ab und führte eine ganze Serie neuer, intensiver Interviews durch. Er zeichnete alles auf, was er über das Leben der früheren Persönlichkeit und über die Umstände ihres Todes finden konnte. Dann verglich er es mit den Äußerungen und den Verhaltensweisen des Kindes. In unserem Beispiel mit den zwei Pferden hätte er nach Zeugen gesucht, um zu verifizieren, dass der Verstorbene tatsächlich zwei Pferde besaß. (Wenn der Verstorbene nur ein Pferd besaß oder wenn die zwei Pferde eigentlich einem Bruder gehörten, vermerkte Stevenson diese Diskrepanz pflichtbewusst in seinen Aufzeichnungen.) Spielte ein Geburtsmal eine Rolle, machte er Bilder der Male und Deformationen des Kindes und versuchte dann, Gerichtsakten, Autopsie- oder andere medizinische Berichte des Verstorbenen aufzufinden.

Beim Zusammentragen der Fakten verfolgte Dr. Stevenson unablässig alle anderen Erklärungen außerhalb Reinkarnation, die für das, was das Kind sagte und tat, in Frage kamen. Er berücksichtigte normale Wege, auf denen das Kind etwas über den Verstorbenen erfahren haben konnte, und bezog dabei die unwahrscheinlichsten Szenarien mit ein, in denen das Kind Gespräche von Erwachsenen aufgeschnappt haben könnte. Er war auf der Hut vor Lügengeschichten, Selbsttäuschung oder Übertreibungen seitens der Familien. Er berücksichtigte das genetische Gedächtnis, obwohl in den meisten

Fällen eine genetische Übertragung eindeutig ausgeschlossen war – etwa wenn ein Kind sich an Details seiner eigenen Ermordung erinnerte. Fand er eine normale Erklärung für die Erinnerungen, stellte er seine Untersuchungen ein und wandte sich dem nächsten Fall zu.

Dr. Stevenson untersuchte auch die Möglichkeit außersinnlicher Wahrnehmung (ASW) und der Besessenheit durch Geister. In den meisten Fällen konnte ASW die Erinnerungen nicht erklären, ganz zu schweigen von den Geburtsmalen und Verhaltensweisen. Es hätte schon ein Medium mit den außergewöhnlichsten Fähigkeiten und größter Erfahrung gebraucht, um all die Fakten und Erinnerungen so präzise darzustellen. Man denke nur an die Vielzahl der Details in Chanais Fall. Dennoch weisen die meisten der Kinder keine medialen Fähigkeiten auf. Auch dem Schema der Besessenheit durch Geister entsprechen die Fälle aus vielen Gründen, die Stevenson in seinem Buch erklärt, nicht.

In den besten Fällen ist Reinkarnation die einzige Erklärung, die übrig blieb. Diese Fälle zeichnete Stevenson auf und publizierte sie. In jeder seiner Aufzeichnungen stellte er sämtliche Details des Prozesses zur Verfügung und lud den Leser ein, seine Methoden genauso zu bewerten wie die Ergebnisse. Er zeigte alle möglichen Probleme jedes Falles auf und diskutierte, wie die Erinnerungen auf normalem Weg erklärt werden könnten, egal wie abwegig oder absurd die »normale« Erklärung war. Diese Fülle an Details und anspruchsvoller Diskussion ist der Grund dafür, dass seine Bücher ein Pflichtprogramm sind, und einer der Gründe dafür, dass sein Werk einem größeren Publikum *nicht* bekannt ist.

Dr. Stevenson blieb seinem gelehrten Charakter treu und ging nie so weit zu behaupten, dass er Reinkarnation bewiesen hat. Wie er mehrfach in Interviews betonte, wollte er auch gar nichts beweisen. Sein Ziel war es, uns Daten von höchster Qualität und größtmöglicher Objektivität zur Verfügung zu stellen. Er lud uns dazu ein, unsere eigenen Schlussfolgerungen daraus zu ziehen.

Reinkarnation als reales Phänomen

Wenn wir uns damit zufriedengeben, dass die Fälle in *Reincarnation and Biology* real sind und wenn wir die Frage nach der Beweisführung hinter uns lassen, passieren ein paar interessante Dinge.

Zunächst werden die einzelnen Familien von der Bürde der Beweisführung befreit. Familien mit kleinen Kindern, die Anzeichen für eine Erinnerung an ein früheres Leben zeigen, müssen niemandem mehr Reinkarnation *beweisen*. Sie ist möglich. Punktum. Sie findet die ganze Zeit statt. Ja, sie sollten die Hinweise einschätzen und für sich selbst entscheiden, ob es auch auf ihren Fall zutrifft. Aber sie können sich bei dieser Entscheidung nach ihren eigenen Standards richten und müssen nicht denen anderer folgen. Sie können ihren Augen, Ohren und Herzen trauen. Statt sich wegen eines Beweises zu beunruhigen, können sie sich darauf konzentrieren, wie sie dem Kind am besten begegnen, damit es bestmöglich davon profitiert, und sich selbst für die Lehren öffnen, die das Kind für ihr eigenes Leben bereithält.

Für den Rest von uns ist es nicht nötig, jede Geschichte über ein früheres Leben, die wir hören – einschließlich der Fälle von Reinkarnation in der Familie in diesem Buch –, auseinanderzunehmen, um einen in sich geschlossenen Beweis für Reinkarnation zu erhalten. Wir können die in jedem Fall neu auftretenden Fragen »Kann das sein? Ist das möglich?«

hinter uns lassen und uns stattdessen den Mustern, Lehren und Bedeutungsnuancen zuwenden.

Wir können beginnen, aus diesem Phänomen Antworten auf uralte metaphysische Fragen zu gewinnen. In jedem seiner verifizierten Fälle dokumentierte Dr. Stevenson beide Seiten der Reinkarnationsgleichung – das Leben des Verstorbenen und das des wiedergeborenen Kindes – und gab uns damit die einzigartige Möglichkeit, uns zwei Inkarnationen ein- und derselben Seele anzusehen und zu beobachten, was von einem Leben ins nächste mitgenommen wird. Wir können das unscharfe religiöse Konzept der »Seele« hinter uns lassen und präziser über das sprechen, was die Reise vom Tod zur Wiedergeburt überlebt – Erinnerungen, Verhaltensweisen, Talente, Gefühle, Beziehungen und sogar körperliche Merkmale.

Wir können uns diesen Geschichten öffnen, um neue Einsichten in unser eigenes Leben zu gewinnen. Ich glaube, dass die Lektüre von Reinkarnationsgeschichten die Introspektion genauso beflügelt wie das Lesen eines guten Romans, einer Biografie oder von Memoiren. Manchmal wirken die Fälle wie Dichtung mit ihren bizarren Wendungen, die viel origineller sind als die der meisten Science-fiction-Romane oder Fantasyfilme – ergreifende Morde, die von den *Opfern* erzählt werden, Auseinandersetzungen und Wiedervereinigungen von Geliebten, die über Tod und Wiedergeburt andauern, und Kinder, die sich nach ihrer »anderen Mutter« sehnen und sich manchmal *zwei* Familien gegenübersehen, die sie lieben.

Solche Fälle lesen sich wie Dichtung, aber wir wissen jetzt, dass sie es nicht sind. Sie handeln vom Leben realer Menschen – echter Väter, Mütter, Großeltern und Kinder. Diese Geschichten sind voll dramatischer Beziehungen, Emotionen, Kämpfe und Ambitionen, eben voll von allen Facetten, die wir aus unserem eigenen Leben kennen. Begreift man die Fälle als wahre Geschichten, holen sie Reinkarnation zurück auf den Boden der Tatsachen, hinaus aus dem Reich der spirituellen Abstraktion. Sie machen Reinkarnation menschlich.

In der Tat fügen die Reinkarnationsfälle dem menschlichen Drama eine neue Dimension hinzu. Sie erweitern unser Konzept vom Menschsein: Das Menschsein überdauert die Spanne eines Lebens.

4

Chicago, USA

Die beiden Ärzte beugten sich über den kleinen Chad und drehten ihn in Richtung der schräg einfallenden gelben Strahlen der Nachmittagssonne. Während sie behutsam seinen Nacken untersuchten, nickten sie sich bestätigend zu. Dr. Stevenson zeigte auf ein auffälliges narbenähnliches Geburtsmal. Sogar für meinen ungeschulten Blick untershied es sich deutlich von allen anderen Leberflecken oder verfärbten Geburtsmalen, die ich je gesehen hatte. Es sah aus wie eine Operationsnarbe. Das war für mich ein großer Moment: Ich hatte seit Jahren in Dr. Stevensons Werken von diesen seltenen Geburtsmalen gelesen. Hier sah ich erstmals ein bemerkenswertes Beispiel in Fleisch und Blut.

Zu jedermanns großer Erleichterung gab es am 1. Januar 2000 keine durch den Jahrtausendwechsel verursachte Computerpanne, durch die Flugzeuge vom Himmel fielen. Deshalb verfolgte ich in der zweiten Woche des neuen Jahrtausends meine Pläne weiter, mich Dr. Stevenson und seinem Kollegen Dr. Jim Tucker bei der Erforschung von zwei meiner Fälle im

Raum Chicago anzuschließen. Damals lebte Dr. Stevenson noch und einer der beiden Fälle, die ich mit ihm erforschen wollte, betraf Chad Luke.

Die Reise nach Chicago war meine dritte Zusammenkunft mit Dr. Stevenson. Ich war begeistert über die Einladung, denn die Wahrscheinlichkeit war hoch, dass es sich bei dieser Reise um die letzte Feldforschung seiner langen Karriere handelte. Er ging dieses Jahr in Rente. Ich war traurig über diese Nachricht, da ich Dr. Stevenson erst in den letzten Jahren persönlich kennengelernt hatte. Aber ich freute mich zu erfahren, dass »in Rente gehen« in seinem Fall bedeutete, dass er einige Bücher fertigstellen wollte. Leider sollte es nicht mehr dazu kommen und ein von ihm geplantes Buch mit amerikanischen Reinkarnationsfällen wurde kurz vor seinem Tod von seinem Kollegen Jim Tucker vorgelegt.[1]

Jim, ein Kinderpsychiater aus Charlottesville, führt Dr. Stevensons Forschungsarbeit an der Universität von Virginia weiter. Zwischen Jim und mir herrscht eine wunderbare Synchronizität. Als ich vor vielen Jahren in Asheville im Bundesstaat North Carolina lebte, hatte ich eine gute Freundin namens Chris. Mit ihr konnte ich fantastische, tiefgehende Gespräche über Seelenverwandtschaft, über die Bedeutung der Liebe und übers Schicksal führen, während wir unsere kleinen Kinder beaufsichtigten, die im Schwimmbad herumplanschten. Das war, bevor eine von uns wusste, dass es so etwas wie Erinnerungen von Kindern an frühere Leben überhaupt gibt. Einige Zeit später ging es uns wie vielen anderen Freundespaaren auch – Chris zog weg, und wir verloren uns aus den Augen. Das Letzte, was ich von ihr hörte, war, dass sie irgendwo in Virginia an ihrer Doktorarbeit in Psychologie arbeitete. Kurz nachdem das amerikanische Original von *Mama, ich war schon einmal erwachsen!* erschienen war, bekam ich eine E-Mail von Jim, der sich als Dr. Stevensons Forschungskollege vorstellte – und als Chris' neuer Ehemann!

Die Reise nach Chicago war noch aus einem anderen Grund etwas Besonderes: Ich würde endlich auch Kathy Luke treffen. Obwohl wir in den letzten zweieinhalb Jahren durch Dutzende intensiver Telefonate eine enge Beziehung aufgebaut hatten, waren wir uns noch nie persönlich begegnet. Natürlich war ich auch neugierig auf Chad und die anderen Familienmitglieder, über die ich schon so viel gehört hatte – und auch darauf, Chads Geburtsmale selbst zu sehen.

Die zwei Psychiater und ich verabredeten, uns an der Autovermietung des riesigen Flughafens Chicago O'Hare zu treffen. Ich freute mich, sie beide ankommen zu sehen. Dr. Stevenson – groß, dünn und grauhaarig – schleppte einen abgetragenen Koffer, der von einem Gurt zusammengehalten wurde. Ich fragte mich, wie viele Kilometer in wie vielen Ländern dieser Koffer schon gereist war. Der vierzig Jahre jüngere Jim war ebenfalls groß und von einer strahlenden Aura umgeben. Als wir das Gebäude verließen, wurde ich schnell daran erinnert, dass Dr. Stevenson, der vollendete Gentleman, Frauen gegenüber das praktisch ausgestorbene Entgegenkommen des Türaufhaltens praktiziert.

Wir brachen auf. Die zwei großen Männer quetschten sich auf die Vordersitze des gemieteten Kleinwagens. Ich hatte die kürzesten Beine und saß deshalb hinten. In meinem Kopf staute sich eine Million Fragen, aber ich versuchte mich zurückzuhalten, zumindest so lange, bis wir den Weg durch das Autobahnwirrwarr rund um den Flughafen auf die direkt nach Illinois führende Autobahn gefunden hatten, wo wir beschleunigen konnten und nur noch der Straße folgen mussten. Dann erinnerte ich mich daran, dass ich drei Tage hatte, um meine Fragen loszuwerden. Ich entspannte mich und gab mich dem Rhythmus unserer Fahrt hin.

In Fleisch und Blut

Dies war bereits der zweite Hausbesuch von Dr. Stevenson und Jim bei den Lukes. Ende 1997 hatte ich ihnen von Chads Fall berichtet, weil ich wusste, dass sie an seinen multiplen Geburtsmalen interessiert sein würden, besonders weil sie durch medizinische Dokumentationen bestätigt wurden. Bei ihrem ersten Besuch hatten sie Kathy und Chad sowie andere Familienmitglieder und weitere Zeugen befragt, Chads Nacken und den restlichen Körper untersucht und James' Behandlungsunterlagen eingeholt. Jim sagte mir, dass dies wahrscheinlich von allen Fällen, die Dr. Stevenson in den USA begutachtet hatte, der mit den am stärksten ausgeprägten Geburtsmalen war. Sie waren so beeindruckt von dem Fall, dass sie ihn aufgezeichnet und bei diversen medizinischen Zeitschriften eingereicht hatten. Dies war ihr Folgebesuch. Dr. Stevenson folgte seiner Methode für Fälle in anderen Teilen der Welt und besuchte Chad Luke, der jetzt sieben Jahre alt war, um die Fakten des Falles noch einmal zu bestätigen und seine Entwicklung zu überprüfen.

Jim erkannte das Haus der Lukes in dieser kleinen Stadt im mittleren Westen zwischen den vielen identischen Häusern, die in einer ordentlichen Reihe in der von Bäumen gesäumten Straße standen. Kathy begrüßte uns an der Tür und führte uns in ein dunkles Wohnzimmer, das von einem Fernseher mit großem Bildschirm dominiert wurde, der uns aus einer Ecke entgegenschimmerte. Ein Nymphensittich beäugte uns aus seinem Käfig neben dem Fernseher misstrauisch.

Kathy und ich reichten uns die Hände und sahen uns tief in die Augen, während wir Stimmen und Gesichter abglichen. Sie war eine große, dünne Frau mit langen braunen Haaren und durchdringendem Blick. Kathys Mann Billy und die drei anderen Kinder waren ebenfalls anwesend. Als ich fragte, wo Chad sei, sagte Kathy, dass er sich in einem Anfall von Schüchternheit in seinem Zimmer versteckt habe. Einige Zeit später überredete sie ihn, herauszukommen und sich zu uns zu gesellen.

Dr. Stevenson leitete das Gespräch mit seinen freundlichen, aber direkten Fragen ein. Jim beteiligte sich ebenfalls. Sie fragten Kathy und Billy nach Chads Entwicklung seit ihrem letzten Besuch und fassten die Fakten des Falles noch einmal kurz zusammen. Ich hörte aufmerksam zu und registrierte dabei Dr. Stevensons Interviewtechniken, während ich gleichzeitig Blickkontakt zu Chad aufnahm, der auf dem Boden zu meinen Füßen spielte. Als er von seinem Spiel aufsah und mich ansah, konnte ich sein trübes Auge und die leichte Verformung seiner linken Gesichtshälfte erkennen, die Kathy so oft erwähnt hatte. Seine Schüchternheit verschwand, als ich ein kleines Geschenk für ihn aus meiner Tasche holte – ein Beanie Baby in Form eines Walrosses. Danach wurden wir zu den besten Freunden.

Oberflächlich sah die ganze Szenerie nach einem normalen Besuch aus. Aber es geschah eine Menge. Ich beobachtete Chad, sprach mit seinem Vater und hörte zu, wie die beiden Psychiater Kathy befragten – alles gleichzeitig. Einmal bat Dr. Stevenson Chad, durch den Raum zu laufen. Als sie ihn zuletzt begutachtet hatten, war das Hinken seines linken Beins – desjenigen, das bei James von Tumoren befallen und gebrochen war – deutlich zu sehen gewesen. Nun gab es nur noch einen Hauch von Unregelmäßigkeit in seiner Schrittfolge, die mir aber dennoch auffiel. Dann fragte Dr. Stevenson Chad, ob er sich seinen Nacken ansehen dürfe. Jim und er beugten sich über den kleinen Jungen und drehten ihn in Richtung der schräg einfallenden gelben Strahlen der Nachmittagssonne, die durch die Jalousien drangen. Während sie behutsam seinen Nacken untersuchten, nickten sich die beiden Ärzte bestätigend zu. Dr. Stevenson holte mich dazu, damit ich es auch sah. Er zeigte auf ein auffälliges narbenähnliches Geburtsmal seitlich an Chads Nacken. Sogar für meinen ungeschulten Blick unterschied es sich deutlich von allen anderen Leberflecken oder verfärbten Geburtsmalen, die ich je gesehen hatte. Es sah aus wie eine Operationsnarbe. Das war für mich ein großer Moment: Ich hatte seit Jahren in Dr. Stevensons Werken von diesen seltenen Geburtsmalen gelesen. Hier sah ich erstmals ein bemerkenswertes Beispiel in Fleisch und Blut.

Dann untersuchten die beiden Ärzte mit geschickten Fingern das angeborene Knötchen an Chads Hinterhaupt, das dem Tumor in James Kopf entsprach, bei dem die Ärzte die Biopsie durchgeführt hatten. Sie waren beeindruckt von der Tatsache, dass das Knötchen immer noch da war. Es war lediglich leicht geschrumpft. Jim bot mir an, es zu betasten, aber ich entschied mich dafür, es nicht zu tun. Es war nicht wirklich notwendig, und ich sah, dass Chad von der Erforschung und dem Herumstochern an seinem Körper bald genug haben würde. Er war ohnehin schon sehr tolerant gegenüber diesen drei Fremden, die in sein Haus kamen und ein solch großes Interesse an ihm zeigten.

Die Abendessenszeit nahte, die Kinder waren hungrig und wir hatten von Kathy alle Informationen erhalten, die wir kriegen konnten. Es war Zeit zu gehen. Während die Ärzte sich bei Billy bedankten und bei Chad verabschiedeten, winkte Kathy mich in die Küche. Auf dem Tisch hatte sie sorgfältig

Fotos von James ausgebreitet. Auf dem ersten Foto sah ich ein bezauberndes Kleinkind mit gelockten Haaren auf einem Spielplatz. Das letzte zeigte ein kahlköpfiges, kränkliches, blasses Kind mit eingefallenem Gesicht, das kaum Ähnlichkeit zum ersten aufwies. Ich hatte ein hohles Gefühl im Magen und mein Herz verkrampfte sich. Beim Anblick der Veränderung auf diesen Bildern und bei der Erkenntnis, welch trauriger Grund dahintersteckte, würde es wohl jeder Mutter so gehen. Ich sah hinüber zu Chad und war erneut beeindruckt von dem Rätsel, mit dem Kathy Tag für Tag lebte und von der Macht, für die keiner von uns Worte finden konnte. Diese starken und aufreibenden Gefühle begleiteten mich, als ich zusammen mit den Ärzten zurück nach Chicago fuhr.

Eine meisterhafte Darbietung

Wir aßen in einem hell erleuchteten China-Restaurant, das sich gegenüber unserem Hotel befand. Dr. Stevenson trank einen Martini, Jim und ich entschieden uns für Wein. Es war ein gutes Gefühl, sich nach diesem langen Reisetag zu entspannen. Ich fühlte mich wie erschlagen. Dr. Stevenson dagegen, der beinahe doppelt so alt war wie ich, schien genauso aufmerksam und wach zu sein wie am Morgen.

Wir sprachen über seine Forschungsarbeit. Ich stellte Fragen und Dr. Stevenson antwortete freundlich. Vor jeder Antwort machte er eine Pause und dachte genau nach, bevor er sprach. Wenn er auf eine Frage wie »Warum gibt es keine Fälle von Reinkarnation innerhalb der Familie in Sri Lanka?« keine Antwort wusste, sagte er einfach: »Ich weiß es nicht.«

Der Höhepunkt des Abends kam für mich überraschend. Dr. Stevenson sprach gerade über die neuesten absurden Auswüchse der politischen Korrektheit und ich erzählte ihm, dass ich gehört hatte, wie der Schriftsteller und Moderator Garrison Keillor im Radio Hillary Clinton als »Östrogen-Amerikanerin« bezeichnet hatte. Dabei bemühte ich mich darum, möglichst keine Miene zu verziehen. Damit hatte ich ihn! Für einen kurzen Moment kam ihm sein seriöses Auftreten völlig abhanden. Mit nach oben gekräuselter Nase brach er in ein entzücktes Lachen aus. Das allein war die Reise wert!

Am nächsten Tag besuchten wir Evie Redmon, eine afroamerikanische Mutter, deren neunzehnjähriger Sohn Ramel 1991 bei einer Schießerei zwischen verfeindeten Gangs ums Leben gekommen war. Sie glaubte, dass er im Körper ihres jetzt fünfjährigen Sohnes Isaiah zu ihr zurückgekehrt war. Sie erzählte mir, dass Isaiah Muttermale auf seiner Brust und auf einem Arm hatte, die zu den vielen Schusswunden passten, die ihren ersten Sohn getötet hatten. Außerdem hatte Isaiah sich mehrfach korrekt zu dem Mord geäußert und dabei Fakten von sich gegeben, von denen er ihrer Überzeugung nach nichts gewusst haben konnte.

Ich hatte Evie einige Male am Telefon befragt. Es war offensichtlich, dass sie und ihre anderen beiden Kinder glaubten, dass es sich bei Isaiah um einen echten Reinkarnationsfall handelte. Ihr Glaube wurde gestützt von dem Beweisschema, das ich bereits in anderen Fällen beobachtet hatte: eine Reihe Äußerungen und Verhaltensweisen in Verbindung mit einer Menge seltsamer Zufälle, die zusammengenommen überzeugend zu sein schienen. Und dazu die Muttermale.

Die Äußerungen allein waren kein überzeugender Beweis, denn der Mord war in der Öffentlichkeit diskutiert und vor Gericht verhandelt worden. Die Wahrscheinlichkeit, dass man auch in Anwesenheit von Isaiah, der nur drei Jahre nach dem Tod seines Bruders geboren worden war, darüber diskutiert hatte, war groß. Als ich Dr. Stevenson erstmals auf den Fall aufmerksam machte, stellte ich klar, dass in Bezug auf die Äußerungen andere Erklärungsmöglichkeiten denkbar waren. Aber nachdem Jim mit Evie gesprochen hatte, kam er zu dem Schluss, dass die Möglichkeit, in einem amerikanischen Fall auf verifizierbare Muttermale zu stoßen, es wert war, einen zusätzlichen Tag in Chicago zu verbringen, um den Fall zu untersuchen.

Evie lebte in einer Häuserzeile mit einheitlichen Bauten aus rotem Ziegelstein, die sich im Anflugbereich des O'Hare-Flughafens befanden. Sie begrüßte uns schläfrig, da sie erst einige Stunden zuvor von ihrer Nachtschicht zurückgekehrt war. Der fünfjährige Isaiah hüpfte mit breitem Grinsen herbei, um neugierig festzustellen, wer diese seltsamen Fremden waren. Evies ältere Kinder Tania und Jacob, zwei große, modisch gekleidete Teenager, leisteten uns im Wohnzimmer Gesellschaft. Evie saß auf einem Drehstuhl neben ihrem Computertisch und nippte an ihrem Kaffee. Wir drei Besucher nahmen die große und bequeme Couch in Beschlag, von der aus wir ihr ins Gesicht sehen konnten.

Dr. Stevenson begann langsam, indem er Evie bat, ihre Geschichte zu erzählen. Ich beobachtete sie, während sie allmählich immer wacher wurde. Ihre Gesprächigkeit nahm mehr und mehr zu, sie wurde aufgeregt und fahrig, während sie in ihrer Darstellung von Ramels Tod und Isaiahs seltsamen Verhaltensweisen hin- und hersprang. Alle paar Minuten röhrte ein neuer Jet auf seinem Weg zum O'Hare-Flughafen übers Dach und erschütterte das Haus, aber außer mir schien das keiner zu bemerken. Evies Familie war offensichtlich daran gewöhnt und ich stellte fest, dass Dr. Stevenson sich nicht ablenken ließ, wenn er einmal eine Befragung begonnen hatte. Ich nahm an, dass jahrelange Befragungen in Drittweltländern, bei denen neugierige Dorfbewohner sich hinzugesellten und ab und zu ein Tier zur Tür hereinblickte, seine Fähigkeit geschult hatten, Störungen einfach herauszufiltern.

Dr. Stevenson befragte Evie mehrfach, um eine Chronologie der Äußerungen ihres Sohnes herzustellen. Er versuchte, genau zu bestimmen, wann was gesagt worden war und ob Isaiah die Details der Ermordung seines Bruders in Familiengesprächen mitgehört haben konnte. Während wir sprachen, liefen Tania und Jacob mehrfach aus dem Raum hinaus, um kurz darauf wiederzukommen. Sie blieben jeweils lang genug bei uns, um ihre Hilfe bei der Bestätigung von Isaiahs Äußerungen anzubieten.

Dr. Stevensons anspruchsvolle Methode machte mich zunächst nervös. Aber während er in der Befragung voranschritt, wurde mir klar, dass ich Zeugin einer meisterhaften Darbietung wurde. Ohne die Spur eines Vorwurfs oder einer Bewertung, aber mit dem richtigen Maß an beharrlicher Ausdauer führte er Evie wiederholt durch die wichtigsten Punkte der Geschichte, überprüfte sie dabei nach Widersprüchen – und fand sie auch. Es wurde mir nach und nach klar, dass die Äußerungen von Isaiah ihren Ursprung in Dingen haben konnten, die er in Familiengesprächen mitgehört hatte, und dass er durch Suggestivfragen der Familie beeinflusst worden sein könnte. Unter Dr. Stevensons genauer Prüfung wurden die Äußerungen, die für die Familie so überzeugend gewesen waren, fragwürdig.

Während wir uns unterhielten, saß Isaiah vor sich hinsummend auf dem Boden und malte ein Bild aus. Tania hastete umher und suchte Zeitungsausschnitte zum Mord, zur Verhandlung und zur Verurteilung der Mörder zusammen. Was für traurige Andenken! Ich starrte auf Ramels Foto auf dem Zeitungsausschnitt zum Mord. Es stammte aus dem

Highschool-Jahrbuch und zeigte einen lächelnden, attraktiven Jungen voll Zuversicht.

Die Unterhaltung vollzog eine Wendung und Dr. Stevenson landete bei der Frage nach den Schussverletzungen. Hatte Evie die Leiche gesehen? Verfügte sie über den Autopsiebericht? Was genau wusste sie über die Verletzungen? Dann kam der Moment der Wahrheit. Mit ihrer Erlaubnis schob Dr. Stevenson Isaiahs Shirt hoch und fragte Evie, welche Muttermale den Schussverletzungen entsprachen. Sie zeigte darauf. Dr. Stevenson sprach leise mit Jim. Er rief mich dazu, um es ebenfalls zu sehen. Ich sah drei winzige Muttermale und einen Pigmentfleck. Ich suchte nach einem Urteil in Dr. Stevensons Gesicht, aber er war still und zeigte ein Pokerface.

Während der Befragung gestand Evie ein, dass sie schon vor der Ermordung ihres Sohnes einen starken Glauben an Reinkarnation gehabt hatte. Dr. Stevenson drängte sie, sich genauer dazu zu äußern. Glaubte sie, dass es ihrem Sohn möglich war, zu ihr zurückzukehren? Ja, das tat sie. Im Gegenzug fragte Evie Dr. Stevenson, ob er irgendetwas über Reinkarnation wisse. Dies wies er mit einem »Nein« zurück. Ich bin sicher, dass ich einen überraschten Ausdruck auf dem Gesicht hatte, und sah, wie sich Jims Mund zu einem winzigen Lächeln verzog. Ich folgerte schnell, dass Dr. Stevenson einen allzu langen Besuch vermeiden wollte.

Als wir unsere Jacken anzogen, schenkte mir Isaiah edelmütig einen Apfel und einen kleinen Weihnachtsbaum, den er aus dem Schrank geholt hatte. Seine natürliche Freundlichkeit berührte mich und ich erklärte ihm, dass ich den Weihnachtsbaum nicht mit ins Flugzeug nehmen konnte. Aber den Apfel steckte ich in meine Handtasche.

Wir bedankten uns bei Evie und ihren Kindern dafür, dass sie uns den Besuch ermöglicht hatten, und traten hinaus, wo die Sonne, die vom Schnee reflektiert wurde, uns blendete. Schweigend liefen wir zum Parkplatz. Ich wusste, dass sich der Fall als für Dr. Stevensons Zwecke ungeeignet erwiesen hatte. Als wir ins Auto stiegen, erklärte Dr. Stevenson, dass die Muttermale nichts anderes als gewöhnliche Male waren, dass er nicht sicher sein konnte, dass Isaiahs Äußerungen nicht von seiner Familie beeinflusst worden waren und dass Evies Überzeugung von Reinkarnation und ihr Wunsch, ihren Sohn zurückzuhaben, ihre Wahrnehmung verzerrt haben konnten. Auch wenn einige der Fakten faszinierend und nicht einfach zu erklären waren, gab es in diesem Fall nicht genug objektive Beweise, die Dr. Stevensons strenge Kriterien erfüllten oder eine weitere Untersuchung rechtfertigten.

Wir machten uns auf den Weg zurück ins Hotel. Ich saß still auf dem Rücksitz. Ich war enttäuscht, dass der Redmon-Fall nicht gut gelaufen war. Während Dr. Stevenson und Jim sich über organisatorische Dinge unterhielten, die mich nicht betrafen, dachte ich darüber nach, was gerade passiert war. Bedeutete Dr. Stevensons Ablehnung des Falles, dass Evie und ihre Familie sich irrten und nur ihrem eigenen Wunschdenken folgten? Nein, so war es nicht. Evie und ihre Familie gründeten ihren Glauben auf persönliche Hinweise, die durch Dr. Stevensons Methoden nicht richtig ausgewertet werden konnten. Dennoch war die ganze Geschichte, die sich aus Evies energiereicher und verzweigter Schilderung herauskristallisiert hatte, ziemlich beeindruckend. Sie beinhaltete Daten, die den Tod ihres Sohnes und die Geburt von Isaiah, lebhafte Träume und die vielen kleinen Arten, auf die Isaiah Ramels Eigenheiten spiegelte, miteinander verbanden. Unabhängig von dem, was Außenstehende denken mochten, waren diese Hinweise für die Familie überzeugend und wahr. Außerdem blieb die Tatsache, dass die Familie Ramels Gegenwart in diesem neuen Kind *spürte*. Glaubte ich, dass dies ein Fall von Reinkarnation war? Auf der Grundlage dessen, was ich gesehen hatte, konnte ich dies nicht mit Sicherheit sagen.

Ich ließ Teile der Befragung innerlich Revue passieren. Währenddessen wurde mir klar, welch wertvolle Lektion es war zu sehen, wie geschickt Dr. Stevenson mit einem »schwachen« Fall umging. Dennoch war ich traurig, dass dies die letzte Gelegenheit sein würde, ihn in Aktion zu erleben. Ich würde niemals dabei sein, wenn er einen Chanai oder Suleyman befragte, oder beobachten, wie er die frühere Familie eines Kindes aufspürte, um dessen Äußerungen zu verifizieren. Als wir auf den Hotelparkplatz einbogen, wünschte ich mir laut, einen amerikanischen Fall zu erleben, der mit den besten asiatischen Fällen vergleichbar war – einen, der genug korrekte Äußerungen und Namensnennungen beinhaltete, um die Chance zu bieten, ihn zu lösen. In über zehn Jahren des Sammelns von Fällen ist mir nie einer außerhalb derselben Familie untergekommen, bei dem der Verstorbene identifiziert werden konnte. Dr. Stevenson antwortete auf meinen Wunsch, indem er wiederholte, was ich bereits wusste: Amerikanische Kinder nennen selten Eigennamen, weswegen es beinahe unmöglich ist, zu verifizieren, wer sie im früheren Leben waren – es sei denn, sie lebten in derselben Familie. Auch er hat in all den Jahren seines Sammelns von Fällen nur einige wenige »gelöste« amerikanische Fälle außerhalb derselben Familie gefunden. Wir kamen überein, dass niemand wusste, warum das so war. Es blieb eine offene Frage.[2]

Das Internet verändert alles

Am nächsten Morgen war ich erschöpft vom Schlafmangel. Die Ereignisse des vorangegangenen Tages hatten mich überreizt, und meine Gedanken hatten die ganze Nacht nicht stillgestanden. Ich machte mich früh auf den Weg ins Hotelrestaurant, um einen Kaffee zu trinken. Ich hoffte, dass ich davon wach würde, bevor die Ärzte zum Frühstück erschienen. Ich wollte den Tag nicht verschwenden, indem ich ihn in einer Nebelglocke aus Müdigkeit verbrachte. Jim kam herein und sah erholt und quicklebendig aus. Innerhalb der nächsten Minuten kam auch Dr. Stevenson dazu, hellwach, wie aus dem Ei gepellt und tatkräftig wie eh und je. Wir prüften unsere Frühstücksoptionen und entschieden uns für das Hotelbuffet, das keine allzu großen Überraschungen erwarten ließ.

Nachdem wir uns mit dem Essen niedergelassen hatten und ich mit der zweiten Tasse Kaffee versorgt war, überraschte mich Dr. Stevenson mit Fragen nach meiner Arbeit. Er wollte wissen, was amerikanische Eltern sich wünschten. Was trieb sie dazu, mich zu kontaktieren?

Ich versuchte mich zu sammeln und hoffte, dass das Koffein bald seine Wirkung entfalten würde. Ich begann langsam, während ich an all die Gespräche zurückdachte, die ich mit Müttern und Vätern geführt hatte. Ich erklärte, dass eines immer gleich ist: Die Eltern wollen zuallererst die Gewissheit, dass mit ihrem Kind alles in Ordnung ist. Sie sind erleichtert, wenn sie erfahren, dass ihr Sohn oder ihre Tochter kein verrückter Einzelfall ist – dass sie nicht die einzige Familie sind, deren Kind solche Dinge von sich gibt. Außerdem haben die meisten amerikanischen Eltern noch nie davon gehört, dass sich Kinder an frühere Leben erinnern, und einen wiedergeborenen Verwandten in der Familie zu haben klingt zu verrückt, um es auch nur zu erwähnen. Wenn ihr Kind also beginnt, Dinge wie »Erinnerst du dich noch daran, als ich deine Mama war?« zu sagen, werden sie plötzlich auf ein völlig neues Terrain geworfen, das kein Elternratgeber abdeckt. Sie sehnen sich nach Anleitung. Sie wünschen sich eine Art Landkarte, die ihnen hilft, in Anbetracht dieser neuen Erfahrung den richtigen Weg einzuschlagen und in dem, was sie in ihrem Kind sehen, einen Sinn zu erkennen.

Dr. Stevenson verdeutlichte: »Sie brauchen Rat?«

»Ja«, antwortete ich. Sie möchten wissen, wie sie als gute Eltern auf die Erinnerungen ihres Kindes reagieren sollen. Sie fragen, ob es besser ist, das, was ihr Kind sagt, zu bestätigen oder zu ignorieren. Wird die Erfahrung ihrem Kind in irgendeiner Weise schaden? Sie brauchen Informationen und sie brauchen Beratung. Im Idealfall benötigen sie während des Prozesses jemanden, der sie begleitet, nicht hinterher. Und heutzutage, fügte ich noch hinzu, ist es dank dem Internet und der Unmittelbarkeit und Privatheit von E-Mails leichter als jemals zuvor, diese Begleitung zu gewährleisten, während die Erinnerungen noch gegenwärtig sind. Es kann passieren, dass ein Kind morgens etwas Verblüffendes sagt und ich abends schon E-Mails mit den Eltern austausche.

Die Erwähnung von E-Mails erregte Jims Aufmerksamkeit. Er fragte mich, wie viele Fälle mich übers Internet erreichten. Ich berichtete ihm, dass ich im Durchschnitt zwei Fälle pro Tag per E-Mail oder über mein Forum erhalte, von denen zwei pro Woche vielversprechend genug sind, um ein Folgegespräch per Telefon zu rechtfertigen. Jims Augenbrauen schossen in die Höhe – was bei ihm ein Zeichen für Erstaunen war. Dr. Stevenson saß da und aß seine Grapefruit, während er aufmerksam zuhörte.

Ich fuhr fort, ermutigt von diesen Anzeichen der Begeisterung. Ich wagte meine Vermutung zu äußern, dass das Internet die Erforschung früherer Leben beschleunigt, besonders im Westen, indem es die Kontaktaufnahme zu Eltern deutlich erleichtert. Meine Website zum Beispiel bietet zum ersten Mal einen individuellen und gut erreichbaren »Ort«, an dem Familien ihre Reinkarnationserfahrungen schildern und Hilfe erhalten können.[3] Bevor es das Internet und E-Mails gab, hatten Familien, deren Kind offensichtlich Erinnerungen an ein früheres Leben hatte, keinen Ansprechpartner. Wie eine Mutter neulich zu mir sagte: »Wenn ich zu einem Priester gehe, wird er versuchen, es zu exorzieren, wenn ich zum Psychiater gehe, wird er versuchen, es zu heilen.«

Heutzutage kann jeder, der einen Internetzugang hat, ein paar Wörter in die Suchmaschine eingeben und die Informationen und die Unterstützung erhalten, die er braucht. Ich habe auf meiner Website genug Basisinformationen publiziert, um den Leuten einen Ausgangspunkt zu ermöglichen. Und weil das Internet interaktiv ist, ermöglicht es eine Kommunikation in beide Richtungen. Im Reinkarnationsforum auf meiner Website können Familien zum Beispiel Informationen austauschen, Fragen stellen und gemeinsam entdecken, wie sehr sich ihre Erfahrungen ähneln.

Ich sagte voraus, dass dank des Internets die Anzahl der westlichen Fälle, von denen wir bisher nur einen Bruchteil kennen, exponentiell ansteigen wird. Wenn wir genügend westliche Fälle sammeln, um zu erkennen, welche Eigenheiten dieses Phänomen in unserer jüdisch-christlichen Kultur hat, würde dies die Reinkarnationsforschung revolutionieren. Wenn die Anzahl der Fälle deutlich steigt, würden wir vielleicht endlich auch amerikanische Fälle finden, die ebenso viele detaillierte Erinnerungen und Eigennamen aufweisen, wie es derzeit nur die asiatischen Fälle tun.

Die Ärzte nickten nachdenklich. Ich sah, dass sie alles, was ich sagte, aufmerksam aufnahmen und es sie zu neuen Überlegungen anregte.

Die Liebe ist Grund genug

Bald war es Zeit, Chicago wieder zu verlassen. Jim und Dr. Stevenson brachten mich zum USAirways-Terminal und wir verabschiedeten uns. Ich fiel in meinen Sitz, der Körper müde, der vom Koffein aufgeputschte Geist hellwach. Während das Flugzeug am Boden auf den Start wartete, schloss ich die Augen und dachte über die Ereignisse der letzten achtundvierzig Stunden nach.

Diese Reise hatte mir einen wertvollen Ausblick auf die zukünftige Ausrichtung meiner Arbeit verschafft. Ich wusste schon lange, dass die Verifizierung von Erinnerungen an frühere Leben nicht mein primäres Ziel war – in diesem Gebiet hatten Dr. Stevenson und seine Kollegen bereits ausgezeichnete Arbeit geleistet. Jetzt jedoch war ich überzeugter denn je, dass es meine Mission war, auf die nächste Stufe zu gelangen und mit den persönlichen Themen und praktischen Auswirkungen zu arbeiten, mit denen sich Dr. Stevenson nicht beschäftigte.

Auf der Grundlage von Dr. Stevensons Ergebnissen konnte ich mir die Freiheit nehmen, mit den vielen Fällen zu arbeiten, deren objektive Beweise nicht ganz so eindeutig waren, die aber dennoch lehrreich sein konnten. Zum Beispiel die Fälle, die sich innerhalb der Familie abspielten. Und überhaupt auch die meisten anderen amerikanischen Fälle. Diese

Fälle ermöglichen noch so viele Erkenntnisse und so viele praktische Lehren. Und es gibt noch so viel über die Auswirkungen aufzudecken, die Erinnerungen von Kindern an frühere Leben im Kontext der amerikanischen Kultur haben. Eines Tages, wenn die Anzahl der Fälle steigt und Reinkarnation an Glaubwürdigkeit gewinnt, könnte die Reinkarnationsperspektive die Psychologie und die Theorien zur kindlichen Entwicklung völlig auf den Kopf stellen. Zumindest lassen die Geschichten die Eltern-Kind-Beziehung in einem völlig neuen Licht erscheinen. All das, was die Eltern in diesen Fällen auf eigene Faust herausfinden, muss verstanden, strukturiert und so aufbereitet werden, dass es alle Eltern als Ratgeber verwenden können. Meinen E-Mails nach zu urteilen ist der Bedarf da und steigt jeden Tag.

Und es gibt eine höhere mystische und spirituelle Ebene in diesen Reinkarnationsfällen, die Dr. Stevenson in seinen Schriften nicht weiter verfolgt. Ich weiß, dass diese Geschichten die Macht haben, Menschen zu verändern. In einem Fall nach dem anderen haben mir Eltern erzählt, wie die Erfahrung ihres Kindes ihre eigene Angst vor dem Tod in Luft aufgelöst hat. Aber der spirituelle Nutzen betrifft nicht nur die Eltern allein. Die Geschichten sind voll von Anhaltspunkten für *jeden*, der sich fragt, was nach dem Tod geschieht, oder der schon einmal eine sofortige seelische Verbindung zu einer Person gespürt hat, die er gerade zum ersten Mal getroffen hat. Auch diese höheren Lektionen sollten geteilt werden.

Ich war so in Gedanken, dass ich den Start des Flugzeugs gar nicht richtig registriert hatte. Als es die Wolken durchstieß, drang plötzlich helles Sonnenlicht durch das kleine Fenster und schien mir ins Gesicht. Ich betrachtete die Wolkendecke unter mir, während ich wieder in Gedanken versank. Ich erinnerte mich an einen erhellenden Moment im

Auto, der sich kurz vor unserer Trennung am Flughafen O'Hare ereignet hatte. Jim fuhr, Dr. Stevenson gab die Richtung an und ich saß auf dem Rücksitz und fürchtete, nicht mehr genug Zeit für meine Fragen zu haben. Ich wusste nicht, wann ich Dr. Stevenson wiedersehen würde, und es gab noch eine Frage, mit der ich rang. Ich beugte mich nach vorne und steckte den Kopf zwischen die beiden Vordersitze, um im Autolärm gehört zu werden. Ich erzählte Dr. Stevenson, dass ich an einem Kapitel namens »Sich ein Leben aussuchen« gearbeitet hatte, und wollte wissen, was seine neuesten Gedanken dazu waren, warum wir uns genau die Eltern aussuchen, die wir aussuchen. Ich leitete meine Frage ein, indem ich seine zu diesem Thema publizierten Beobachtungen herunterbetete, wie um zu zeigen, dass ich meine Hausaufgaben gemacht hatte und nicht faul gewesen war. Ich hakte alle Gründe ab: Geografie, Vertrautheit, Zufall, unerledigte Angelegenheiten und die Theorie, dass Liebe eine Seele zu ihren Eltern hinzieht.

Er murmelte mit leiser Schärfe in der Stimme: »Ist Liebe nicht Grund *genug*?«

Das war nicht die Antwort, die ich von diesem Mann der Wissenschaft erwartet hatte.

5

Muttertausch

Meine Mutter tut mir leid. Sie hatte eine unglückliche Kindheit, und wegen ihrer vielen Suchtkrankheiten konnte sie zu keinem von uns je eine gute Beziehung aufbauen. Was für ein verschwendetes Leben! Ich denke, wenn Katie meine Mutter ist, erhält sie eine neue Chance! Vielleicht ist dies ihr zweites, drittes oder hundertstes Leben, um es hinzukriegen. Ich glaube, das ist der Grund dafür, dass sie zurückgekommen ist.

Eine enge Beziehung zwischen zwei Menschen muss nicht für immer enden, wenn einer von beiden stirbt. Werden sie durch Reinkarnation wiedervereinigt, beginnt die Beziehung erneut. Natürlich kann sie nie genauso sein, wie sie es vorher war. Aber etwas von der *Natur* der früheren Beziehung überträgt sich. Es ist genauso, wie wenn jedes andere Paar von Menschen sich nach längerer Zeit wieder begegnet: Manches ändert sich, anderes ändert sich nicht.

Muttertausch – Fälle, in denen eine Mutter stirbt und als Kind ihrer eigenen Tochter wiedergeboren wird – illustriert auf dramatische Art und Weise, wie Beziehungen auch nach dem Tod andauern können. Die Mutter-Kind-Bindung, die beim Akt der Geburt geschmiedet wird, ist für uns alle die ursprünglichste, die am meisten mit Emotionen beladene und manchmal auch die schwierigste Beziehung. Wenn eine Mutter stirbt und zu ihrer Tochter zurückkehrt, kann dies deshalb ein Fest der neu auferstehenden Liebe sein, eine Wiedervereinigung, welche die seelische Bindung, die durch das vorherige Leben genährt wurde, noch vertieft. Oder es kann die Phantomschmerzen der alten Verletzungen und des alten Grolls wiederbeleben, die ungeheilt zurückblieben, als die Mutter starb. (Ich habe diesem Kapitel keine Vatertausch-Fälle hinzugefügt, aber sie existieren und auf sie können die gleichen Grundsätze angewandt werden.)

Wie würden Sie sich fühlen, wenn Ihre eigene Mutter als ihr Kind zurückkommt? Ihre Antwort, da bin ich sicher, würde die Art Ihrer Beziehung zu ihr widerspiegeln. Wären Sie ohne Einschränkung dankbar, sie wiederzuhaben? Oder wäre Ihnen unbehaglich zumute, hätten Sie Angst, dass Sie sich gegenseitig zur Weißglut bringen würden, wie Sie es bereits zuvor getan haben?

Die vier Muttertausch-Geschichten in diesem Kapitel geben Ihnen Gelegenheit, jede Mutter bei ihrem einmaligen Prozess der Entdeckung zu begleiten. Die ersten beiden Geschichten handeln von liebevollen Beziehungen, die nach dem Tod angedauert haben, die beiden letzten decken die dunklere Seite von Beziehungen auf. Sie handeln von zwei Müttern, die ihre Kinder misshandelt haben und zurückkehren, weil sie sich nach Vergebung durch die Menschen, die sie zuvor verletzt haben, sehnen. Diese Geschichten haben lustige und liebenswerte Momente, wie zum Beispiel den, in dem eine Zweijährige sich anmaßt, ihre Mutter herumzukommandieren, wie sie es früher schon getan hat. Manchmal sind die Bemerkungen und Verhaltensweisen des Kindes jedoch auch aufreibend und beunruhigend, weil sie hässliche Konflikte aus der Vergangenheit wiederbeleben.

Angesichts dieser Muttertausch-Geschichten werden Sie verstehen, wie die Erkenntnis, dass Ihr Kind wahrhaftig wiedergeboren ist, sowohl für Sie als auch für das Kind Vorteile haben kann. Der Rollentausch erzeugt eine einmalige Perspektive auf die Seele Ihres Kindes, Ihrer früheren Mutter. Da Sie mit der Persönlichkeit – Stärken und Schwächen – Ihrer Mutter besonders vertraut sind, werden Sie sie erkennen, wenn sie bei Ihrer Tochter oder Ihrem Sohn wieder auftreten. Durch diese besondere Bewusstheit können Sie einen Schritt zurücktreten und erkennen, welche Verhaltensweisen und Einstellungen Ihr Kind aus der Vergangenheit mitgebracht hat. Diese Perspektive ermöglicht mehr Geduld und Mitgefühl, wenn Sie mit altbekannten Konflikten konfrontiert werden, und gleichzeitig die Erkenntnis, wie Sie Ihr Kind am besten zu neuen Verhaltensmustern hinführen. Für das Kind ist dies die Möglichkeit, zu lernen und über das, was es zuvor war, hinauszuwachsen.

Für Sie, jetzt in der Rolle der Mutter, kann der Vorteil in mehr Verständnis für sich selbst liegen. Ihr Kind könnte emotionale Probleme, die aus der Beziehung mit Ihrer verstorbenen Mutter stammen, wachrufen. Die Erziehung der eigenen Mutter gibt Ihnen nun die glückliche zweite Chance, sich einigen dieser Probleme zu stellen und anschließend Ihr eigenes Leben weiterzuleben.

»Chattanooga Choo Choo« (Candy Mott)

Ich beginne mit Candy Motts Muttertausch-Geschichte, weil sie so vergnüglich ist. Es ist eine Geschichte von einer singenden und tanzenden Supermutter, die stirbt und als ihre eigene singende, tanzende und ununterbrochen aktive Enkeltochter zurückkehrt, wobei Persönlichkeit und Talente beinahe intakt bleiben. Candy, die Mutter in der Mitte, bewunderte ihre Mutter und ist froh, sie zurück zu haben. Der Rollentausch gibt ihr außerdem die Chance, Geduld und Entgegenkommen zu lernen, und er erfüllt den Wunsch ihrer sterbenden Mutter, die eigene Tochter besser zu kennen.

Candy betete ihre Mutter Artise an. Artise arbeitete als Buchhalterin, hatte aber auch eine schrille und theatralische Seite. Immerzu sang sie, sobald sich die Möglichkeit ergab. Auch das Tanzen liebte sie. Sie unterrichtete Tanz in ihrer kalifornischen Gemeinde und trat regelmäßig im örtlichen Theater auf. Sie war einer dieser mit vielen Talenten gesegneten Menschen, die zehn Dinge auf einmal tun können, ohne dass eines dabei leidet. Sie war Candy und ihrem jüngeren Bruder, der von Geburt an kränklich war, eine hingebungsvolle Mutter.

Als Candy dreizehn war, starb ihr Vater plötzlich und unerwartet. Von da an war Candy die einzige Stütze der Familie und musste ihre Aufmerksamkeit zwischen ihrer Karriere und den beiden Kindern aufteilen.

Ungefähr zwanzig Jahre nach dem Tod ihres Mannes wurde bei Artise Brustkrebs diagnostiziert, und sie musste bei Candy einziehen. Candy gab ihr Bestes, um ihre sterbende Mutter zu pflegen, fühlte sich der Aufgabe jedoch nicht gewachsen, weil sie durch die Aufgabe, zwei Kinder zu erziehen, unter denen eine sehr fordernde Zweijährige war, ohnehin bis zum Limit ausgelastet war. Die zusätzliche Verantwortung durch die Pflege einer kranken Mutter überforderte sie. Eines Tages war sie so frustriert und mit den Nerven am Ende, dass sie Artise sagte, sie sei den Anforderungen nicht mehr gewachsen. Artise, die Candys Seele stärken wollte, erinnerte sie daran, dass »Gott uns nur das auferlegt, was wir auch ertragen können«.

Darauf bat Candy sie inständig: »Dann stirb nicht heute, denn heute kann ich es nicht ertragen.«

Ihre Mutter, die an Reinkarnation glaubte, erwiderte rätselhaft: »Sobald ich gestorben bin, werde ich wieder hier sein. Ich werde zurückkommen, um dich wiederzusehen.«

Candy verstand nicht ganz, was ihre Mutter meinte. Würde sie als Geist zurückkommen oder wollte sie ihr im Traum erscheinen? Sie wusste es nicht. Aber weil Artise dem Tod so nahe und so schwach war, ließ sie ihr ihren Willen: »Ich kann es kaum erwarten!«

Zwei Wochen später starb Artise. Zu diesem Zeitpunkt waren sie beide bereit.

Im Herbst 1985 machte Candy eine besonders harte Zeit durch. Ihre Ehe war am Ende und sie war einen Monat lang mit grippeähnlichen Symptomen erkrankt. Als ihr Arzt ihr erklärte, dass sie nicht krank, sondern schwanger sei, konnte sie es nicht glauben. Nach ihrem zweiten Kind hatte sie eine Fehlgeburt gehabt. Damals hatte man ihr gesagt, dass sie keine Kinder mehr bekommen könne, da ihre Eileiter verstopft seien. Obwohl die Ärzte sie warnten, dass eine weitere Schwangerschaft für sie und das Kind gefährlich sein könnte, wollte sie ihr »Wunderkind« austragen. Sie glaubte, es sei Gottes Wille, dass sie dieses Kind bekam, und deshalb würde alles gut gehen. Fünf Monate später gebar Candy ein kerngesundes, knapp 2.300 Gramm schweres Mädchen, das sie Kari nannte.

Candy wird diesen Moment niemals vergessen:

Als sie mir Kari zum ersten Mal brachten, waren auch mein Mann und meine Großmutter (Dolores, die Mutter von Artise) bei mir. Wir sahen es alle sofort. Kari sah genau wie Artise aus! Vor allem ihre Augen hatten dieses Blitzen, für das Artise berühmt war. Mein Mann sagte, dass sie es geerbt hätte, aber Dolores und ich hatten den Verdacht, dass es mehr als das war. Ich fragte mich zu dieser Zeit, ob Mutters Vorhersage wahr geworden war.

Schon bevor Kari sprechen konnte, sah jeder in der Familie die Ähnlichkeiten zwischen ihr und Artise. Von der Zeit an, als sie neun Monate alt war, noch bevor sie laufen konnte, saß Kari in ihrem Laufstall und summte alte Lieder, die ich nicht erkennen konnte. Aber Dolores sagte: »Oh, das ist dies und jenes«, ging zum Klavier und spielte die Melodie, zu Karis äußerster Freude. Kari summte sogar *mit* und schwenkte ihre Arme zur Musik. Sie strahlte geradezu. Das bedrückte meine Großmutter sehr, denn sie erkannte die Melodien als Lieder, die meine Mutter gesungen hatte. Artise sang die ganze Zeit und trat auf, wann immer sie konnte – auf Hochzeiten, in Musicals oder im Supermarkt – einfach überall. Wir konnten auf sie zählen, wenn es darum ging, uns in Verlegenheit zu bringen, indem sie in der Kirche sang und tanzte.

Kari war auch in anderer Hinsicht wertvoll. Sie sprach bereits mit dreizehn Monaten ganze Sätze. Sie erschreckte mich und ihre Großeltern, indem sie Dinge sagte und tat, die Artises markante Persönlichkeit exakt nachahmten. Wenn Artise durch Kari hindurch schien, rollten wir alle mit den Augen und sagten: »Oh Gott! Sie tut es schon wieder.«

Zuerst war es nicht mehr als ein familiäres Amüsement, in Kari eine Miniaturausgabe von Artise zu sehen. Ihre Possen wurden als die typische Pfiffigkeit einer Einjährigen betrachtet. Obwohl sie Witze darüber machten, dass Kari die Reinkarnation von Artise sei, nahm niemand diese Idee allzu ernst. Allerdings blieb es nur so lange dabei, bis eine Reihe von Ereignissen, die sich zutrugen, als Kari gerade zwei Jahre alt geworden war, sie vollständig überzeugte, dass Kari die Reinkarnation von Artise war. Von da an war es kein Witz mehr, sondern etwas Reales, mit dem sie lebten und das sie jeden Tag genossen.

Candy erinnert sich daran, was geschah:

Eines Tages gingen Dolores und ich einkaufen und nahmen natürlich die zwei Jahre alte Kari mit. Während wir die Straße herunterfuhren, saß sie auf dem Rücksitz und summte wie üblich fröhlich vor sich hin. Plötzlich platzte ein Lied aus ihr heraus, Wort für Wort sang sie den alten Klassiker »Chattanooga Choo Choo«! Ich war so entnervt, dass ich nicht fahren konnte. Ich hielt am Straßenrand, damit ich mir nicht das Auto kaputtfuhr. Danach saßen wir einfach alle am Straßenrand, bis Kari *alle* Strophen beendet hatte. Meine arme Großmutter war beinahe hysterisch und murmelte vor sich hin: »Oh mein Gott! Oh Gott!«

Ich fragte Dolores: »Hat Großvater dieses Lied nicht immer gesungen?« Ich erinnerte mich daran, dass er es uns vorgesungen hatte, als wir in seinem Auto fuhren.

»Ja«, antwortete sie. Es war eines von seinen und Artises Lieblingsliedern. Es war unmöglich, dass Kari diese Strophen gekannt hatte. Sie hatte das Lied nie zuvor gehört, weder im Radio noch im Fernsehen – es ist kein Lied, das man heute noch hört. Und sie hatte es auch nicht von mir. Ich konnte mich undeutlich an das Lied erinnern, aber ich kannte ganz sicher nicht alle Strophen, genauso wenig wie Dolores. Aber dieses kleine zweijährige Mädchen kannte sie alle, jede Zeile!

Kurze Zeit später kaufte ich mit Kari im Supermarkt ein. Sie saß im Einkaufswagen. Es war schon fast Zeit für den Mittagsschlaf und sie wurde launisch und machte Theater. Ich verlor die Geduld und schimpfte: »Kari, sitz bitte still, lass den Joghurt los und hör auf, Sachen aus dem Wagen zu werfen!«

Kari sah mich mit durchdringendem Blick an und antwortete mit ihrer piepsigen Stimme frech: »Als du klein warst, hast du genau das Gleiche gemacht und dafür nie Ärger bekommen!«

Eine große, schlanke Frau, die ich nicht kannte, hatte unsere Kabbelei mit angehört, kam zu uns herüber und sagte ganz sachlich: »Sie wissen, wer dieses kleine Mädchen ist, oder nicht? Sie ist Ihre Mutter!«

Ich vergaß mich und blaffte sie an: »Ich weiß, dass sie meine Mutter ist, und sie macht mich wahnsinnig!«

Ich war so abgelenkt durch Karis Benehmen, dass ich die Bemerkung der großen Frau nicht richtig erfasste, bis sie schon den Gang hinunter und nicht mehr zu sehen war. Sie ließ mich sprachlos am Regal mit den Milchprodukten zurück. Als ich später einem Freund die Geschichte dieser skurrilen Begegnung erzählte, fand ich heraus, dass die große Frau ein bekanntes Medium war, das Rückführungen in vergangene Leben durchführte.

Als Kari heranwuchs und ihre Persönlichkeit sich entwickelte, stellten Candy und ihre Großmütter fest, wie sehr das Naturell des Kindes dem von Artise glich.

Kari ist so anders als meine beiden anderen Kinder. Sie ist ungestüm, geradeheraus und hat ein wildes Temperament, genau wie meine Mutter. Auch von ihrem Verhalten und ihrer Einstellung her gleicht sie Artise.

Wenn es um Kleidung und Erscheinungsbild geht, bin ich ganz klar der Jeans-und-T-Shirt-Typ. Kari dagegen ist in Bezug auf Mode absolut kompromisslos und macht ein großes Aufhebens darum, die Kleidung, das Make-up und die Accessoires zu tragen, die ihr als genau richtig erscheinen. Ständig verkleidet sie sich und trägt Kostüme, die sehr auffällig und theatralisch sind. Artise liebte es, sich herauszuputzen und all die glanzvollen Dinge zu tragen, die zu einem Bühnenauftritt gehören – ganz besonders die Kostüme und das Make-up.

Als ich die vierjährige Kari zum ersten Mal zum Stepptanz-Unterricht brachte, hüpfte sie auf dem Boden herum, als wüsste sie genau, was sie da tat. Die Lehrerin war verblüfft, als sie ihr dabei zusah, wie sie komplizierte Schrittfolgen und Positionen absolvierte. Sie fragte mich: »Hat das Kind schon Unterricht gehabt?«

Ich wusste, dass ich ihr nicht die ganze Wahrheit sagen konnte, also antwortete ich: »Oh ja, sie hat das schon früher gemacht«, während ich in mich hineinlachte: »Natürlich weiß sie, wie man das macht. Meine Mutter war Tanzlehrerin.«

Kari erkannte Dinge, die meiner Mutter gehört hatten. Als sie einmal Verkleiden spielte, ging sie an mein Make-up, bemalte sich im ganzen Gesicht mit knallrotem Lippenstift, schmatzte mit den Lippen und sagte zu Dolores, die in der Nähe saß und nähte: »Was denkst du?«

Belustigt meinte Dolores: »Kari, das ist sehr hübsch. Und wo hast du den Lippenstift her?«

Kari antwortete: »Das ist meiner«, und zeigte ihr eine weiße Keramikhülse. Dolores überprüfte daraufhin sorgfältig Candys große Lippenstiftkollektion. Es gab ungefähr fünfzig Lippenstifte, die sie hätte auswählen können. Darunter waren einige mit schöneren Hülsen. Aber Kari wusste, dass dieser spezielle einer von den wenigen war, die Artise gehört hatten.

Als Kari fünf war, starb Dolores. Nach ihrem Tod gingen Kari und ich ihre in 86 Jahren angesammelten Besitztümer durch. Während wir uns durch Schnickschnack, Kristalle und Haushaltsartikel wühlten, überraschte mich Kari mit ihren Kommentaren über die Herkunft und den Gebrauch bestimmter Dinge. Ich zeigte zum Beispiel auf eine Vase und sagte: »Ich frage mich, wo Oma die herhat?«

Ohne zu zögern entgegnete Kari: »Die war ein Weihnachtsgeschenk.« Und sie hatte Recht. Ich erinnerte mich daran, dass Artise sie Dolores zu Weihnachten geschenkt hatte.

Wenn ich irgendetwas in der Sammlung nicht identifizieren konnte, fragte ich Kari: »Ich frage mich, was das ist?«, und Kari wusste die Antwort. Einmal betrachtete sie ein Gerät, das ich nicht identifizieren konnte und sagte: »Das ist ein Messerschärfer.«

Für mich sah es nicht wie ein Messerschärfer aus, also fragte ich sie: »Woher weißt du das?«

In verärgertem Ton antwortete sie: »Nun, hol mir ein Messer und ich zeige es dir!«

Als Kari diverse Dinge heraussuchte, die sie haben wollte – Kristalle und ausgesuchte Schmuckstücke –, legte ich sie in Schachteln, um sie für sie aufzubewahren, bis sie älter war. Jedes dieser Stücke hatte eine Verbindung zu Artise, und für Kari hatte jedes Stück weiterhin eine Bedeutung. Ich spürte, dass ich das respektieren musste.

Als ich Candy zum ersten Mal befragte, war Kari schon ein junger Teenager. Ich war von Candys fröhlichem Wesen und der sachlichen Art, in der sie ihre Tochter als Reinkarnation ihrer Mutter akzeptierte, beeindruckt. Das alles schien ganz normal für sie zu sein. Dennoch war ich neugierig, wie Kari es empfand, jetzt, wo sie ein Teenager war. Candy erklärte:

»Kari ist bewusst, wer sie ist. Manchmal fragt sie mich: ›Bin ich wirklich wie Oma?‹ Ich antworte mit ja, mache aber keine große Sache daraus. Doch wenn sie etwas genau wie meine Mutter sagt oder tut, ziehe ich ein Gesicht oder rolle mit den Augen, und dann weiß Kari, dass sie mich mal wieder aus den Socken gehauen hat.«

Zu wissen, wer Kari ist, hat Candy dabei geholfen, eine bessere und verständnisvollere Mutter zu sein, besonders jetzt, wo Kari ein Teenager ist.

Kari regt sich heutzutage schneller auf. Das geht über die normalen Teenagerschwierigkeiten hinaus. Ich merke, dass sie manchmal frustriert ist, gefangen zwischen zwei unterschiedlichen Realitäten – gefangen zwischen dem, was sie über ihr vergangenes Leben weiß, und dem, was sie in diesem Leben tun muss. Sie denkt, dass es blöd ist, bestimmte Dinge zu tun, weil sie sie bereits getan hat und es keinen Sinn ergibt, sie erneut zu tun.

Sie lernt zum Beispiel nicht für Prüfungen, schneidet aber trotzdem glänzend ab. Sie liebt es, Kochbücher zu lesen, sie liebt Kochen über alles und sie mag auch andere Aktivitäten für »ältere Damen«. Es hilft mir, sie zu verstehen, wenn ich sie mir als Kind aus der Zeit meiner Mutter vorstelle, das mit dem Druck umgehen muss, ein Teenager in den 1990er Jahren zu sein. Sie versteht nicht, warum die Dinge heute so kompliziert und die Kinder so gemein sind.

Candys Mutter glaubte, wie Sie sich erinnern werden, an Reinkarnation und hatte kurz vor ihrem Tod erwähnt, dass sie zurückkehren würde. Ich fragte Candy, warum ihre Mutter ihrer Meinung nach schon so kurz nach ihrem Tod zur Familie zurückkehren wollte.

Kurz bevor meine Mutter starb, erzählte sie mir: »Ich bedauere es wirklich sehr, dass ich dich nie richtig kennengelernt habe. Ich war immer stolz auf dich und ich denke, dass du wunderbar bist und tolle Dinge tust, aber ich fühle mich, als ob ich um etwas betrogen worden wäre.« Das sagte sie mir vier Tage, bevor sie starb!

Ich sagte zu ihr: »Das ist eine schöne Zeit, um mir zu erzählen, dass ich ganz in Ordnung bin! Warum hast du all die Jahre gewartet, um mir das zu sagen?« Ich war sehr böse auf sie, weil sie bis zur letzten Minute gewartet hatte, um mir ihre Annerkennung und Aufmerksamkeit zuteil werden zu lassen. Deshalb glaube ich wirklich, dass sie zum Teil deshalb zurückkam, um das wiedergutzumachen und mich besser kennenzulernen. Jetzt haben wir jede Menge Zeit, um unsere Beziehung weiterzuführen.

Kari hat die wilde Persönlichkeit meiner Mutter auf so viele verschiedene Arten mit in dieses Leben gebracht. Ich denke, dass mir das zum Teil nützt, weil ihr Dickkopf und ihre Durchsetzungsfähigkeit mich dazu zwingen, Geduld und Toleranz zu lernen. Als ich jünger war und Kari noch nicht da war, musste ich alles immer genau so machen, wie ich es wollte. Meiner Mutter gegenüber trat ich sehr willensstark auf und sie musste oft nachgeben, um es einfacher mit mir zu haben. Jetzt erlebe ich dasselbe mit Kari, nur dass dieses Mal die Rollen vertauscht sind. Ich muss mich bremsen und die Dinge mit anderen Augen betrachten – die andere Seite der Medaille kennenlernen –, was sehr schwer für mich ist. Das ist es, was sie mir beibringt. Ich muss lernen, Kompromisse zu schließen. Wenn ich diese Situation aus einem anderen Blickwinkel betrachte, gibt mir das die Möglichkeit, die Beziehung ausgeglichener zu gestalten.

Lustig ist allerdings, dass ich manchmal frustriert werde, weil es mir vorkommt, als ob ich versuche, mit Kari und meiner Mutter gleichzeitig zu diskutieren. Dann muss ich mich daran erinnern, dass sie dieses Mal das Kind ist. Das kann auch erfrischend sein. Durch ihre starke Selbstwahrnehmung und ihr selbstgesteuertes und bestimmtes Wesen nötigt sie mir Respekt ab. Ich sage ihr immer, wie stolz ich auf diese Eigenschaften bin, und unterstütze ihre Fähigkeiten, gute Entscheidungen zu treffen. Das sind die Dinge, die meine Mutter mir bis kurz vor ihrem Tod nicht sagen konnte. Ich weiß jetzt, wie wichtig es ist, ihr meine Anerkennung zu zeigen, so lange sie noch jung ist.

Ich glaube, dass Menschen zurückkommen, um bestimmte Lektionen zu lernen. Also ist es eine große Verantwortung zu wissen, dass meine Mutter als meine Tochter zurückkam, dass sie zurückkam, um bestimmte Dinge zu lernen, und dass ich dabei eine Rolle spiele, indem ich ihr helfe. Es ist etwas ganz Besonderes zu wissen, dass wir uns als Seelen gemeinsam entwickeln und zusammen wachsen, sogar durch verschiedene Leben hindurch. Es macht mich sehr glücklich zu wissen, dass so etwas wirklich passieren kann.

Signale der Liebe (Cece Klepper)

Eigentlich ist dies der Fall einer Großmutter, nicht einer Mutter, die als Tochter zurückkommt. Aber weil Cece aus bestimmten Gründen, die in der Beschreibung des Falles erklärt werden, ihrer Großmutter näher stand als ihrer Mutter, entsprechen der Fall und seine Merkmale einem Fall von Muttertausch.

Dies ist ein weiterer Fall, in dem ein kleines Mädchen ständig lustige und überraschende Dinge sagte und tat, die seine Familie daran erinnerten, wer es im früheren Leben gewesen war. Zusätzlich ist der Fall wegen der Menschen und Orte bemerkenswert, die das Mädchen wiedererkannte – lauter Anzeichen für die Erinnerung an ein früheres Leben.

Cece und ihre Großmutter Oscelia wurden beste Freunde, als sie sieben war und ihre jüngere Schwester geboren wurde. Ab diesem Zeitpunkt ging die Aufmerksamkeit ihrer Mutter auf das neue Baby über. Wenige Jahre später verschlechterte sich die Ehe von Ceces Eltern und sie verstrickten sich zunehmend in ihre eigenen, ernsten Erwachsenenprobleme. Oscelia wurde Ceces Ersatzmutter und Cece verbrachte ihre Nachmittage mit ihr. Oscelia überschüttete das Kind mit Liebe und Aufmerksamkeit.

Aber als Cece ein junger Teenager war, zog Oscelia ins sonnige Florida, um den Massachusetts-Wintern zu entfliehen. Cece vermisste sie furchtbar. Oscelia kam für eine Weile nach Massachusetts zurück, um für sie zu sorgen, während sich ihre Eltern durch die Scheidung kämpften. Die Großmutter war während dieser turbulenten Zeit ihre einzige Freundin und Zuflucht. Kurz nachdem Oscelia nach Florida zurückgekehrt war, wurde sie krank. Sie starb im Oktober 1966, als Cece sechzehn war.

Cece trauerte um ihre Großmutter, als wäre sie ihre Mutter gewesen. Sie war wütend auf sie, weil sie gestorben war, denn für sie fühlte es sich so an, als ob Oscelia sie verlassen hätte, als sie ihren Trost und ihre Unterstützung am meisten brauchte. Cece begann aufwühlende Träume zu haben, in denen ihre Großmutter immer wieder wegging, sie immer wieder allein ließ. Nach einiger Zeit hörten die Träume auf und Ceces Zorn klang ab. Aber die tiefe Sehnsucht, wieder mit ihrer Großmutter zusammen zu sein, verschwand nie.

Die Träume von ihrer Großmutter begannen erneut, als Cece im Jahr 1973 schwanger wurde. Aber in diesen Träumen kam Oscelia stets auf sie zu statt von ihr wegzugehen. Wenn

Cece aus diesen lebhaften Träumen aufwachte, fühlte sie sich von der liebevollen, vertrauten Gegenwart ihrer Großmutter umgeben. Dann, im siebten Monat der Schwangerschaft, hörten die Träume auf. Ungefähr zur gleichen Zeit begann Cece die Gegenwart ihrer Großmutter auf eine andere Art zu spüren. Rund ums Haus witterte sie oft einen plötzlichen Hauch von Oscelias charakteristischem, süßem Geruch – einer Kombination aus Dove-Seife und Noxzema. Sie suchte nach der Quelle dafür, konnte den Ursprungsort aber nicht eingrenzen oder eine rationale Erklärung für die Geruchserscheinungen finden. In der einen Minute waren sie da – stark und unverkennbar –, und in der nächsten wieder verschwunden.

Cece begann sich zu fragen, ob es möglich war, dass ihre Großmutter als das Kind, das sie erwartete, zurückkehrte. Diese Vorstellung machte sie sehr glücklich, verwirrte sie aber auch. Die Bücher über Reinkarnation, die sie gelesen hatte, hatten ihr die Vorstellung vermittelt, dass eine Seele lange im Himmel warten muss, bevor sie zurückkehren darf, und ihre Großmutter war erst sieben Jahre tot. In keiner ihrer Lektüren war von der Möglichkeit die Rede gewesen, in die gleiche Familie zurückzukehren. So weit sie wusste, waren die einzigen Möglichkeiten der Wiedergeburt willkürlich und unpersönlich.

Aber als sie ihre neugeborene Tochter Dee zum ersten Mal im Arm hielt, vergaß Cece alles, was die Bücher sagten. Sie wurde von Gefühlen der Vertrautheit überwältigt.

Das Gefühl war unfassbar. Auf einmal hatte ich dieses wunderbare Gefühl wieder, das ich gehabt hatte, wenn ich mit Oscelia zusammen war. Ich sah Dee ins Gesicht und dachte: »Ich wünschte, ich wüsste, ob du wirklich meine Großmutter Oscelia bist.« Plötzlich öffnete die Kleine die Augen, guckte direkt in meine und machte das gleiche Gesicht, das meine Großmutter immer aufsetzte, wenn sie herumalberte. Von diesem Moment an sehnte ich mich nie mehr nach meiner Großmutter. Dabei habe ich Dee immer als mein eigenes Baby betrachtet, nie als jemand anderen.

Cece wurde von der Mutterrolle und der Fürsorge für Dee so vollständig in Anspruch genommen, dass sie nicht mehr über Oscelia oder das überwältigende Gefühl der Vertrautheit, das sie bei Dees Geburt erlebt hatte, nachdachte. Der Gedanke, dass ihr Baby ihre wiedergeborene Großmutter war, war zu weit hergeholt, um sich damit allzu lange zu beschäftigen. Kurz bevor Dee zwei wurde, begann sie jedoch, Dinge zu tun und zu sagen, die Cece dazu brachten, sich einige Fragen zu stellen.

Ich erinnere mich noch sehr gut an den Tag. Dee war ungefähr zwanzig Monate alt und ich war schwanger mit meinem Sohn. Wir kauften gerade Lebensmittel ein und Dee saß im Einkaufswagen. Ich war gerade dabei, etwas aus dem Regal zu holen und drehte ihr daher den Rücken zu. Ich hörte Dee vor Vergnügen quietschen, als eine Frau mit freundlicher Stimme zu ihr sagte: »Bist du nicht das süßeste kleine Mädchen.« Ich drehte mich um und sah einen Ausdruck reinen Vergnügens auf dem Gesicht meiner Tochter, die ihre Arme und Füße in die Luft warf. Wenn sie nicht angeschnallt gewesen wäre, hätte sie sich der Dame sicher in die Arme geworfen.

Dee quietschte erneut: »Guck mal, Mami, meine alte Freundin ist hier.« Die Art, wie sie das sagte, ließ mir einen kalten Schauer über den Rücken laufen. Ich guckte mir die kleine ältere Dame, die auf Augenhöhe meiner Tochter am Einkaufswagen stand, zum ersten Mal genauer an.

Plötzlich glaubte ich sie ebenfalls zu erkennen. »Frau Berger?«, riet ich.

Sie antwortete mit einem vertrauten jiddischen Akzent: »Ja, ich bin es.«

Ich konnte es nicht glauben! Frau Berger war 35 Jahre lang die Nachbarin meiner Großmutter gewesen, bis diese nach Florida gezogen war. Ich hatte sie nicht mehr gesehen, seit ich ungefähr sechs Jahre alt gewesen war.

Nach diesem Vorfall begann ich zum ersten Mal, seit während meiner Schwangerschaft der charakteristische Geruch mein Haus erfüllt hatte, zu glauben, dass Dee tatsächlich meine Großmutter war. Ich erlaubte mir zu denken: »Wow, vielleicht bilde ich mir das alles ja doch nicht nur ein!«

Obwohl Dede zu glauben begann, dass Dee ihre wiedergeborene Großmutter war, bemühte sie sich, keine voreiligen Schlüsse zu ziehen. Sie war sich bewusst, dass ihre Sehnsucht danach, wieder mit Oscelia vereint zu sein, sie dazu bringen könnte, ihrer Tochter die Persönlichkeit ihrer Großmutter aufzudrängen. Deshalb versuchte sie das, was Dee spontan von sich gab, objektiv zu beobachten. Dabei bemühte sie sich, nicht übertrieben zu reagieren oder Suggestivfragen zu stellen. Sie wollte weder etwas erzeugen, was nicht da war, noch dem Kind einen Floh ins Ohr setzen. Die Wahrheit sollte von selbst ans Licht kommen.

In den nächsten Monaten wurden die Momente, in denen Dee etwas erkannte oder Erinnerungen an das vergangene Leben hatte, häufiger. Zur gleichen Zeit wurde es für Cece paradoxerweise immer unwichtiger, sicher zu wissen, ob Dee ihre Großmutter war. »Es ist schwer zu erklären, aber ich spürte, dass diese verräterischen Verhaltensweisen und Bemerkungen als Signale gedacht waren, nicht als Beweise. Durch sie bestätigte mir Dee die unsterbliche Liebe meiner Großmutter. Ich liebte Dee einfach für das, was sie war. Und das war genug.«

Aber dann tat Dee wenige Monate nach ihrem zweiten Geburtstag etwas, das für Cece die Sache endgültig klärte.

Wir fuhren zum Einkaufen in ein Kaufhaus in Springfield. Ich beschloss, Dee zu einem für sie neuen Erlebnis einzuladen – einem Besuch in der Teestube des Kaufhauses, die im Hochparterre lag. Das war einer meiner Lieblingsorte, den ich als Kind mit Oscelia gerne besucht hatte. Sobald wir den Fahrstuhl verlassen hatten, zwitscherte Dee: »Mir gefällt es hier!« Wir setzten uns an einen Tisch und eine ältere Kellnerin erschien. Dee rief fröhlich aus: »Da kommt Helen!« Als die Kellnerin nahe genug herangekommen war, konnte ich ihr Namensschild lesen. Ich sah, dass Dee Recht hatte.

Ich fragte Dee: »Woher wusstest du ihren Namen?«

»Ich bin oft hierhergekommen, als ich groß war, und ich kann mich noch von früher an Helen erinnern«, antwortete sie, während sie ihre alte »Freundin« anstrahlte.

Dees Bemerkung behagte der Kellnerin gar nicht – wie konnte dieses süße kleine Mädchen sie erkennen, wenn sie sie nie zuvor gesehen hatte? Ich war selbst ein wenig überrascht, aber dieses Mal war ich bereits an den Gedanken gewöhnt, dass Dee meine Großmutter war. Daher war dies nur die endgültige Bestätigung.

Passende Rollen

In Fällen von Reinkarnation in der Familie gehört das Wiedererkennen von Fremden außerhalb der Familie des Kindes, wie das von Frau Berger und der Kellnerin Helen, zu den besten

Anhaltspunkten dafür, dass das Kind sich wirklich an ein früheres Leben erinnert. Das liegt daran, dass für das Kind im familiären Umfeld so vieles gleich aussieht, dass selten ein spontanes Wiedererkennen ausgelöst wird. Aber wenn eine Zwei- oder Dreijährige zum ersten Mal jemanden außerhalb ihres unmittelbaren Umfeldes trifft und ihn aus ihrem früheren Leben wiedererkennt, reagiert sie angemessen, so wie es Dee im Supermarkt und in der Teestube tat. Für das Kind ist es einfach ein Wiedersehen nach langer Zeit. Für den Eltern- oder Großelternteil des Kindes ist es dagegen ein totaler Schock.

In vielen der besten Fälle von Dr. Stevenson erkennen Kinder spontan völlig Fremde als frühere Familienmitglieder oder Bekannte. Wenn sie das tun, besteht immer eine Kongruenz zwischen dem Verhalten des Kindes und der Art der früheren Beziehung. Angesichts eines früheren Ehepartners oder Elternteils ist das Kind möglicherweise so glücklich, dass es zu Tränen gerührt ist oder dem scheinbar »Fremden« auf den Schoß hüpft und ihn oder sie umarmt und küsst. Wenn einige dieser drei- oder vierjährigen Kinder beispielsweise auf einem überfüllten Marktplatz auf ihre Mörder aus dem früheren Leben stoßen, zittern sie vor Angst oder schwören Rache und bewerfen sie mit Steinen. Offensichtlich ist nicht alles nach dem Tod vergeben oder vergessen. Beziehungen tendieren dazu, im Wesentlichen gleich zu bleiben.

In Fällen von Muttertausch identifizieren sich Kinder häufig so stark mit ihren früheren Rollen, dass sie auf dem gleichen Platz in der Hierarchie bleiben. Cece erinnert sich genau an einige Beispiele mit Dee:

Zwischen Dees zweitem und drittem Geburtstag hatte sie sehr rege Erinnerungen und tat beinahe jeden Tag etwas Neues, das mich an Oscelia erinnerte. Manchmal,

> wenn ich sie wegen eines Unfugs, den sie angerichtet hatte, ermahnte, bekam der Zwerg in Windeln diesen geduldigen, langmütigen Gesichtsausdruck und antwortete: »Du solltest wirklich nicht so mit mir sprechen, denn ich habe mich um dich gekümmert, als ich groß war.« Sie ging ganz klar davon aus, dass sie mir gegenüber immer noch Autorität über mich hatte und ich einfach »abzischen« sollte! Ich musste mich bemühen, aufgrund dieser Absurdität nicht in Lachen auszubrechen. Irgendwann lachte ich nur noch leise in mich hinein und sagte mir: »Tja, wieder ein neues Zeichen dafür, dass sie weiß, wer sie ist.«

Es bietet sich an, in solchen Fällen humorvoll zu reagieren!

Genau wie Kinder sich an Menschen aus dem vergangenen Leben erinnern, erinnern sie sich auch an Orte. Dieses Phänomen ist verbreitet genug, um einen Namen zu haben: *Landmark Memories* – also *Erinnerungen an Orientierungspunkte.* Wenn ein Kind einen Ort, der ihm vertraut vorkommt, weil es ihn aus der Vergangenheit kennt, zum ersten Mal sieht, kann dies Bilder und Gefühle im Inneren erzeugen, die eine jähe Reaktion verursachen. Der Elternteil ist dann vollkommen überrascht von den starken Emotionen, die aus dem Nichts zu kommen scheinen. Aber in solchen Fällen ist es normalerweise nicht schwer, die Anhaltspunkte aufzudecken, die den Ort mit dem früheren Leben verbinden.

Dee erkannte die Teestube im Kaufhaus und freute sich. Kurze Zeit später hatte sie erneut eine Erinnerung an einen Orientierungspunkt, die aber nicht freudig, sondern traumatisch war.

Als Dee zwei war und sich beinahe jeden Tag Erinnerungen zeigten, fuhr ich mit ihr zu einer Spielgruppe im Haus einer neuen Freundin. Dabei fuhren wir einige Straßen entlang, die sie noch nie zuvor gesehen hatte. Wir hielten an einem Stoppschild und sie brach plötzlich in Tränen aus und schluchzte hysterisch. Ihr Ausbruch machte mir Angst und ich fragte: »Was ist denn los, Liebling?«

Sie antwortete unter Tränen: »Oh, du musst hier sehr vorsichtig sein. Es ist sehr gefährlich hier. Es ist ein Ort, an dem man sich verletzt.« Sie beruhigte sich, sobald die Kreuzung außer Sichtweite war.

Ich fand das sehr seltsam und erzählte es meiner Mutter, wobei ich die beiden Straßen benannte, die sich an diesem Punkt kreuzten. Meine Mutter wusste sofort, warum diese Kreuzung von Bedeutung war: Im Jahr 1960, als ich neun war, war Oscelia an dieser Kreuzung in einen schweren Verkehrsunfall verwickelt. Einer meiner Cousins saß auf dem Beifahrersitz und als Oscelia merkte, dass sie mit einem anderen Auto zusammenstoßen würden, warf sie sich über das Kind und fing den Aufprall auf. Meinem Cousin passierte nichts, aber Oscelias Arm war schwer verletzt und heilte lange Zeit nicht.

Offensichtlich machte Dee an dem Tag, an dem sie an dieser Kreuzung weinte, eine Art Katharsis durch, denn als wir das nächste Mal dort vorbeifuhren, ging es ihr gut. Sie erwähnte es nie wieder.

Als Dee älter wurde, verblassten ihre Erinnerungen und die direkten Äußerungen wurden seltener. Aber von Zeit zu Zeit brachen noch Bruchteile von Erinnerungen an ihre Zeit als Oscelia durch. Cece erinnert sich an einen Vorfall, der sich zutrug, als Dee ungefähr vier alt war, dessen vollständige Bedeutung sich aber erst Jahre später abzeichnete.

Eines Tages schenkte eine Freundin uns drei Kätzchen, weil sie wusste, dass Dee Tiere liebte. Dee bestand darauf, sie Jenny, Leila und Lester zu nennen. Ich fragte sie, warum sie diese Namen ausgesucht hatte, und zeigte dabei auf Lester, eine rotgetigerte Katze. Sie antwortete: »Weil er wie ein Lester aussieht.« Damals dachte ich nicht weiter darüber nach, außer dass ich mich fragte, ob die Tatsache, dass Oscelias Schwester Jenny hieß, etwas mit dem Namen der Katze zu tun hatte. Dann, erst im letzten Jahr, schickte meine Mutter uns den Familienstammbaum, den sie erstellt hatte. Als ich das Schaubild durchsah, stellte ich fest, dass Oscelias Schwester vollständig Jenny Leila lautete und sie einen Bruder namens Lester gehabt hatte, den ich überhaupt nicht kannte. Als ich das las, bekam ich am ganzen Körper Gänsehaut. Kurze Zeit später, als ich einem Verwandten, der uns besuchte, von dem »Zufall« mit den Katzennamen berichtete, fügte er hinzu: »Lester hatte leuchtend rote Haare.«

Wie findet es Cece jetzt, wo Dee erwachsen ist, dass sie die Elternschaft für ihre eigene Großmutter übernommen hat?

Ich freue mich darüber, dass wir wieder als Mitglieder einer Familie zusammen sind. Uns verbindet eine tiefgreifende Liebe, die uns durch schwierige Zeiten geholfen hat. Insgesamt gesehen ist unsere Beziehung sehr positiv, wir haben uns gegenseitig sehr geholfen.

Ich fragte Cece, was sie dachte, warum ihre Großmutter zurückgekehrt war. Sie nannte sofort den Grund, den ich am häufigsten höre: die Sehnsucht nach Liebe.

Ich spüre, dass sie zu mir zurückgekehrt ist, weil ich sie schrecklich vermisst habe und wirklich brauchte. Ich glaube wirklich, dass meine Sehnsucht nach ihr sie zu mir zurückgezogen hat. Aber es war nicht einseitig. Sie kam auch zurück, um zu lernen. Oscelia trug ihren Groll immer lange mit sich herum und vergab selten jemandem. Dee ist genauso. Ich bin da ganz anders. Ich bin eher dazu in der Lage, die Dinge aus der Perspektive des anderen zu betrachten. Ich helfe Dee jetzt, dies ebenfalls zu lernen, und beginne dabei mit ihrem Vater. Sie war sein Augapfel, bis wir uns scheiden ließen und alles verloren haben. Sie war so erzürnt, dass sie seither kaum noch mit ihm gesprochen hat. Ich dränge sie dazu, dieses Verhaltensmuster aufzugeben und ihren Frieden mit ihm zu machen. Sie versucht es, aber es ist nicht leicht für sie. In anderer Hinsicht hat sich Dee bereits verändert. Oscelia hatte große Vorurteile gegenüber Schwarzen. Als Dee in der siebten Klasse war, verabredete ich mich mit einem Afroamerikaner, den ich von der Arbeit kannte. Dee sagte zu mir: »Oh, Peter ist wirklich ein äußerst netter Mann, aber wie kannst du es aushalten, mit jemandem zusammen zu sein, der schwarz ist?« Ironischerweise ist sie heute mit einem Jamaikaner verlobt.

Cece hatte eine interessante Erkenntnis über Rollentausch, als ihre Großmutter als ihre Tochter wiedergeboren wurde:

Ich ziehe die Beziehung zu meiner Tochter der Beziehung zu meiner Großmutter vor, weil sie sich angenehmer anfühlt. Es kam mir immer so vor, als ob ich älter wäre als meine Großmutter und als ob ich mehr wüsste als sie. Ich hatte auch einen starken Beschützerinstinkt ihr gegenüber. Unsere gegenwärtigen Rollen passen besser zu der Art Gefühle, die zwischen uns herrschen. Es fühlt sich natürlicher und passender an, ihre Mutter zu sein als ihre Enkelin.

Die Sünden der Mütter

In den letzten beiden Fällen haben wir gesehen, wie warme, liebende und positive Gefühle den Tod überdauern und den Boden für neue harmonische Beziehungen bereiten können. Die Mütter, Candy und Cece, freuten sich, mit Seelen, die sie geliebt und so sehr vermisst hatten, wiedervereinigt zu sein. Aber nicht alle Beziehungen sind süß und liebevoll. Manche sind ausgesprochen bitter.

Zwar würden wir alle gerne glauben, dass Zorn, Hass und alte Konflikte mit dem Tod ausgelöscht sind. Es ist tröstlich zu denken, dass unsere Seelen im Himmel reingewaschen werden, bevor wir zurückkehren. In einigen von Dr. Stevensons Fällen findet man denn auch Hinweise darauf, dass fehlgeleitete Seelen sich ändern können und dies tatsächlich tun. Sie bessern sich und werden von Leben zu Leben liebevoller. Aber es gibt genauso Hinweise darauf, dass schlechte Gefühle und alter Groll intakt bleiben und wieder auftauchen, wenn der Verstorbene als Kind wiedergeboren wird. Bestimmte Angelegenheiten können sich ins nächste Leben übertragen und dort Spannungen und Differenzen erzeugen.

Diese Art von negativer Übertragung tritt wahrscheinlich häufig auf, aber wenn sie nicht als Schema aus dem vergangenen Leben erkannt wird, kann sie Eltern verwirren. Sie verstehen nicht, warum ihr Kind distanziert oder feindselig ist. Vielleicht geben sie sich selbst die Schuld, stellen ihre Qualitäten als Eltern in Frage und fragen sich, warum das Kind sich ihnen gegenüber so anders verhält, als es ihre anderen Kinder tun. Aber wenn die Einstellungen des Kindes auf eine bestimmte Beziehung in einem früheren Leben zurückgeführt werden können und nicht auf irgendetwas, das die Eltern falsch gemacht haben, kann dies ein erster Schritt in Richtung Lösung und Heilung sein.

In den folgenden zwei Fällen werden missbrauchende Mütter bei ihren Töchtern wiedergeboren. Der Ausgang dieser beiden Fälle beweist, dass eine Seele für ihre Sünden im einen Leben nicht zwangsläufig durch Bestrafung im nächsten bezahlen muss. Offenbar ist das Universum freundlicher, als wir es uns vorstellen. Diese Seelen kehrten zu ihren eigenen Töchtern zurück, um das Geschenk der Liebe und Vergebung zu erhalten.

Der erste Fall ist nicht nur ein Fall von Mutter-, sondern auch einer von Geschlechtstausch: Die Mutter wird nicht als Mädchen, sondern als Junge wiedergeboren. Dieses Kind bringt die gleichen missbräuchlichen Tendenzen mit in dieses Leben, die es schon im letzten Leben hatte. Als die Mutter, Sarah Holden, schließlich versteht, wer dieses Kind in der Vergangenheit war – ihre eigene Mutter –, gelingt es ihr, zu vergeben und der Seele zu helfen, ihr destruktives Muster zu durchbrechen.

Die zwei Seiten von Margaret (Sarah Holden)

Menschen, die sie nicht kannten, beurteilten Margaret als energiegeladene, kreative und aktive Frau mit einem Gespür für Design. Aber für ihre Familie war sie abscheulich, zornig und tyrannisch. Sie sagte jedem, was er mit seinem Leben anfangen sollte, und kritisierte alles, was sie taten, auf gehässige Art und Weise. Nichts, was jemand tat, war gut genug für sie. Margaret war selbst als Kind geschlagen worden, und sie setzte diese grausame Tradition fort. Sie misshandelte ihre vier Kinder alle in physischer, psychischer und emotionaler Hinsicht. Ihr Ehemann konnte sich nicht gegen sie durchsetzen und rührte niemals einen Finger, um seine Kinder vor dem Zorn ihrer Mutter zu beschützen.

Sarah, das Jüngste der Kinder, war dem Missbrauch der Mutter durch ihre gesamte Kindheit hindurch ausgesetzt. Als sie zwei war, war die Mutter wegen eines Emphysems ans Bett gefesselt – eine Folge des lebenslangen Kettenrauchens. Sarah passte sich der Situation an, indem sie das »perfekte« Kind wurde und die gesamte Zeit über bemüht war, ihrer Mutter keinen Grund für eine Bestrafung zu geben. Sie lernte auch, gebührende Distanz zu wahren und sich außerhalb des beachtlichen Einflussbereichs der Mutter aufzuhalten.

Im Jahr vor ihrem Tod wurde die Mutter milder und ihre Beziehung zu Sarah veränderte sich. Paradoxerweise etablierten sie nach all den Jahren voll Hass und Missbrauch eine liebevolle Beziehung. Sie sprachen viel miteinander und Margaret zeigte zum ersten Mal echtes Interesse an Sarahs Leben, ohne sie zu kritisieren. Sarah war verlobt, wollte heiraten und Margaret vergötterte den Bräutigam. Sie interessierte sich sehr dafür, Sarah bei den Hochzeitsvorbereitungen zu helfen und ihr Hochzeitskleid zu entwerfen. Aber im Jahr 1990 starb sie und verpasste die Hochzeit um nur zwei Monate.

Trotz der kurzen Atempause am Ende war Sarah von den Jahren des Missbrauchs gezeichnet. Nach dem Tod ihrer Mutter begab sie sich in Therapie, um die vielen Probleme ihrer Kindheit aufzuarbeiten. Sie wusste, dass sie die Missbrauchstradition unbewusst bei ihren eigenen Kindern fortsetzen würde, wenn sie sich nicht mit ihren Gefühlen befasste. Sie hatte panische Angst davor, so zu werden wie ihre Mutter. Sie war fest entschlossen, ihren Kindern die Liebe und positive Aufmerksamkeit zu geben, die sie selbst nie gekannt hatte. Nach zwei Jahren harter Arbeit in der Therapie spürte sie schließlich, dass sich ihr Leben gewandelt hatte und sie die schwierigen Umstände ihrer Kindheit endlich akzeptieren konnte. Sie hatte ihrer Mutter vergeben.

Innerhalb eines Jahres nach der Hochzeit bekam Sarah ihren ersten Sohn, Kyle. Ihr zweiter Sohn Miles wurde Ende 1992 geboren.

Miles war zunächst ein anhängliches und ruhiges Baby, aber sobald er sprechen konnte, begann sich seine streitsüchtige Persönlichkeit zu zeigen. Sarah und er stritten ständig. Sie stritten nicht nur um bestimmte Dinge, sondern einfach über alles. Das war nicht die »Ich-meins-nein«-Art von Zweijährigen, mit denen sich die meisten Eltern herumschlagen müssen. Miles beschimpfte seine Mutter fortwährend und sagte ihr ständig, dass alles, was sie tat, falsch war. Wenn sie zum Beispiel mit ihm an Kunstprojekten arbeiten wollte, kritisierte er jeden ihrer Schritte und verdarb damit den ganzen Spaß. Egal, was Sarah auch versuchte, Miles hatte einfach keinen Respekt vor ihr und machte es sich zur Aufgabe, sie herabzusetzen und ihre Autorität zu untergraben. An vielen Tagen wollte Sarah nicht einmal mehr mit ihm, ihrem eigenen Sohn, zusammen sein, weil er ihr so ein schlechtes Gefühl für sich selbst vermittelte.

Sarah denkt über ihre Gefühle zu dieser Zeit nach:

Mit Miles zusammen zu sein fühlte sich genauso an, wie mit meiner Mutter zusammen zu sein. Jeder, der meine Mutter kannte, nannte sie die »Bienenkönigin«. Sie war eine kleine Diktatorin – immer musste sie der Chef sein und hatte an allem etwas auszusetzen. Bei Miles war es ganz genauso. In der Schule und überall sonst sagten alle, er sei

> ein Engel. Wenn ich versuchte, ihnen zu erzählen, wie er sich bei uns benahm, meinten sie: »Das kann nicht sein!« Meine Mutter war genauso – ihre äußere Erscheinung war ganz anders als die Art, wie sie sich uns gegenüber benahm. Die Leute sagten: »Ach, was ist sie doch für eine wunderbare Dame, du kannst so froh sein, sie als Mutter zu haben.« Und wir dachten uns dabei: »Ihr habt keine Ahnung, womit wir leben müssen!«

Sarah gab sich selbst die Schuld an Miles' Verhalten. Sie dachte an die lange Zeit der Therapie zurück, die sie gebraucht hatte, um ihre eigene Haltung zu verstehen und zu ändern. Sie glaubte, dass die positive und liebevolle Beziehung, die sie mit ihrem älteren Sohn Kyle unterhielt, das Resultat der emotionalen Heilung war, die sie in der Therapie vollzogen hatte. Aber was spielte sich mit Miles ab? Trug sie immer noch irgendeine Art ungelöster negativer Gefühle mit sich herum, die unbewusst sein Verhalten beeinflussten? Sie wusste es nicht. Es war ein Rätsel.

Seltsamerweise fragte Miles seine Mutter nach jeder Kränkung und jeder seelischen Misshandlung: »Liebst du mich immer noch, wenn ich böse bin? Wirst du mich *immer* lieben?« Er fragte sie das die ganze Zeit. Sarah konnte nicht sagen, ob es eine List war, um einer Strafe zu entgehen, oder ob er sich wirklich Sorgen machte, dass sie ihn ablehnen könnte.

Die Elefanten-Obsession

Es gab auch andere, schönere Dinge an Miles, die Sarah an ihre Mutter erinnerten. Die bemerkenswerteste Ähnlichkeit war seine Liebe zu Tieren – besonders zu Elefanten. Immer, wenn seine Mutter ihn zum Einkaufen mitnahm und er in irgendeiner Form einen Elefanten sah – aus Stoff, als Bild oder als Figur –, schrie er so lange, bis sie ihn für ihn kaufte. Sein Zimmer war ein Elefantenschrein. Sarah fand das seltsam, weil ihre Mutter ebenfalls Elefantenfiguren und -drucke gesammelt hatte. Auf jedem Regal und an jeder Wand ihres Schlafzimmers, wo sie sich am häufigsten aufhielt, waren Elefanten. Alle wussten, dass man Margaret am besten zu jedem sich bietenden Anlass etwas mit Elefanten schenkte, wenn man ihr eine Freude machen wollte. Aber Miles hatte von all dem nie etwas mitbekommen. Er hatte weder ihr Haus noch ihre Sammlung je gesehen.

Dann half ein Vorfall Sarah dabei, die Wahrheit zu erkennen und die Verbindung zwischen Miles und ihrer Mutter zu verstehen.

Eines Tages kauften der vierjährige Miles und ich in einem Einkaufszentrum ein, wo er einen Elefantendruck entdeckte. Er bettelte und bettelte, dass ich ihn ihm kaufen sollte. Er wiederholte ohne Unterlass: »Ich brauche ihn! Ich brauche ihn!«

Ich hatte es eilig und dachte, dass ich dieses Mal den Kampf gewinnen könnte. Ich sagte: »Nein, du hast genug Elefanten in deinem Zimmer!« Aber in Bezug auf diesen Druck war er unerbittlicher als sonst. Schließlich gab ich nach und kaufte ihn.

Er freute sich über den Druck, und sobald wir zu Hause waren, rannte er in sein Zimmer und hängte ihn an die Wand über seinem Bett.

Ein paar Tage später kam mein Vater, Margarets Mann, zu Besuch. Miles empfing ihn an der Tür und schleppte ihn in sein Zimmer, um ihm sein neuestes Elefantenbild zu zeigen. Er war so stolz darauf. Mein Vater rief sofort aus: »Oh mein Gott, das ist ein Robert-Bateman-Druck! Das war der Lieblingskünstler deiner Großmutter!«

Meine Kinnlade muss bis zum Boden heruntergefallen sein, so überrascht war ich. Plötzlich ergab alles einen Sinn.

Sarahs Vater erkannte den Zusammenhang zuerst. Vielleicht weil er im Gegensatz zu Sarah Miles nicht jeden Tag sah und deshalb die Ähnlichkeiten zwischen Miles und seiner verstorbenen Frau objektiv einschätzen konnte. Er betrachtete sie nicht als Zufall, sondern als Ergebnis einer Reinkarnation. Dann bemerkte Sarah es auch, und die Familie schaute zurück und setzte die Einzelheiten im Licht dieser Erkenntnis neu zusammen. Im Kontext der Reinkarnation begann Miles' scheußliches Benehmen einen Sinn zu ergeben, genauso seine Elefanten-Obsession und seine häufige Frage: »Wenn ich böse bin, liebst du mich dann immer noch? Wirst du mich *immer* lieben?« Diese wiederholten Fragen passten nun ins Muster. Denn wenn Miles wirklich ihre Mutter war, brauchte die Seele ihrer Mutter vielleicht die Zusicherung, dass sie trotz ihres schrecklichen Benehmens in der Vergangenheit geliebt wurde.

Sobald sie Miles als Reinkarnation ihrer Mutter betrachtete, wandelten sich Sarahs Gefühle für ihn vollständig.

Ich habe mich wegen all dem Zorn zwischen Miles und mir so lange als wirklich miese Mutter empfunden. Ich habe mich immer selbst für unsere schwierige Beziehung verantwortlich gemacht. Aber jetzt, wo ich die Möglichkeit anerkenne, dass er meine Mutter ist, weiß ich, warum er sich so verhält, wie er sich verhält. Auch wenn meine Mutter sich vor ihrem Tod verändert hat, ist sie nie richtig über all die Verletzungen und den Schmerz ihrer eigenen Kindheit hinweggekommen und hat immer noch viel Wut mit sich herumgetragen.

Ich mache mich jetzt nicht mehr selbst für Miles' Benehmen verantwortlich und glaube auch nicht mehr, dass sein Zorn das Resultat von etwas ist, was ich getan oder nicht getan habe. Und jetzt, wo ich mir keine Vorwürfe mehr mache, kann ich ihm geduldiger dabei helfen, für die Dinge eine Lösung zu finden, statt ihn wie früher wegzustoßen. Ich konnte einfach nicht mit den Ähnlichkeiten zwischen ihm und meiner Mutter umgehen – das war zu viel für mich.

Wenn ich all das in der Perspektive der Reinkarnation betrachte, sehe ich Miles Benehmen als Möglichkeit für die Seele meiner Mutter, die Spirale der Misshandlungen zu durchbrechen, was sie zu Lebzeiten mit ihren Kindern nicht geschafft hat. Ich habe in meiner Therapie bereits viel harte Arbeit geleistet, um unsere Beziehung aufzuarbeiten, und ich bin nun bereit, ihr zu helfen – durch Miles. Ich glaube, das ist genau der Grund dafür, dass sie als mein Sohn zu mir zurückkam: Auf diese Weise konnten wir beide heilen, wachsen und lernen, wie es ist, sich positiv gegenüberzustehen und sich gegenseitig zu unterstützen und zu lieben, statt sich die ganze Zeit zu bekämpfen.

Und ich glaube, es gibt auch einen Grund dafür, dass sie zu mir zurückkam und nicht zu einem meiner Geschwister. Trotz all unserer Probleme und Auseinandersetzungen hatten wir eine starke Verbindung. Weil ich das jüngste Kind war, wurde ich von ihr am wenigsten misshandelt, und weil sie bettlägerig wurde, als ich erst zwei war, gab es so viele Dinge, die sie mit mir nicht machen konnte. Uns ist beiden viel entgangen.

Am Ende ihres Lebens vertraute sie mir mehr als den anderen, wahrscheinlich weil sie die anderen schlechter behandelt hatte als mich und weil sie in der Beziehung zu mir am wenigsten Schuld empfand. Als sie starb, hinterließ sie mir ihre Eheringe, weil sie wusste, dass ich die Einzige in der Familie war, die sie nicht verpfänden würde. Sie vergötterte meinen Mann und war so glücklich, dass wir heiraten würden. Sie plante die ganze Dekoration für meine Hochzeit und entwarf das Hochzeitskleid, aber sie starb, bevor sie es sehen konnte. Auf ihre Art hat sie sich wohl schuldig gefühlt, dass sie mich ein weiteres Mal im Stich ließ.

Miles ist jetzt sechs und seine Mutter und er haben eine wunderbare, liebevolle Beziehung. Sarah spürt, dass sie die Spirale der Misshandlungen endlich durchbrochen haben. Mit Freude stellt sie fest, dass die guten Eigenschaften ihrer Mutter nun bei Miles dominieren, besonders ihre Sensibilität Tieren gegenüber und ihr Gespür für Design. Margaret liebte es zum Beispiel, das Haus zu dekorieren. Miles' liebste Fernsehsendung ist eine über Hausdekoration. Eines Tages ging der Sechsjährige in sein Zimmer, hob den Teppich hoch und erklärte seiner Mutter: »Mama, das ist ein Holzboden. Ich kann meinen Boden streichen.« Sarah amüsierte das, denn es war genau das, was ihre Mutter getan hätte.

Miles hängt auch sehr an seiner Stoffhunde-Sammlung – er sucht sich immer schwarze Hunde aus und nennt sie alle »Neuf«. Es ist Sarah neulich wieder eingefallen, dass ihre Mutter als junge Frau Showhunde züchtete – Neufundländer, die schwarz sind.

Sarah fügt hinzu: »Die Ähnlichkeiten sind ganz klar da, aber manchmal bemerken wir sie nicht, bis sie uns mit einem Schlag klarwerden und uns umhauen.«

Es fasziniert Sarah auch, dass ihre Mutter in ihrem Leben zwei Wünsche hatte: in einem Glashaus im Wald zu leben und einen eigenen Elefanten zu besitzen. Vor Kurzem ist ihre Familie in ein neues Haus auf dem Land gezogen – ein abgelegenes Häuschen am Ende einer Schotterstraße. Das Haus hat viele Fenster, die auf den Wald hinausführen. Miles liebt es, in den Garten zu gehen und Streifenhörnchen zu füttern, die ihm aus der Hand fressen. Letztes Jahr haben sie Miles in einen Freizeitpark mit Schwerpunkt auf wilde Tiere mitgenommen, wo eine der Hauptattraktionen ein Babyelefant ist. Zum Erstaunen des Elefantenhüters lief der kleine Elefant, der normalerweise vor Menschen zurückschreckt, direkt zu Miles. Miles bettelt seine Eltern seitdem an, wieder in den Park zu fahren und »seinen« Elefanten zu besuchen. Vielleicht werden Margarets Wünsche nun alle wahr.

Blondie (Deb Wise)

Dies ist ein weiterer Fall einer misshandelnden Mutter, die zu ihrer Tochter zurückkehrt. Auf mehrere Arten ähnelt der Fall dem von Sarah Holden, aber er beinhaltet eine neue Wendung. Die Mutter scheint in diesem Fall ihre Wiedergeburt geplant zu haben, um zu einer kritischen Zeit im Leben ihrer Tochter aufzutauchen und ihr einen Auslöser zur Verfügung zu stellen, den sie braucht, um eine schwierige Entscheidung zu treffen und sich selbst aus einer gefährlichen Ehe zu befreien. Ich interpretiere dies als die Art, in der eine reuige Mutter ihre Liebe zeigt und den Schmerz wiedergutmacht, den sie zuvor zugefügt hatte. Wenn das so ist, ist es ein wunderbares Beispiel dafür, wie eine Seele gegenüber einer anderen Seele Wiedergutmachung leistet, indem sie als ihr Kind zu ihr zurückkehrt.

Als Deb Wise neun war, trennte sich ihre Familie. Ihr Vater zog in eine andere Stadt in Kanada, die zwei Stunden entfernt war, und nahm ihre vier älteren Geschwister mit. Deb und ihre sechsjährige Schwester blieben mit ihrer Mutter Elizabeth zu Hause. Die Trennung richtete Elizabeth zugrunde. Sie war bereits medikamentenabhängig, aber jetzt versank sie in einer schweren Depression und begann sehr stark zu trinken.

Wenn sie trank, verwandelte sich Elizabeth in ein Monster. Sie misshandelte ihre beiden kleinen Töchter verbal und körperlich. Der Vater weigerte sich, nach Hause zurückzukommen, weil er mit seiner Frau nicht fertig wurde, weswegen Deb und ihre Schwester sich alleine gegen die Mutter wehren mussten. Die jüngere Schwester zog sich in ihr Zimmer zurück, wo sie überlebte, indem sie so still wie möglich war. Deb war dagegen aggressiv, schlug auf ihre Mutter ein und beschützte die Schwester vor deren häufigen Wutausbrüchen. Manchmal schubste Deb Elizabeth in ihr Zimmer und sperrte sie dort ein, um ihre Schwester zu verteidigen. Deb erinnert sich, wie sie im Alter von zwölf einer Freundin gestand, dass sie ihre Mutter wirklich hasste.

Aber mit den Jahren wurde Elizabeth milder und als Deb achtzehn war, begannen sie und ihre Mutter, sich zu versöhnen. Deb hatte sich nach fünf Jahren von ihrem Freund getrennt und war verzweifelt. Ihre Mutter unterstützte sie in dieser Zeit liebevoll und wurde ihre beste Freundin und engste Vertraute. Gerade als das Mutter-Tochter-Band, das sie beide so sehr vermisst hatten, stärker wurde, fiel die Mutter ironischerweise ins Koma und starb zwei Wochen später. Debs jüngere Schwester, die zu dieser Zeit gerade erst sechzehn und durch den Missbrauch schwer geschädigt war, weinte nicht einmal, als sie starb. Aber Deb trauerte zutiefst um die neuentdeckte liebevolle Beziehung zu ihrer Mutter, die abrupt geendet hatte, und um die Heilung, die so jäh unterbrochen worden war.

Deb sehnte sich nach ihrer Mutter. Nach ihrem Tod saß sie noch monatelang jede Nacht auf ihrer Bettkante, sprach ihre Mutter in der spirituellen Welt an und lud sie ein, sie zu besuchen, indem sie sagte: »Ich habe keine Angst, wenn du als

Geist wiederkommst. Bitte komm zurück und besuche mich.« Deb starrte in den Spiegel und betete darum, dass ihr die Mutter erscheinen würde. So weit sie es beurteilen konnte, blieben ihre Gebete unbeantwortet.

Wenige Jahre später heiratete sie und bekam Kinder. Die Heirat erwies sich als großer Fehler. Ihr Ehemann nahm häufig an zerstörerischen Besäufnissen teil. Während dieser Zeit träumte Deb immer wieder von Elizabeth. Es waren Träume von der glücklichsten Zeit in Debs Kindheit, als sie und ihre Mutter in ihrem Häuschen am See Urlaub machten. Diese angenehmen Träume waren so lebendig, dass Deb beim Aufwachen manchmal glaubte, dass ihre Mutter sie tatsächlich besucht hatte. Die Träume erzeugten in ihr ein glückliches und friedliches Gefühl.

Aber als sie erneut schwanger wurde, hörten die Träume auf. Die Schwangerschaft, ihre vierte, war ein Unfall – zumindest aus Debs Sicht. Sie hatte sich endlich von ihrem gewalttätigen Mann getrennt, besaß aber nicht den Mut, die Ehe zu beenden. Inzwischen hatte sie sich in Dennis verliebt und das Baby war von ihm.

Dennis und ich setzten uns hin und diskutierten unsere Möglichkeiten. Wir befanden uns in völligem Aufruhr. Wir wussten, dass jeder in der Stadt uns verachten würde, wenn wir das Baby bekämen. Sie würden gelinde gesagt die Stirn über uns runzeln und uns das Leben lange Zeit schwermachen. Und ich wusste nicht, was es für meine Chance auf eine Scheidung bedeuten würde, wenn mein Mann herausfand, dass ich schwanger war. Er würde wissen, dass es nicht sein Kind war.

Wir entschieden, dass ich das Kind abtreiben musste. Das zerriss mich innerlich. Mein ganzes Leben hatte ich fest daran geglaubt, was die Kirche lehrte – dass Abtreibung Mord war –, und nun machte ich selbst einen Termin dafür. Die alte Redensart »Urteile über niemanden, in dessen Schuhen du nicht gelaufen bist«, kam mir in den Sinn, und es war wie ein Schlag ins Gesicht.

Und noch etwas geschah, als mir zum ersten Mal klar wurde, dass ich schwanger war. Dennis teilte unser Geheimnis mit niemandem – er hatte genauso viel zu verlieren wie ich. Aber als er eines Morgens zur Arbeit ging, bemerkte er, dass sein bester Freund Tom geweint hatte. Als Dennis fragte, was los war, erzählte ihm Tom eine unglaubliche Geschichte – und Tom ist ein geradliniger, gläubiger Mann, der sich so etwas nie ausdenken würde. Er sagte, dass er die ganze Nacht wach gewesen war, weil er die ganze Zeit ein Baby weinen gehört hatte. Das machte ihn wahnsinnig, weil er glaubte, dass es ein Zeichen dafür war, dass irgendwo ein Kind in Not war. Dennis wusste sofort, was das bedeutete. Er brach weinend zusammen und erzählte Tom die ganze Geschichte – unser Geheimnis. Danach weinten sie beide und Tom flehte Dennis an, das Baby zu behalten, egal, was wir durchmachen mussten, um es leben zu lassen. Dennis rief mich danach sofort an und erzählte mir, was Tom gesagt hatte. Wir vereinbarten, die Schwangerschaft fortzusetzen, im Wissen, dass viele Leute sehr unzufrieden mit uns sein und uns das Leben zur Hölle machen würden. Aber wir glaubten, dass Gott mit uns zufrieden sein würde.

Wir hatten mit der Vermutung, dass die Menschen in unserer Stadt uns verachten würden, recht gehabt. Das galt sogar für meine Familie. So viele Menschen, selbst meine Freunde, ließen mich völlig im Stich, als sie sehen konnten, dass ich schwanger war. Es gab Zeiten, in denen es sich anfühlte, als wäre mein neues Baby die einzige Verbindung zur Liebe, weil alle anderen mich mieden. Es heißt, dass Babys alles spüren können. Wenn das wahr ist, machte das Baby eine Menge Ablehnung durch. In meinen anderen drei Schwangerschaften war ich ganz begeistert und voll Frieden und konnte die Ankunft des Babys nicht erwarten. Aber dieses Mal war ich voll Sorge und die ganze Zeit sehr aufgeregt. Meine Schwangerschaft drängte mich dazu, die Scheidung zu erwirken. Ich wusste, dass ich ohne sie nie den Mut gehabt hätte, mich meinem Mann gegenüber zu behaupten, der mich bei meinen früheren Versuchen ihn zu verlassen weinend und auf Knien angefleht hatte, bei ihm zu bleiben. Ich bekam die Scheidung durch und Dennis und ich heirateten.

Das Baby wurde im Februar 1993 geboren und Deb und Dennis nannten sie Katie. Sie war ein gesundes, glückliches Baby, das seiner Familie viel Freude machte. Debbie spürte, dass mit einem neuen Baby und einem neuen Ehemann, der freundlich zu ihr und den Kindern war, ihr Leben endlich eine Wendung nahm.

Katie begann früh zu sprechen. Sobald sie vollständige Sätze bilden konnte, fragte sie Deb mehrfach: »Weißt du noch, als ich deine Mama war?« Katies Bemerkungen amüsierten Deb, aber sie nahm sie nicht ernst. Kinder sagen schließlich ständig lustige Dinge dieser Art, dachte sie sich. Sie erwähnte die Bemerkungen bei einem Telefonat mit ihrer Schwester und beide lachten herzlich. Aber als Katie drei war, passierte etwas, das Deb überzeugte, dass die Bemerkungen *kein* Witz waren.

Eines Abends, als Katie noch keine drei war, wartete sie mit mir zusammen darauf, dass meine ältere Tochter ihre Reitstunde beendete. Wir faulenzten auf dem Heu in der Scheune, als Katie sich zu mir herüberbeugte und mir ins Ohr flüsterte: »Weißt du noch, als ich deine Mama war?«

Ich hatte sie das nun schon so viele Male sagen gehört und es immer ignoriert. Aber dieses Mal war ich nicht in Eile, also gab ich nach und spielte mit. »Nein, erzähl mir davon. Wie war dein Name, als du meine Mama warst?«

Wann immer Katie etwas ganz Besonderes zu sagen hat, kommt sie ganz nah heran und flüstert es mir zu. Sie krabbelte mir auf den Schoß, legte mir ihre kleinen Hände auf die Wangen, guckte mich mit sehr ernstem Ausdruck in ihren großen blauen Augen an und flüsterte: »Sie nannten mich Blondie.«

Ich war so erschrocken, dass ich sie beinahe von meinem Schoß stieß. Ich konnte spüren, wie mir das Blut aus dem Gesicht wich. Irgendwie gelang es mir zu stottern: »Sie haben dich Blondie genannt?«

Sie antwortete: »Ja, früher nannte mich jeder Blondie.«

Dann fragte ich: »Und ich war *dein* kleines Mädchen?«

Wieder antwortete sie: »Ja.«

Ich war schockiert, weil ich wusste, dass der Spitzname meiner Mutter Blondie gewesen war, als sie jünger war, aber es hatte sie schon seit Jahren niemand mehr so genannt und meine Kinder hatten niemals gehört, wie wir diesen Namen für sie verwendet hatten. Wir nannten sie immer Elizabeth. Ich erinnerte mich, dass meine Tanten und Onkel sie in Anwesenheit meiner Cousins »Tante Blondie« genannt hatten, aber Katie hatte keinen von ihnen je getroffen.

Dann beugte sich Katie wieder zu mir herüber und flüsterte in sehr ernstem Ton: »Aber ich mochte dich nicht besonders gern, als du meine kleine Tochter warst.«

Das traf mich wie ein Schlag in die Magengrube. Ich fragte: »Warum nicht? *Alle* Mamas lieben ihre kleinen Töchter!«

Sie sagte: »Weil du mich immer angeschrien, in mein Zimmer geschubst und dann die Tür abgeschlossen hast.«

Ich war sprachlos. Wenn meine Mutter sich betrank, hatte ich sie angeschrien, sie aufgelesen, sie zurück ins Bett geworfen und sie in ihrem Zimmer eingeschlossen, bis sie wieder nüchtern war. Aber niemand – *niemand* – außer meiner Schwester, meiner Mutter und mir wusste davon. Wir haben es nie jemandem erzählt, weil wir Angst hatten, dass man uns zu Pflegeeltern bringen und trennen würde. Wir hatten seit dem Tod meiner Mutter nicht mehr darüber gesprochen, weil wir es vergessen wollten. Und Katie hatte bei uns zu Hause *niemals* etwas in dieser Art gesehen. Ich konnte mir nicht vorstellen, woher sie überhaupt wusste, dass es möglich war, dass irgendjemand seine Mutter anschrie, ganz zu schweigen davon, sie herumzuschubsen.

Eine neue Chance

Nach der Szene in der Scheune sprach Katie kaum noch von ihrem vergangenen Leben. Sie zeigte jedoch gelegentlich ungewöhnliche Verhaltensweisen und Geschmäcker, die Elizabeth ähnelten. Deb diente dies als Anzeichen dafür, wer sie war.

Eines frühen Morgens war ich in der Küche damit beschäftigt, Pausenbrote für die Schule zuzubereiten. Die vierjährige Katie kam hinter mir ins Zimmer und umarmte mich fest. Ich hatte ihr immer noch den Rücken zugekehrt, als ich sie ganz sachlich sagen hörte: »Weißt du, Mama, dass eines meiner Beine größer ist als das andere?«

Ich hatte wieder das Gefühl, dass mir das Blut aus dem Gesicht wich, aber ich fuhr damit fort Brote zu schmieren und bemühte mich, meine Überraschung nicht zu zeigen. Ich fragte Katie vorsichtig: »Was meinst du damit? Ein Bein ist dicker als das andere?« Ich betete darum, dass es das war, was sie meinte.

Als ich mich umdrehte, um sie anzusehen, sah ich das Kind auf dem Boden sitzen. Sie hatte ihre Beine vor sich ausgestreckt und zeigte auf eines davon, um zu erklären: »Nein, dieses ist länger als das andere.« Ich war schockiert, weil meine Mutter oft die gleiche Art Beweisführung durchexerziert hatte – allerdings auf bösartige Art und Weise. Sie saß auf dem Boden, streckte ihre Beine vor dem Körper aus und machte darauf aufmerksam, dass eines länger als das andere war. Sie führte diese Missbildung darauf zurück, dass sie so viele Kinder hatte, und unterstellte damit, dass wir daran schuld waren und ihren Körper zerstörten. Jetzt kam die gleiche Demonstration von Katie, diesmal aber arglos vorgebracht.

Katie hat absonderliche Vorlieben für bestimmte Nahrungsmittel, die meiner Meinung nach unmissverständlich darauf hindeuten, dass sie in ihrem früheren Leben meine Mutter war. Sie liebt Butter. Als wir letzte Woche im Urlaub waren, bemerkte eine meiner Nichten, dass Katie ihre Butter mehr mag als ihr Brot. Meine Schwester und ich zogen meine Mutter immer damit auf, dass sie sechs Zentimeter Butter auf ihr Brot strich – genauso wie Katie es jetzt tut.

Als sie vier war, tauchte eine andere seltsame Lebensmittelvorliebe auf. Katie ging zum Kühlschrank, holte das Ketchup und das Brot heraus und machte sich ein Ketchup-Sandwich – nur mit Ketchup – ohne die Hotdogs oder die Wurst, die meine Kinder normalerweise aßen. Katie war der Ansicht, dass das das Tollste war, was sie jemals gegessen hatte, und war so stolz auf sich, als hätte sie es gerade selbst erfunden. Ihre Brüder und ihre Schwester fanden das ein bisschen durchgeknallt – sie hatten so etwas nie zuvor gehört oder gesehen. Bis zu diesem Zeitpunkt hatte ich völlig vergessen, dass Ketchup-Sandwiches der Lieblingssnack meiner Mutter gewesen waren. Als wir heranwuchsen, fanden wir es lustig, dass meine Mutter sie aß, denn alleine beim Gedanken daran, ein Ketchup-Sandwich zu essen, wurde uns flau. Später erfuhren wir, dass ihre Liebe zu diesen Sandwiches ein Überbleibsel aus den Zeiten der Großen Depression war, als sie und ihre Geschwister manchmal nichts anderes zu essen hatten. Ketchup-Sandwiches sind bis heute Katies Lieblingssnack.

Deb erklärt, wie die Erfahrung mit ihrer Tochter ihre Lebensanschauung verändert hat:

Das Christentum versucht uns weiszumachen, dass es Dinge wie die Reinkarnation nicht gibt. Ich habe nie gesagt »Nein, so etwas gibt es nicht« oder »Ja, so etwas gibt es«. Aber ich muss sagen, dass ich nach meinen Erfahrungen mit Katie ganz klar in Richtung »Ja, so etwas muss es geben!« tendiere. Ich glaube, wir kommen zurück, bis wir lernen, was zum Kuckuck es auch ist, das wir lernen sollen. Meine Mutter tut mir leid. Sie hatte eine unglückliche Kindheit, und wegen ihrer vielen Suchtkrankheiten konnte sie zu keinem von uns je eine gute Beziehung aufbauen. Was für ein verschwendetes Leben! Ich denke, wenn Katie meine Mutter ist, erhält sie eine neue Chance. Vielleicht ist dies ihr zweites, drittes oder hundertstes Leben, um es hinzukriegen. Ich glaube, das ist der Grund dafür, dass sie zurückgekommen ist. Hoffentlich entwickeln sich die Dinge diesmal besser. Egal, wer diese Seele ist, ich liebe sie.

Eines weiß ich sicher: Wenn Katie meine Mutter ist, hat sie mir das Leben gerettet. Indem sie genau in dieser Zeit zurückkam, zwang sie mich, eine schlechte und gefährliche Ehe zu beenden. Vielleicht war das ihre Art, all die gemeinen Dinge wiedergutzumachen, die sie tat, während ich heranwuchs. Und die kleinen Zeichen von Katie und ihr verräterisches Verhalten sind meiner Meinung nach ihre Art, mich wissen zu lassen, dass sie zurück ist und dass wir dieses Mal eine liebevolle Beziehung haben können.

Und noch etwas. Als Katie vier war, sagte sie etwas Verblüffendes, das mich davon überzeugt hat, dass sie ihre Wiederkehr geplant hatte und dass das Timing kritisch war. Ich bereitete einen Gang in die Stadt vor und fragte Katie, ob sie ihren Vater bei der Arbeit besuchen und ihm sein Mittagessen bringen wollte. Sie sagte: »Ist Onkel Tom auch da?« (Tom war der besonders gute Freund, der Deb und Dennis davon überzeugt hatte, das Kind nicht abtreiben zu lassen).

Ich sagte: »Ja, ist er.«

Sie kam ganz nahe, wie sie es immer tut, wenn sie etwas Wichtiges zu sagen hat, und mit ernstem Gesichtsausdruck flüsterte sie mir ins Ohr: »Er hat mir einmal das Leben gerettet.«

Ich war wie vom Donner gerührt und bekam überall Gänsehaut. Ich weiß, dass das aus ihrer Seele kam, die mir sagte, *dass sie es wusste.*

6

Sich ein Leben aussuchen

»Wenn du in den Himmel kommst, hast du eine kurze Zeit zum Ausruhen, wie im Urlaub, aber dann musst du anfangen zu arbeiten«, verkündete die vierjährige Courtney eines Tages. »Du musst anfangen, darüber nachzudenken, was du in deinem nächsten Leben zu lernen hast. Du musst beginnen, deine nächste Familie auszusuchen. Der Himmel ist kein Ort, an dem man sich für immer herumdrücken kann. Er ist nicht einfach nur ein Ort zum Ausruhen und Abschalten. Du musst dort arbeiten.«

Als ich noch klein war, glaubte ich, dass ein kluger und erfahrener Storch neugeborene Babys in den Schornstein ihrer erwartungsvollen Familie herabfallen lässt. In meinen Bilderbüchern waren Störche mit blauen Westen und passenden Hüten zu sehen, die Babys in gut verschnürten Bündeln im Schnabel trugen. Das bestärkte meine Theorie. Da der Weihnachtsmann für seine Geschenke dieselbe Liefermethode nutzte, schien die Idee nicht allzu weithergeholt – ich muss zu dem Schluss gekommen sein, dass alle guten Dinge den Schornstein herabkamen. Dennoch war die Erklärung ein wenig beunruhigend, wenn ich an all die bedauernswerten Familien dachte, die eventuell keinen Kamin oder Schornstein besaßen.

Als ich älter wurde, wichen meine kindlichen Vorstellungen dem Begreifen wissenschaftlicher Fakten. Ich verstand, dass Babys aus dem Bauch ihrer Mutter kommen. Mit circa neun Jahren bekam ich ein Buch, *From Little Acorns*, das den Prozess der Reproduktion in der typischen Art der 1950er Jahre beschrieb. Das Buch erklärte weit mehr, als ich über die Biologie des Menschen wissen wollte, ließ aber das Rätsel offen, *warum* wir in eine bestimmte Familie geboren werden und nicht in eine andere. Um diese Lücke in meinem Verständnis zu schließen, zog ich meine religiöse Ausbildung heran, die das Bild eines allwissenden, mächtigen Gottes zeichnete, dessen Handeln unergründlich ist. Ich stellte mir Gott vor, wie er in seinem wolkigen Himmel saß und eine Gesamtliste heranzog, mit deren Hilfe er Eltern eines der in einer Schlange wartenden Babys zuordnete, die auf ihre Geburt warteten. Ich schloss daraus, dass es Glückssache ist, wo wir geboren werden – beeinflusst von den schicksalsträchtigen Entscheidungen eines allwissenden Gottes. Er entscheidet. In meiner religiösen Erziehung oder in meinem Umfeld gab es keine Erklärungen, die auf etwas anderes hindeuteten. Aber wenn ich zu lange über diese Erklärung nachdachte, fühlte ich mich immer noch unbehaglich. Ich konnte nicht verstehen, warum Gott manchen Kindern ein gutes Zuhause schenkt, während andere zum Hungertod verurteilt sind. Ich wusste auch, dass in diesem Modell noch etwas fehlte.

Viele Jahre später bin ich immer noch fasziniert von der Frage, wovon unser nächstes Leben bestimmt wird. Aber jetzt ist es eine ernste Frage, die für meine Fachgebiete – Erinnerungen von Kindern an frühere Leben und Reinkarnation in der gleichen Familie – zentral ist. Ich habe viel Zeit damit verbracht, das Konzept zu erforschen, und je mehr ich lerne, umso überzeugter bin ich davon – im Gegensatz zur landläufigen Annahme –, dass wir *doch* etwas darüber erfahren können, wie wir uns unser nächstes Leben aussuchen. Es ist *kein* undurchdringliches Rätsel.

Die Frage der Auswahl ist von entscheidender Bedeutung bei der Reinkarnation innerhalb der Familie. Viele Menschen, diejenigen, die an Reinkarnation glauben, eingeschlossen, sind der Meinung, dass wir keine Wahl hinsichtlich unserer nächsten Inkarnation haben. Diese Überzeugung hindert sie daran, die Möglichkeit der Reinkarnation innerhalb der Familie zu akzeptieren. Sie nehmen an, dass die Zuteilung von Seelen ein willkürlicher Prozess ist oder allenfalls einer, der durch die natürlichen Gesetze des Karma oder die Launen eines göttlichen Wesens gesteuert wird. Deshalb haben sie Probleme damit, Reinkarnation innerhalb der Familie anzuerkennen, denn wenn die Seele keine Wahl hat, ist es bei einer Chance von Millionen zu eins geradezu unmöglich, dass sie zur gleichen Familie zurückkehrt.

Aber bei meinen Forschungen bin ich Hunderten von Fällen der Rückkehr in dieselbe Familie begegnet. Sie alle ähneln denen, von denen Sie bis hierhin bereits gelesen haben. Es liegt nahe, dass wir *überhaupt keinen* Fällen innerhalb der Familie begegnen würden, wenn die Seele keine Wahl hätte. Die schiere Existenz der Fälle von Reinkarnation innerhalb der Familie bestätigt die Tatsache, dass es *irgendeine* Auswahl, irgendeine Absicht zumindest für *einige* Seelen geben muss. Reinkarnation ist kein vollständig willkürlicher Prozess.

Ein anderes Indiz dafür, dass die Seele eine Wahl hat, kommt von den Aussagen der Kinder selbst. Einige Kinder haben noch klare Erinnerungen an ihre Existenz im Stadium des Zwischenlebens und an die Reise, die zu ihrer Geburt geführt hat. Sie überraschen ihre Eltern mit Erzählungen darüber, »bevor ich geboren wurde«. Den Eltern fällt das auf, weil diese Aussagen sich von dem unterscheiden, was ihre Kinder in der Sonntagsschule oder durch Bilderbücher erfahren. Oft unterscheiden sie sich auch sehr vom eigenen Glauben der Eltern an den Himmel und die Existenz vor der Geburt. Weil die Kinder jedoch so sehnsüchtig über ihren Aufenthalt im Himmel sprechen und ihre Überzeugung und ihr unschuldiger Glaube dabei so groß sind, wissen die Eltern, dass ihre Kinder sich das nicht ausgedacht haben.

Im Laufe der Jahre habe ich Dutzende von Fällen gesammelt, in denen Kinder davon erzählen, dass sie ihre Eltern ausgesucht haben. Aus meinen Befragungen habe ich gelernt, dass solche Aussagen unerwartet hochkommen, normalerweise in einem entspannten Moment, wenn das Kind sich fertigmacht, um ins Bett zu gehen, im Auto mitfährt oder mit Mama oder Papa kuschelt. Gewöhnlich kommen die Erinnerungen in Bruchstücken heraus, wie ein Blitz, den die Eltern leicht hätten verpassen können, wenn sie nicht alarmiert gewesen wären. Oft fällt es dem Kind nicht einmal auf, dass es etwas Ungewöhnliches sagt. Für sie ist es einfach »etwas, das passiert ist«. Jede Geschichte hat eine leicht unterschiedliche Wendung und die Details variieren. Aber in den wichtigen Dingen stimmen sie alle überein und das Gesamtbild, das wir erhalten, wenn wir diese vielen kleinen Bruchstücke, die wir von kleinen Kindern erhalten, zusammensetzen, ist dasselbe. Das gemeinsame Thema besteht darin, dass die Seele am Auswahlprozess für das nächste Leben beteiligt ist.

Das unentdeckte Land erforschen

Das Bild des Himmels, das die Kinder uns vermitteln, wird durch eine völlig andere Quelle bestätigt: die Reinkarnationstherapie, auch Rückführungstherapie genannt. Seit Anfang der 1960er Jahre haben Abertausende von Menschen ihre früheren Leben in Begleitung eines ausgebildeten Rückführungsbegleiters noch einmal erlebt, ursprünglich unter Hypnose, mittlerweile immer öfter auch auf nicht hypnotische Weise. Die Rückführungstherapie, die manchmal sehr schnell wirkt, kann eine leistungsfähige Technik zur Heilung lebenslanger emotionaler und physischer Probleme sein.

Menschen, die noch nie eine Rückführung in frühere Leben erlebt haben, vermuten meistens, dass es dabei *ausschließlich* um frühere Leben geht – also beispielsweise darum, sich selbst als Bauer in Deutschland oder als Sklave in Ägypten zu sehen. Was sie nicht wissen ist, dass die Rückführung in frühere Leben es ermöglicht, den mystischen Moment des Todes und das, was *nach* dem Verlassen des Körpers geschieht, in Farbe und naturgetreuem Klang und ebensolcher Kulisse zu erleben. Wenn sie beim Moment des Todes angekommen sind, machen Rückführungsklienten oft eine dramatische Veränderung durch – bis hin zu einem Zustand des erweiterten Bewusstseins. Sie sehen das Leben, das sie gerade verlassen haben, und die Dinge, die sie von Leben zu Leben mit sich tragen, aus der umfassenden Sicht ihrer ewigen Seele. Rückführungsbegleiter wissen, dass diese Nach-Tod-Erkenntnis oft die Quelle für die am tiefsten gehenden Offenbarungen und Heilungen ist.

Angeleitet von der Person, die sie durch die Rückführung begleitet, gehen die Klienten über den Moment des Todes hinaus, um die Rückschau auf das soeben zu Ende gegangene

Leben, die Planung und Auswahl des nächsten Lebens und die Rückkehr in einem neuen Körper noch einmal zu erleben. Durch diesen Prozess gewinnen sie ein tiefes Verständnis davon, warum sie aus spiritueller Sicht gerade *das* Leben ausgewählt haben, in dem sie sich derzeit befinden. Und egal wie jenseitig die Erfahrung des Zwischenlebens ist: Wenn die Sitzung vorüber ist, können sie sich an alles erinnern und das beschreiben (innerhalb der Begrenzungen der Sprache), was sie gesehen haben. Die Erkenntnisse bleiben erhalten und führen oft zu einer tiefgreifenden Neuausrichtung ihres Lebens. Einige verlieren ihre Angst vor dem Tod.

Im Verlauf von Hunderten Rückführungen, die sie durchführten, haben sogenannte Reinkarnationstherapeuten wiederkehrende Muster in dem bemerkt, was ihre Klienten erlebten. Einige, die mit dieser Technik arbeiten, haben Studien und Bücher veröffentlicht, die das beschreiben, was auf alle Seelen im Prozess des Zwischenlebens zuzutreffen scheint. Diese Zeugnisse bestätigen und unterstützen das, was wir von Kindern hören. Weil Erwachsene deutlich detailliertere Beschreibungen abgeben als die Erinnerungsbruchstücke von Kindern, hilft uns die Auswertung solcher Rückführungen, das Bild vom Zwischenleben zu vervollständigen und einige Fragen dazu zu beantworten, warum und wie wir uns das nächste Leben aussuchen. Am Wichtigsten ist, dass die Schilderungen von Kindern und Erwachsenen in den wesentlichen Punkten übereinstimmen – besonders in der grundlegenden Tatsache, dass die Seele eine Wahl in Bezug auf ihr nächstes Leben hat.

Dr. Helen Wambach, eine bewährte Reinkarnationstherapeutin und Forscherin, war 1979 die Erste, die Berichte zum Zwischenleben veröffentlichte. In ihrem Buch *Leben vor dem Leben* beschreibt sie ihre systematische Erforschung der

Zeit vor der Empfängnis und der Geburt. Sie erstellte Experimente, in denen Gruppen aus mehreren Dutzend Menschen zur gleichen Zeit hypnotisiert und zurückgeführt wurden. Direkt danach bat sie sie, die Antworten auf diverse Fragen zu ihren vorgeburtlichen Erinnerungen niederzuschreiben, so zum Beispiel: Haben Sie sich ausgesucht, geboren zu werden? Wie hat es sich angefühlt, das nächste Leben zu beginnen? Haben Sie Ihre derzeitige Mutter schon früher gekannt? Was geschah nach der Zeugung? Sie trug die Daten aus 750 Rückführungen zusammen und analysierte sie, um ein konzeptuelles Modell des vorgeburtlichen Planungsprozesses vor der Geburt zu erstellen.

Während Dr. Wambach an der Westküste der USA mit ihren Erforschungen beschäftigt war, sammelte der kanadische Psychiater Dr. Joel Whitton in aller Stille ähnliche Daten von seinen Rückführungsklienten, die er 1984 als *Das Leben zwischen den Leben* veröffentlichte. Nicht lang nach den Doktoren Wambach und Whitton publizierte Dr. Michael Newton, ein weiterer hypnotherapeutischer Forscher, 1994 *Die Reisen der Seele*, eine Zusammenstellung der Zeugenberichte seiner Klienten, die er in zwanzigjähriger Praxis gesammelt hatte. Im Vergleich mit den anderen Forschern präsentiert Dr. Newton ein Bild von hochstrukturierten Zwischenlebensbereichen mit verschiedenen Aufstiegsebenen und einer multidimensionalen Hierarchie spiritueller Helfer und Führer. Abgesehen von der anderen Nuance in Dr. Newtons Version ist die Zielsetzung all dieser himmlischen Aktivitäten, von denen die Forscher berichten, identisch. Alle Seelen sind darauf bedacht, ihre nächste Inkarnation auf Grundlage der Lektionen zu planen, die sie in der vorangegangenen erworben haben.

Die Erkenntnisse der Reinkarnationsforscher werden von der Nahtodforschung oder von Nahtoderlebnissen kreuzvalidiert. Nahtoderlebnisse weisen Punkt für Punkt bemerkenswerte Übereinstimmungen zu dem auf, was Rückführungsklienten sehen, wenn sie unter Hypnose ihren eigenen Tod erleben. In den 25 Jahren seit der Publikation von Raymond Moodys *Leben nach dem Tod* haben Forscher Tausende von Fällen von Menschen gesammelt, die klinisch tot waren, sich jedoch erholten und zurückkamen, um zu berichten, was sie gesehen haben. Natürlich gehen die Berichte von Nahtoderlebnissen zeitlich nur so weit, wie der Betreffende kam, bevor er in seinen Körper zurückkehrte, um uns zu erzählen, was er erlebt hat. Aber die Erzählungen tragen viel dazu bei, einen Konsens darüber zu finden, was auf den ersten Etappen der Reise passiert.

Eine andere Quelle, die das validiert, was im Stadium des Zwischenlebens geschieht, sind die alten Schriften tibetischer Buddhisten. Keine Diskussion dieser mystischen Werke kann vollständig sein, ohne ihre Beobachtungen zu berücksichtigen. Für mehr als zwölf Jahrhunderte war es Teil ihrer spirituellen Lehren, das Stadium des Zwischenlebens zu durchdringen. Ihre Beschreibungen der Reise vom Tod zur Geburt haben mit den Berichten von Nahtoderlebnissen und Rückgeführten viel gemeinsam, besonders, wenn es um den Moment des Todes geht. Außerdem sind die poetischen Schilderungen der Tibeter vom Reich auf der anderen Seite unübertroffen in ihrer Klarheit und Schönheit. Sie können uns im Westen helfen, uns ein Bild von diesen unbeschreiblichen kosmischen Dimensionen zu machen.

Aus den Beobachtungen all dieser unterschiedlichen Quellen habe ich ein Konzept der kompletten Reise im Leben nach dem Tode zusammengestellt, wobei ich besonderes Augenmerk darauf gelegt habe, wie wir uns unser Leben aussuchen. Ich denke, dass diese Besichtigungstour durch den

Himmel insgesamt zeigt, dass man das, was einst als unerforschbar galt, das »unentdeckte Land«, doch kennen oder zumindest einen Blick hineinwerfen kann. Auch wenn es eine Menge Dinge gibt, die unsere sterblichen Gehirne nie erfassen werden, können wir genug erkennen, um zu schlussfolgern, dass unsere Seelen bis zu einem bestimmten Grad wählen können, wo und wann sie reinkarnieren. Wenn wir uns die Faktoren ansehen, die die Entscheidung einer Seele beeinflussen, wird klar, dass es nicht nur möglich ist zu beschließen, eine Beziehung in der gleichen Familie wiederaufzunehmen, sondern dass es manchmal die logischste und natürlichste Entscheidung ist.

Eine Tour durch den Himmel

Berichte aus all diesen verschiedenen Quellen beschreiben, wie sich die Seele im Moment des Todes vom Körper löst und nach oben schwebt. Egal, wie wunderbar oder schwierig das Leben, das gerade endete, auch war, und ganz gleich, wie langsam, plötzlich oder schmerzhaft der Tod erfolgte: Seelen empfinden eine freudige Befreiung, wenn sie den Körper verlassen. Sie fühlen sich leicht und euphorisch. Die Sinne werden äußerst rege, wenn sie aus der vertrauten dreidimensionalen, soliden Wirklichkeit in einen multidimensionalen Bereich aus purer, schwingender Energie eintreten, die mit überirdischen Klängen und Lichtern durchflutet ist. Alles ist Energie und Licht. Das *Tibetische Buch vom Leben und Sterben* beschreibt es als »allumfassende Landschaft aus Licht, funkelnd, klar und strahlend, durchscheinend und vielfarbig, unbegrenzt von irgendeiner Dimension oder Richtung, schimmernd und in ständiger Bewegung«.

Manche Menschen schildern, wie sie durch einen Tunnel gehen, an dessen Ende ein Licht scheint, andere nicht. Ob sie einen Tunnel sehen oder nicht, die meisten sprechen von einem hellen Licht, auf das sie sich zubewegen. Sie empfinden das strahlende Licht als ein Wesen von grenzenloser Intelligenz, das den körperlosen Reisenden begrüßt und ihn mit Liebe und Verständnis umhüllt, die alle irdischen Erfahrungen übertreffen. Es fühlt sich an wie eine dicke »Willkommen zu Hause«-Umarmung nach einer langen Reise.

Der Wandel des Bewusstseins im Moment des Todes kann für einige Seelen verwirrend sein, besonders wenn ihr Tod plötzlich erfolgte oder traumatisch war. Das macht aber nichts. Ein oder mehrere leuchtende Wesen, die grenzenloses Mitgefühl ausstrahlen, erscheinen, um der ankommenden Seele dabei zu helfen, sich in der spirituellen Welt zurechtzufinden. Diese Führer können die Gestalt eines verstorbenen Verwandten oder Freundes aufweisen oder die einer religiösen Figur, die den Erwartungen des Reisenden entspricht: Jesus, Gott, Buddha, Naturgeister, Gottheiten, Stammesoberhäupter oder Heilige. Die gesamte Kommunikation zwischen den Geistführern und der ankommenden Seele erfolgt telepathisch und schnell – sie wissen intuitiv *alles* über die Seele und haben ihre Ankunft erwartet.

Kinder erinnern sich selten an diese frühe Phase der Nachtod-Erfahrung. Aber wenn sie es tun, beschreiben sie ebenfalls, wie sie zu einem hellen Licht schweben oder durch einen Tunnel gehen. Sie berichten zudem von der Anwesenheit allwissender und freundlicher Geistwesen, die sie als Mutter- oder Vaterfiguren, als Gott oder Jesus beschreiben. Eine Fünfjährige sagte zu ihrer Mutter: »Wenn du stirbst, wirst du von einem Licht in den Himmel gezogen, und dann darfst du werden was immer du werden willst. Aber du sprichst nicht mit

Worten. Gott benutzt keine Wörter wie Englisch oder Spanisch. Er hört Gedanken.«

Ein Vater aus England schrieb mir eine E-Mail über seine dreijährige Tochter, die sich spontan daran erinnerte, nach dem Tod durch einen Tunnel gegangen zu sein.

> Eines Tages erzählte uns Karen wie aus heiterem Himmel, dass sie mit ihrer Mama an der Bushaltestelle gewartet hatte, als sie von einem Auto angefahren und »in den Himmel gebracht« worden war. Sie sagte, dass sie durch einen langen Tunnel ging und dann Gott traf. Sie sagte, sie sei »einsam« gewesen und hätte uns vermisst, also beschloss sie, herunterzukommen und unsere Tochter zu sein, und wir legten ihr Spielzeug in ihr Kinderbettchen.
>
> Wir sind eine katholische Familie und haben bisher weder mit ihr noch in ihrer Anwesenheit über Religion gesprochen. Wir können uns vorstellen, dass sie die Existenz Gottes und des Himmels versteht, aber nicht die Idee vom »durch den Tunnel gehen« oder die Reinkarnation.
>
> Bei verschiedenen Gelegenheiten haben wir weiter mit ihr darüber diskutiert. Ihre Aussagen blieben gleich, und wenn wir sie drängten, Details zu verraten, die sie nicht wusste, sagte sie, dass sie es nicht wusste, verschloss sich oder erfand etwas. Im letzten Fall konnten wir Fakten und Fiktion durch ihren auffällig anderen Ton und ihr Verhalten klar voneinander unterscheiden.

Ein vierjähriger Junge erinnerte sich an die seltsame Tatsache, dass manche Seelen nicht wissen, dass sie tot sind. Eines Tages, als er mit seinem Vater darüber sprach, wie weit er sich zurückerinnern konnte, überraschte er seinen Vater, indem er verkündete: »Ich erinnere mich an die Zeit, als ich im Himmel war. Ich half den toten Jungs.« Als der Vater ihn fragte, wobei er ihnen geholfen hatte, antwortete er: »Weißt du, manchmal wissen Tote nicht, dass sie gestorben sind, zum Beispiel wenn sie in Autowracks sterben oder wenn es ganz schnell geht. Dann wissen sie nicht, dass sie tot sind. Also mussten wir da sein und warten, bis ihre Seele den Körper verlassen hatte, damit wir ihnen helfen konnten, in den Himmel zu gehen.« Dann lächelte er einfach und rannte weg, um zu spielen.

Lebensrückschau

Eines Tages verkündete die vierjährige Courtney, wie beschäftigt sie im Himmel gewesen war:

> Wenn du in den Himmel kommst, hast du eine kurze Zeit zum Ausruhen, wie im Urlaub, aber dann musst du anfangen zu arbeiten. Du musst anfangen, darüber nachzudenken, was du in deinem nächsten Leben lernen musst. Du musst beginnen, deine nächste Familie auszusuchen. Der Himmel ist kein Ort, an dem man sich für immer herumdrücken kann. Er ist nicht einfach nur ein Ort zum Ausruhen und Abschalten. Du musst dort arbeiten.

Courtneys Worte werden von Erwachsenen und anderen, die sich an den Himmel erinnern, wiederholt. Der Himmel ist nicht, wie es uns manchmal versprochen wird, eine große Erholungsstätte in den Wolken, eine Ruhestätte und gemütliche Belohnung dafür, dass man die Beschwernisse des irdischen Lebens ertragen hat. Ja, es gibt eine Zeit des Ausruhens, aber dann fährt die Seele mit ihrer Aufgabe des Lernens und Planens fort und beteiligt sich sogar, um bei den Geschäften des Himmels behilflich zu sein.

Die erste Aufgabe im Planungsprozess ist es, auf die letzte Inkarnation zurückzublicken und sie zu bewerten. Einige Menschen berichten, dass die Seele mit Hilfe von Führern eine Art 3D-Film mit Bildumlauf oder eine holografische Vision des gerade zurückgelassenen Lebens betritt. Jeder Moment dieses Lebens wird in vollständig sensorischen Details noch einmal erlebt. Alles wird aufgedeckt. Die Seele spürt sofort die Bestrebungen ihres gesamten früheren Handelns und spürt mit voller emotionaler Wucht die Auswirkungen, die es auf andere hatte. Diese offenen Einblicke können fröhlich, traurig oder schmerzhaft sein – aber sie sind immer aufschlussreich. Selbstsüchtige und gedankenlose Taten werden mit seelischem Schmerz und Bedauern erneut erlebt. Einige Seelen empfinden große Reue, weil sie Träume nicht erfüllt oder das nicht geschafft haben, was sie in diesem Leben tun wollten.

Durch den gesamten Rückschauprozess hindurch beobachtet und beurteilt die Seele ihr eigenes Handeln und ihre Beweggründe. Die Führer urteilen oder verdammen nie. Sie stehen zur Unterstützung bereit, während die Seele ihre emotionalen Wandlungen durchläuft und für ihre eigene Betrachtung von innen nach außen gekehrt wird. Es kann sein, dass sie helfen, indem sie die maßlose Selbstverurteilung der Seele abmildern und ihr ihre Erfolge und ihr Scheitern im größeren Kontext ihrer Ergebnisse über mehrere Leben aufzeigen.

Das tibetische Totenbuch beschreibt ebenfalls den Prozess der Rückschau, der kurz nach dem Tod erfolgt. Ihm zufolge erhält die Seele hellseherische Fähigkeiten, wenn wir unseren physischen Körper zurücklassen. So ist sie in der Lage, das letzte Leben vollständig zu verstehen. Der Herr des Todes hält den »Karma-Spiegel« hoch, in dem alle Taten des Lebens ehrlich reflektiert und in minutiösen Details wieder aufgegriffen werden. Sogar »Orte, an denen wir nicht mehr getan haben, als auf den Boden zu spucken« kommen mit voller Kraft in Erinnerung und Bewusstsein zurück und wir erleben die Emotionen und die Absichten jeder unserer Handlungen noch einmal. Sie stimmen überein, dass »alle Verurteilungen im Geiste stattfinden: Wir sind sowohl Richter als auch Angeklagter«.[1]

Warum Seelen zurückkehren

Hinter dem Prozess der Lebensrückschau steht ganz klar eine moralische Intelligenz. Aber der hohe moralische Standard wird nicht durch die Beurteilung der Geistführer oder irgendeiner anderen externen Autorität verhängt. Er ist selbst auferlegt. Die Seele gebraucht ihr eigenes Empfinden für richtig und falsch, um ihr vergangenes Handeln zu bewerten.

Die Ausgestaltung und der Ausdruck eines moralischen Standards scheint die treibende Kraft hinter der Reinkarnation zu sein, weil die Seele bestrebt ist, ein wahrhaft liebendes, mitfühlendes Wesen zu werden. Durch den Gebrauch ihres freien Willens macht sie möglicherweise große Schritte auf das Ziel zu in einem Leben, während sie im nächsten stolpert und hinfällt, wobei sie sowohl sich selbst als auch andere verletzt.

Die Schönheit dieses Prozesses liegt darin, dass er selbstkorrigierend ist. Jede Inkarnation bietet uns die Möglichkeit, unsere Fehler auszubügeln, *egal wie schmerzlich*, statt dass wir auf Ewigkeit für sie verdammt werden. Die Reinkarnation ist ein großer Gleichmacher. Indem wir unsere Körper und Lebenssituationen austauschen, erhalten wir zahllose Möglichkeiten, die Perspektive zu wechseln. Wir haben unbegrenzte Möglichkeiten, das, was wir über das menschliche Befinden lernen sollen – was auch immer es ist –, wirklich mit allen möglichen Betrachtungsweisen zu erfassen. Wenn wir beim letzten Mal Herausforderungen gegenüberstanden, die in einem Scheitern endeten, haben wir einen weiteren Versuch. Die meisten von uns können diese Lektionen nicht schnell oder einfach lernen. Wir brauchen mehrere Lebenszeiten.

Meine Lieblingsmetapher zur Beschreibung der Absicht der Reinkarnation stammt von Rabbi Omer-Man. Er verwendete sie, als er dem Dalai Lama das jüdische Konzept der Reinkarnation erklärte (zitiert in dem wunderbaren Buch *The Jew in the Lotus*):

> Jede Seele muss ein Lichtgewand erschaffen. In jeder Inkarnation ... erzeugen wir ein wenig mehr oder wir verringern es ein wenig – in Abhängigkeit von unserem Handeln. In manchen Inkarnationen richten wir mehr Schaden an, wir ziehen mehr Fäden heraus, in anderen Inkarnationen weben wir mehr Fäden hinein. Das Ziel ist es letztlich, das Gewand fertigzustellen.

So wie ich dieses Bild sehe sind wir, wenn das Gewand am Ende fertig ist, Lichtwesen im Einklang mit Gott.

Vergangenes Handeln zu berichtigen, seinen Charakter zu verbessern oder ein Sein mit mehr Liebe zu praktizieren kann nur vollbracht werden, während wir in einem menschlichen Körper inkarniert sind. Der Pfad zur Erleuchtung führt über die Erde und die Seele weiß das. Demzufolge besteht das Ziel der Lebensrückschau und des Planungsprozesses darin, eine Inkarnation auszusuchen, die das richtige Maß an Herausforderungen und Möglichkeiten zum Lernen und Wachsen bietet.

Die erste Entscheidung ist, ob man überhaupt inkarnieren soll. Es ist nicht zwingend so, dass jede Seele zur Erde zurückkehren muss, jedenfalls nicht sofort. In Dr. Wambachs Auswahl von 750 Klienten erinnerten sich 81 Prozent daran, dass sie sich aussuchen konnten, ob sie geboren werden oder im nicht-inkarnierten Zustand bleiben wollten. Obwohl sie sich ausgesucht hatten, geboren zu werden, gingen die meisten dem kommenden Leben zögernd entgegen. Sie betrachteten es eher als eine Pflicht, als etwas Unerfreuliches, das sie zugunsten ihrer spirituellen Entwicklung tun mussten, wie »den Boden wischen, wenn er dreckig ist« oder »sich zwingen, in ein Schwimmbecken zu springen«. Es ist nicht schwer, sich vorzustellen, dass eine Seele einen Ort der bedingungslosen Liebe und äußersten Schönheit nur ungern verlässt, um in eine unvollkommene Welt voll Mühe und Schmerz zurückzukehren. Aber das Verlangen der Seele nach Erleuchtung, ihre Sehnsucht nach der Einheit mit Gott ist stärker als alle Beschwernisse auf der Erde.

Wenn die Seele ihre derzeit vorhandenen spirituellen Bedürfnisse und Ziele überprüft und verstanden und die Entscheidung getroffen hat, auf die Erde zurückzukehren, ist sie bereit, ins Stadium der Planung für die nächste Inkarnation einzutreten. Es ist dann Zeit, ein neues Leben auszuwählen.

Ein Leben planen

Alle Rückführungsstudien sind sich darin einig, dass der Planungsprozess in Zusammenarbeit mit den Geistführern durchgeführt wird. Die Geistführer präsentieren der Seele Auswahlmöglichkeiten fürs nächste Leben. Das frühere Handeln der Seele – oder Karma – legt die Parameter und die Beschränkungen dieser Auswahlmöglichkeiten fest. Auf der Grundlage ihrer früheren Leistungen wird der Seele eine Auswahl von Leben angeboten, die sie das lehren werden, was sie als Nächstes zu lernen hat. Sie hat keine *unbegrenzte* Auswahl. Wenn das der Fall wäre, warum würde sich jemand dann wohl ein Leben voll Beschwernis und Tragik aussuchen?

Selbst wenn das Karma die Möglichkeiten begrenzt, hat die Seele immer noch die Wahl zwischen einer umwerfenden Anzahl an Leben. Die Koordination, die nötig ist, um das richtige auszusuchen, ist komplex – multidimensionale Faktoren müssen in komplizierten Verfahren ausbalanciert werden. Die Entscheidung muss nicht nur die Bedürfnisse der Seele in Betracht ziehen, sondern ihre Auswahl außerdem noch mit den Bedürfnissen und Plänen anderer Seelen übereinstimmen, denen sie sich anschließen möchte – besonders mit den Eltern. Auch wenn es mit unserem begrenzten Verständnis unmöglich ist, alle Variablen zu begreifen, die in die Entscheidung für eine Inkarnation einfließen, können wir uns einige der offensichtlicheren ansehen.

Zunächst muss die Seele sich überlegen, welchen physischen Körper sie braucht. Wir wählen bestimmte Körper für bestimmte Zwecke aus. Die Fallstudien legen nahe, dass physische Attribute ein Teil des Gesamtpaketes sind, das eine Seele schnürt, um das voranzutreiben, was sie im nächsten Leben lernen muss – was auch immer es ist. Die Wahl eines behinderten Körpers kann zum Beispiel den Fortschritt der Seele beschleunigen, indem dieser Körper die Möglichkeit bietet zu lernen, wie man Hindernisse überwindet oder indem er eine Konzentration auf den intellektuellen Fortschritt ermöglicht. Ein starker männlicher Körper kann eine gute Wahl sein, wenn die Seele etwas über Aggressionen oder Kriege lernen möchte. Ein schöner Körper in beiden Geschlechtern könnte Lektionen über Eitelkeit und Äußerlichkeiten erzwingen. Die Auswahl beinhaltet den Abgleich zwischen dem Wunsch, bei bestimmten Eltern zu sein – was das genetische Material festlegt, das sie bieten –, und der Notwendigkeit bestimmter physischer Merkmale. Vielleicht kann die Seele den sich bildenden Körper über die genetischen Chancen hinweg beeinflussen, wie die Muttermale und Geburtsfehler in Dr. Stevensons Fällen nahelegen.

Beziehungen sind zentral für unser Lernen und unser spirituelles Wachstum. Deshalb ist die geplante Wiedervereinigung mit bestimmten Seelen im kommenden Leben ein zentrales Element des Reinkarnationsplans. Alle Studien stimmen darin überein, dass wir oft mit Seelen gemeinsam inkarnieren, die uns in anderen Leben nahestanden. Möglicherweise wählen wir für die Rückkehr diejenigen aus, die unser Wachstum in der Vergangenheit gefördert und unterstützt haben. Es kann aber auch sein, dass wir zu jemandem zurückkehren, der uns verletzt oder schlecht behandelt hat, um so Vergebung zu lernen. Oder andersherum: Es mag sein, dass wir zu jemandem zurückkehren, den *wir* ungerecht behandelt haben, um so die Dinge geradezurücken und eine karmische Schuld zu begleichen.

Weil Beziehungen so wichtig und weil familiäre Beziehungen so intensiv sind, ist es sinnvoll, dass eine Seele viele, viele Gründe hat, zu der Familie zurückzukehren, die sie gerade erst verlassen hat. Das ist meiner Meinung nach der Grund dafür, dass die Reinkarnation in der Familie so verbreitet ist.

Die Auswahl der Eltern ist die wichtigste Entscheidung im Planungsprozess, weil sie die Voraussetzungen für die kommende Lebenszeit schafft. Es ist kein Wunder, dass sich kleine Kinder besser daran erinnern, wie sie ihre Eltern ausgesucht haben, als an jeden anderen Aspekt ihrer vorgeburtlichen Erfahrung. Sie erzählen ihren Eltern häufig, warum sie sie ausgesucht haben, wobei sie entweder behaupten, dass sie die

Entscheidung alleine getroffen haben oder dass sie mit der Hilfe von Geistführern bewerkstelligt wurde.

Eltern aussuchen

Es ist üblich, dass Kinder erzählen, wie aufgeregt sie waren, als sie ihre Eltern ausgesucht haben. Weil ich das so oft höre, habe ich den Verdacht, dass Eltern es ständig hören. Aber viele Eltern verpassen die Gelegenheit zu erfahren, warum sie ausgesucht wurden, weil sie die Bemerkungen ihrer Kinder als lebhafte Fantasie oder als niedliche Episode abtun.

Jessas Eltern allerdings konnten ihre Aussagen nicht überhören. Sie sprach ständig über den Himmel:

> Wir sind keine religiöse Familie, aber seit sie zwei ist, erzählt Jessa uns Geschichten von Gott. Sie sagte, bevor sie geboren wurde, war sie Gottes Tochter und saß an seiner Seite. Sie sagte, dass sie uns als Eltern ausgesucht habe, bevor sie geboren wurde, weil wir jemanden wie sie in unserem Leben brauchten!
>
> Sie sagte, dass sie andere Eltern hatte, bevor sie Gottes Tochter wurde. Ihre Namen seien Michael und Susan gewesen und sie seien in einem Feuer getötet worden. Sie beschrieb ein kleines Holzhaus. Sie spricht ohne Ende über den Tod und dass wir keine Angst zu haben brauchen. Sie sagt uns, dass wir wegen ihrer Großeltern, die vor Kurzem starben, nicht traurig sein sollen, weil sie nun an einem schönen, fröhlichen Ort sind.

Die folgende Geschichte ist die reine Rückerinnerung einer reuevollen Seele, die nun im Körper einer Dreijährigen ist. Sie ist ein rührendes Beispiel für eine Seele, die zurückkam, um etwas wiedergutzumachen, das sie Jahre zuvor jemandem angetan hatte. Ihre Mutter Carrie beschrieb mir während eines Telefonats, was geschehen war:

Ich saß auf der Couch und las, als Amanda hereinkam und aus heiterem Himmel sagte: »Mami, weißt du noch, vor langer, langer Zeit, bevor du geboren wurdest?«

Ich ließ das Buch sinken und widmete ihr meine volle Aufmerksamkeit. »Nein«, sagte ich. Sie legte sich bäuchlings auf den Couchtisch, neigte den Kopf und sah mich an. In sehr ernstem Ton informierte sie mich: »Ich habe dich umgebracht!« So sachlich, wie es nur möglich ist.

Ohne Überraschung oder Ungläubigkeit zu zeigen, fragte ich: »Tatsächlich? Warum?«

Sie sagte: »Ich war so böse auf dich.« Ihr Gesicht nahm einen ganz traurigen Ausdruck an und sie kam zu mir auf die Couch und kuschelte sich an mich.

Ich fragte: »Wie hast du mich umgebracht?«

»Mit einer Schrotflinte.«

Das hatte ich nicht erwartet! Ich war neugierig, wie sie all das empfand, und fragte: »Nun, wenn es das ist, was passiert ist, was machen wir dann jetzt?«

Ihre Antwort ließ mich frösteln. »Mama, es tut mir leid um dich. Ich wollte wieder deine Freundin sein. Ich werde das nie wieder tun. Jetzt möchte ich einfach nur in deiner Familie sein.« Da erst wurde mir klar, dass sie mir das schon einige Nächte zuvor zu sagen versucht hatte.

Wir haben eine phänomenale Beziehung. Wir stehen uns sehr, sehr nahe. Aber jetzt, wo ich darüber nachdenke, kommen mir einige Gelegenheiten in den Sinn, bei denen Amanda eigentlich keinen Grund hatte, traurig zu sein, aber dennoch sagte: »Es tut mir so leid um dich. Lass mich deine Hand halten.« Jetzt, wo sie gestanden hat, mich in einem vergangenen Leben umgebracht zu haben, passen alle Puzzlestücke zusammen. Ich glaube, dass sie sich die ganze Zeit schon mit mir versöhnen und mir sagen wollte, wie leid es ihr tut. Jetzt ist es klar. Sie ist ganz aufgewühlt wegen dem, was sie getan hat!«

Ich erinnere mich, dass ich in *Mama, ich war schon einmal erwachsen!* gelesen habe, dass Eltern ihren Kindern dabei helfen können, ihre Erinnerungen an das vergangene Leben zu verarbeiten. Ich habe das Buch in Teilen noch einmal gelesen und verstanden, was ich zu tun habe. Einige Abende später, als wir uns vor der Schlafenszeit noch ein wenig entspannten, sagte ich so beiläufig wie möglich: »Amanda, erinnerst du dich an die Zeit, bevor *ich* geboren wurde?«

Sie sagte: »Ja, aber ich will nicht darüber sprechen. Ich war ein sehr, sehr böser Mann. Und das macht mich sehr traurig.«

Ich versicherte ihr: »Amanda, wenn es dich traurig macht, ist das okay. Ich möchte nur, dass du verstehst, dass ich dir für alles, was passiert ist, vergebe. Wir sind jetzt in einem anderen Leben. Ich liebe dich sehr und du bist jetzt meine Tochter.«

Sie schlang ihre Arme um mich und sagte: »Mama, ich habe dich so lieb.«

Ihre großen blauen Augen blickten tief in meine und sagten mir, dass sie verstanden hatte. Und das war's. Sie wechselte das Thema. Aber ich saß da und war völlig fassungslos. Ich wusste sofort, dass das, was sie gesagt hatte, wahr war. Seltsamerweise habe ich immer geglaubt, dass ich in einem früheren Leben ermordet wurde, aber ich habe das weder ihr noch einem anderem gegenüber jemals erwähnt.

Sie sagte nie wieder etwas davon, dass es ihr um mich leid tat.

Gute Pläne, schlechte Pläne, keine Pläne

Nicht alle Seelen nehmen auf die gleiche Weise am Planungsprozess teil. Manche sind aktiv beteiligt und suchen sich das Leben sorgfältig aus, andere sind passiv und treiben ohne große Vorbereitung in ihre nächsten Leben. Manche scheinen nie aus der Schwingung der Erde auszutreten und wandern ziellos umher, bis sie in eine passende Gebärmutter hinabsinken. Es handelt sich nicht um einen einheitlichen oder vorhersehbaren Prozess, der einem bestimmten Schema folgt. Und der Prozess ist definitiv nicht für jede Seele gleich.

Eine gute Analogie zur Veranschaulichung ist die College-Wahl von Teenagern. Einige bringen sich voll in die Entscheidung ein. Sie beginnen lange im Voraus mit der Planung, lernen hart, um die Noten zu bekommen, mit denen sie eine gute Schule besuchen können, und recherchieren Informationen zu Dutzenden Colleges und Universitäten, um die Institution auszuwählen, die ihren Bedürfnissen am besten gerecht wird. Dann gibt es die Schüler, die passiv sind und bis zur letzten Minute nicht einen Gedanken ans College verschwenden. Sie besuchen am Ende das College, das in der Nachbarschaft liegt, oder das, das ihre Eltern für sie ausgesucht haben. Manchmal suchen sie sich ihre Schule auch aus trivialen Gründen aus – weil ihr Freund dorthin geht oder weil das Football-Team des Colleges es letztes Jahr in die Play Offs geschafft hat. Die meisten Schüler liegen irgendwo zwischen diesen beiden Extremen. Das Ausmaß der Planung, die eine Seele leistet, wenn sie ein Leben auswählt, variiert in der gleichen Art und Weise.

Es scheint, als ob das Ausmaß der Planung beim Aussuchen eines Lebens davon abhängt, wie reif und bewusst die Seele ist. Studien sind sich einig, dass fortgeschrittene Seelen mehr Zeit damit verbringen, im Jenseits zu lernen und Pläne für die nächste Inkarnation abzuwägen, als es weniger reife Seelen tun. Da die fortgeschrittenen Seelen eine höhere Stufe an Lektionen und Fertigkeiten auf der Erde bewältigt haben, haben sie die Einsicht, um anspruchsvollere und feiner abgestimmte Pläne zu ersinnen. Die weniger fortgeschrittenen »Anfängerseelen« dagegen eilen durch das Zwischenleben, ohne genauer darüber nachzudenken, was sie tun, und hüpfen in den nächstbesten Körper zurück, der ihnen gut genug erscheint. Diese Leben haben im Vergleich mit denen, die sorgfältig geplant wurden, eine geringere Chance, produktiv zu sein. Bei den ungeplanten Leben ist die Wahrscheinlichkeit höher, dass sie eintönig und bedeutungslos oder chaotisch werden oder dass das Individuum von Herausforderungen überwältigt wird, für deren Bewältigung es nicht ausgestattet ist.

Die tibetischen Buddhisten sind sich einig, dass die Auswahl für das kommende Leben umso besser getroffen wird, je bewusster eine Seele ist. Sie sagen, eine spirituell entwickelte Seele kann ihre Inkarnation lenken und den Ort und die Familie ihrer Wiedergeburt auswählen. Sonst, so ist ihre Überzeugung, wird das Karma die Wahl bestimmen und die Seele wird wie von einem Magneten von der Gebärmutter angezogen, die den Schwingungen all ihrer vergangenen Erfahrungen entspricht. Sie weisen den Reisenden, der die Landschaft nach dem Ort für seine Geburt absucht, darauf hin, dass der richtige Ort, um geboren zu werden, »am Auffälligsten leuchtet, wie ein Leuchtturm.«[2]

Nur 26 Prozent der von Dr. Wambach Befragten hatten das Gefühl, dass sie ihre Leben sorgfältig geplant hätten und eifrig auf den Startschuss warteten. Sie fügten hinzu, dass sie zuversichtlich waren, dass die Geistführer ihnen weiterhin mit innerer Anleitung zur Seite stehen würden, wenn sie dies im nächsten Leben brauchten. Die Mehrheit der Befragten war jedoch nicht so zuversichtlich oder aufgeregt. Sie hatten sich nicht gewünscht, geboren zu werden, und sträubten sich gegen die Geburtserfahrung. Diese Seelen fühlten sich im Stadium des Zwischenlebens einfach zu wohl und wollten es nicht verlassen. Eine bemerkte: »Ja, ich wollte geboren werden, aber ich habe es nicht selbst arrangiert. Es war eher so, als ob ein Reiseunternehmen mir eine Tour zusammenstellt.« Und dann gibt es einige – ungefähr drei Prozent in Dr. Wambachs Studie –, die berichteten, dass sie gegen den Rat ihrer Geistführer aufgebrochen waren, weil sie ungeduldig oder impulsiv waren und sich dazu verpflichtet gefühlt hatten, in einen Körper zurückzukehren.[3]

Der Schwur mit dem kleinen Finger

Eine gute Freundin von mir erzählte mir diese Geschichte über ihre Tochter und ihre Nichte, die Kusinen sind und gleichzeitig untrennbare Freundinnen. Die Geschichte zeigt, welch starken Einfluss die Geistführer haben, wenn die Seele Zeit und Ort ihrer Rückkehr festlegt.

Unsere Babysitterin Rebecca kam vom Strand unseres Sommerhauses in Maine herauf, das wir uns immer mit der Familie meines Bruders teilen. Kopfschüttelnd verkündete sie: »Die Mädchen leben echt in ihrer eigenen Welt! Die Geschichten, die sie aushecken, sind ganz schön schräg. Aber ich hab mich mit dem Kleinfinger-Schwur verpflichtet, nichts zu sagen, so dass ich dir die Geschichte nicht erzählen kann.«

Rebecca sprach über meine siebenjährige Nichte Sarah und meine ein Jahr jüngere Tochter Charlotte. Ich lächelte, als ich vom neuesten Kreativitätsschub der beiden hörte. Obwohl sie sich nur zwei oder drei Mal im Jahr sahen, klebten sie aneinander wie Pech und Schwefel und waren stets zu jedem Schabernack bereit. Eigentlich waren sie eher wie Schwestern als wie Kusinen und so auf einer Wellenlänge, dass sie ihre verbale Kommunikation häufig auf ein Minimum beschränkten.

Ich war neugierig auf ihre neueste Geschichte und brauchte eine Pause vom Spülen, also trocknete ich mir die Hände ab und ging hinunter zum Strand, um genauer zu erfahren, was sie jetzt wieder ausheckten. Ich fand sie zwischen dem letzten Fleck mit violetten Lupinen und der felsigen Küste. Sie waren komplett identisch gekleidet – beide trugen pinkfarbene Kleider, pinkfarbene Stirnbänder und weiße Turnschuhe. Sie kicherten über irgendetwas.

»Na, meine lieben Kinder«, unterbrach ich sie. »Rebecca sagte, ihr denkt euch wieder ein paar tolle Geschichten aus. Vielleicht erzählt ihr mir ja eine, denn sie sagte auch, dass sie den Kleinfinger-Schwur abgelegt hat. Sie würde mir nicht mal erzählen, was ihr ihr anvertraut habt, wenn ihr Leben davon abhinge!«

Auf diese Bitte hin erstarrten die Mädchen. Sie starrten einander an und kamen nach einer sich lange hinziehenden Minute zu einer stillschweigenden Einigung: Charlotte würde sprechen.

Sie flüsterte: »Mama, das ist schwer zu erklären. Ich weiß nicht, ob ich es so ausdrücken kann, dass du es verstehst.«

Ich flüsterte zurück: »Versuch's einfach.«

»Tja, nur Sarah und ich, und jetzt auch Rebecca, wissen davon, also musst du uns versprechen, es niemandem zu erzählen.«

»Ja«, ergriff Sarah das Wort, »du musst auch den Kleinfinger-Schwur ablegen.«

Ich streckte die kleinen Finger beider Hände aus, hakte sie in ihre und schwor strikte Geheimhaltung.

Charlotte war mit unserem Pakt zufrieden und begann: »Jetzt reg dich nicht auf, Mama, das ist nämlich ganz schön merkwürdig.«

Ich nickte zur Bestätigung, damit sie fortfuhr.

»Bevor Sarah und ich in dieses Leben kamen, sollten wir eigentlich zusammen hierher kommen. Wir waren Zwillinge und wir sollten in Tricias Bauch. (Dem meiner Schwägerin.) Kurz bevor wir kamen, hielt mich diese eine Person zurück. Erinnerst du dich an ihn, Sarah? Weißt du noch, was er zu mir sagte?«

Sarah nickte ernst und meinte: »Er hat dir erklärt, dass du nicht zur Welt kommen kannst. Dass es noch nicht deine Zeit sei, aber dass er es so einrichten würde, dass wir uns immer nahe sein könnten. Er sagte, du müsstest warten, und wir waren so erschrocken. Doch schau – hier sind wir! Er hat sein Versprechen gehalten!«

Die Mädchen umarmten sich, während ich über ihre kurze, aber verblüffende Geschichte nachdachte. Ich wusste genug über Reinkarnation – und ihre unglaubliche Verbindung –, um die Stichhaltigkeit ihrer Erklärung und die Wahrheit ihres Berichts zu akzeptieren. Ich bedankte mich bei ihnen. Als ich wieder zum Haus hoch lief, wurde mir klar, dass ich eine der ungewöhnlichsten »Kindermund-tut-Wahrheit-kund«-Geschichten verpasst hätte, wenn ich nicht empfänglich für ihre Erzählung gewesen wäre.

Auf der Erde herumhängen

Dr. Stevensons Erkenntnisse stimmen grundsätzlich mit denen der Rückführungsstudien und der tibetischen Buddhisten überein. Er hat Hinweise darauf gefunden, dass manche Seelen sich die Umstände ihrer nächsten Inkarnation aussuchen. Und er ist ebenfalls der Meinung, dass die Auswahl eine große Bandbreite aufweist – von Fällen, in denen die Seelen triviale oder gar keine Gründe für ihre Wahl haben bis hin zu Fällen, in denen es klare Hinweise auf eine durch willentlich herbeigeführte Entscheidung gibt. In einigen seiner verifizierten Fälle können die Gründe für die Wahl aus den Umständen des vorherigen Lebens abgeleitet werden.

Seine vielen Fälle von Reinkarnation in der Familie bestärken die Schlussfolgerung, dass Reinkarnation *kein* willkürlicher Prozess ist. Er schlussfolgert, dass *irgendetwas* die Seele in die Familie zurückgezogen hat. Dr. Stevenson vermutet, dass Liebe und Vertrautheit ein Band schaffen – er nennt es eine »seelische Kraft«, die als Attraktor agiert, der der nicht inkarnierten Person hilft, ihren Weg zurück in die Familie zu finden. Es kann auch andere Attraktoren geben: das Bedürfnis, eine nicht vollendete Aufgabe zu erfüllen, die Affinität zu einem bestimmten Ort oder auch eine nicht abgegoltene Schuld.

Einige von Stevensons Fällen beinhalten Beispiele von Seelen, die überhaupt keine Planung durchführen, was das bestätigt, was Reinkarnationstherapeuten herausgefunden haben. In diesen Fällen bleiben die Seelen nach dem Tod des Menschen auf der Erde – in der Nähe des Ortes, an dem der Tod eintrat. Sie hängen manchmal jahrelang am gleichen Ort herum und scheinen alle täglichen Aktivitäten der Menschen in der Umgebung wahrzunehmen. Es kann sogar sein, dass sie versuchen, mit den Menschen in der Nachbarschaft in Kontakt zu treten, ganz ähnlich wie Geister. Das geht so lange, bis der körperlose Geist eines Tages eine Mutter oder einen Vater entdeckt, von dem er sich angezogen fühlt. Er folgt ihnen nach Hause und wird als ihr Kind wiedergeboren. Zunächst hört sich das zu absurd an, um wahr zu sein – es ist einfach, zu denken, dass das Kind das alles erfindet. Aber Dr. Stevenson untermauert die Aussagen, indem er sich bestätigen lässt, dass ein Elternteil sich kurz vor der Empfängnis des Kindes genau an dem Ort aufgehalten hat, an dem das Kind seiner eigenen Aussage nach »herumhing«.

Die nächsten zwei Fälle stammen aus den Publikationen von Dr. Stevenson und veranschaulichen das überraschende Phänomen:

Ein thailändischer Zweijähriger namens Bongkuch erklärte seinen Eltern, dass sein Name in Wahrheit Chamrat sei und er in einer Stadt lebte, die neun Kilometer von seinem jetzigen Wohnort entfernt lag. Er sagte, dass er als Chamrat ausgeraubt und getötet worden sei. Nach seinem Tod habe er sieben Jahre lang in einem Baum unweit der Stelle gesessen, an der der Mord geschehen war. Eines regnerischen Tages habe er seinen jetzigen Vater gesehen und sei ihm im Bus nach Hause gefolgt. Sein Vater, ein Schuldirektor, erinnerte sich, dass er, kurz bevor seine Frau mit Bongkuch schwanger geworden war, an einem Meeting in der Stadt teilgenommen hatte, in der sein Sohn eigener Aussage nach getötet worden war. Er erinnerte sich auch daran, dass es an diesem Tag geregnet hatte. Chamrat traf noch viele andere Aussagen, die bestätigten, dass er sich an das Leben eines Mannes erinnerte, der in dieser Stadt ausgeraubt und getötet worden war.[4]

Ein burmesisches Kind, U Tinn Sein, erinnerte sich an das Leben eines japanischen Soldaten, der während des

Zweiten Weltkriegs in Burma gekämpft hatte. Er hatte mit seinem Gewehr auf ein tieffliegendes, feindliches Flugzeug geschossen, als das Maschinengewehrfeuer des Flugzeugs ihn in die Brust traf. (U Tinn war mit einem Muttermal auf der Brust geboren worden.) Nach seinem Tod sei er in der Umgebung einer benachbarten Pagode geblieben und habe sich damit vergnügt, Steine auf vorbeifahrende Ochsenkarren zu werfen. (Dr. Stevenson zufolge ist Steinewerfen kein ungewöhnlicher Zeitvertreib für nicht inkarnierte Wesen.) Eines Tages habe er seinen Vater in einem Ochsenkarren vorbeifahren sehen, sich von ihm angezogen gefühlt und sei ihm nach Hause gefolgt. Der Vater bestätigte, dass er im Zeitraum vor der Empfängnis seines Sohnes oft in dieser Gegend gewesen war, um Brennholz zu sammeln.[5]

Sein ist Glaube

In Dr. Stevensons Fällen zeichnet sich noch ein weiteres verblüffendes Muster ab. Bis hierher haben wir gesehen, wie Seelen sich ihre nächste Inkarnation aussuchen und sie planen, während sie im Himmel sind. Aber Dr. Stevenson hat Hinweise darauf gefunden, dass das, was wir *vor* dem Tod glauben, unsere nächste Inkarnation genauso beeinflussen kann. Dieser Gedanke hat immense Auswirkungen – sowohl auf uns als Individuen als auch auf den Reinkarnationsprozess im Allgemeinen.

Der Glaube, der von den Angehörigen einer bestimmten Kultur geteilt wird, beeinflusst die Reinkarnationsmuster innerhalb dieser Kultur. In Burma und Thailand glauben zum Beispiel viele Menschen, dass es möglich ist, im nächsten Leben das Geschlecht zu wechseln – ein Mann in einem Leben reinkarniert im nächsten als Frau und umgekehrt. Konsequenterweise findet Dr. Stevenson in diesen Kulturen mehr Fälle mit Geschlechtertausch als üblich. Andere Kulturen – zum Beispiel die Drusen im Libanon und die Tlingit in Alaska – glauben *nicht*, dass es möglich ist, von einer Reinkarnation zur nächsten das Geschlecht zu wechseln. In diesen Völkern werden nur wenige Fälle von Geschlechtertausch registriert. Die Drusen glauben auch, dass eine Person sofort reinkarnieren muss und dass zwischen Tod und Geburt nicht einmal der Abstand einer Minute liegen darf. Viele von Dr. Stevensons Fällen, in denen der Abstand zwischen Tod und Geburt weniger als neun Monate beträgt, werden bei den Drusen entdeckt. Dr. Stevenson vermutet, dass der Glaube in Fällen wie diesen wie eine Art posthypnotischer Auftrag auf die inkarnierende Seele einwirkt.[6]

Der Glaube beeinflusst auch die Häufigkeit von Reinkarnation in der Familie. In Kulturen, die glauben, dass es üblich ist, im nächsten Leben zur Familie zurückzukehren – bei den Burmesen, den Igbo in Nigeria, den Gitksan in British Columbia und den Tlingit in Alaska –, ist Reinkarnation in der Familie eher die Regel als die Ausnahme. In Sri Lanka dagegen, wo nicht angenommen wird, dass eine Seele in die gleiche Familie zurückkehren kann, werden beinahe keine Fälle von Reinkarnation in der Familie registriert.[7]

Wenn Glaube und Intention sich auf die Muster auswirken können, die in einer Kultur vorherrschen, können sie dann auch das Resultat einer individuellen Reinkarnation beeinflussen? Ja, das können sie.

Die tibetischen Buddhisten sind davon überzeugt. Sie haben eine Tradition, in denen ihre höchsten, spirituell am weitesten fortgeschrittenen Lehrer – oder *Lamas* – prophezeien, wo sie wiedergeboren werden. Seit Jahrhunderten ist die Abfolge der Dalai Lamas das beste Beispiel dafür. Vor ihrem Tod teilen hohe Lamas ihren Schülern ihre Prophezeiungen in symbolischer Weise mit. Wenige Jahre nach ihrem Tod nutzen die Schüler die Hinweise, um junge Kandidaten ausfindig zu machen, Kinder, die zwei bis fünf Jahre alt sind, und jedes von ihnen einem Erinnerungstest zu unterziehen. Das richtige Kind hat detaillierte und fehlerfreie Erinnerungen an das Leben des verstorbenen Dalai Lama. Es wird sich außerdem als spirituelles Wunderkind erweisen, indem es in der Lage ist, Schriften zu deuten und Rituale auszuführen, die es im vergangenen Leben leitete. Die Buddhisten glauben, dass nur die spirituellen Meister, die mit speziellen Methoden und Lehren vertraut sind, ihre nächste Inkarnation so präzise vorhersagen können.

Aber Dr. Stevenson hat herausgefunden, dass nicht nur die spirituellen Meister ihre nächste Inkarnation vorhersagen und steuern können. Einige Kulturen, besonders die Tlingit aus Alaska, sehen es als erwiesen an, dass jede Person *vor* ihrem Tod auswählen und vorhersagen kann, wo sie wiedergeboren wird. Dr. Stevenson präsentiert eine Reihe von Fällen, in denen eine ältere Person einer jungen weiblichen Person im gebärfähigen Alter ankündigt, dass sie bei ihr wiedergeboren werden möchte. Und den Hinweisen nach zu urteilen ist das genau das, was passiert. Das Kind, das diese Mutter bekommt, zeigt Hinweise – Äußerungen, Verhaltensweisen und Muttermale – auf den verstorbenen Verwandten.

Der Fall von Corliss Chotkin junior vom Volk der Tlingit von Alaska ist ein Beispiel dafür:

Ein Jahr bevor Victor Vincent starb, sagte er seiner Nichte Irene Chotkin, dass er hoffte, als ihr Sohn wiedergeboren zu werden. Er erklärte ihr, dass er glaubte, sie würde ihm eine gute Mutter sein, besser als die anderen Kandidatinnen in der Familie. Außerdem glaubte er, dass seine geliebte Schwester bereits als Irenes Tochter wiedergeboren worden war, und er wollte wieder mit ihr zusammen sein. Victor sagte Irene, dass sie ihn erkennen würde, wenn sie nach Muttermalen Ausschau hielt, die zwei Operationsnarben entsprachen, die er ihr zeigte – eine nahe am Nasenbein und die andere auf dem oberen Teil seines Rückens.

Achtzehn Monate nach Victors Tod bekam Irene einen Sohn, den sie Corliss nannte. Bei seiner Geburt bemerkte sie, dass er zwei Muttermale hatte, die exakt den Narben entsprachen, die ihr Onkel ihr gezeigt hatte. Als Corliss sprechen lernte, versuchte Irene ihm beizubringen, seinen Namen zu wiederholen. Er bestand darauf, dass sein Name in Wirklichkeit »Kahkody« sei, was der Stammesname von Victor gewesen war. Als Corliss zwei Jahre alt war, erkannte er spontan einige Menschen aus Victors Leben, einschließlich seiner Witwe, und erinnerte sich genau an Ereignisse aus Victors Leben, von denen ihm niemand je erzählt hatte. Corliss zeigte auch Verhaltensweisen, die denen von Victor ähnelten. In einem sehr jungen Alter hatte er die Fähigkeit, Maschinen zu reparieren, womit Victor Geld verdient hatte. Aufgrund all dieser Zeichen glaubte die Familie, dass Victors Vorhersage wahr geworden und er tatsächlich als ihr Sohn wiedergeboren worden war.[8]

Der Engel des Vergessens

Wir alle haben den Prozess des Planens und Aussuchens unseres Lebens vollständig durchlaufen. Warum erinnern sich nicht mehr von uns zumindest an einen Teil davon? Das ist ein altes Rätsel und verschiedene philosophische Traditionen haben durch die Jahrhunderte ihre eigenen Mythen geschaffen, um zu erklären, wie es zu dem Vergessen kommt.

Im alten Griechenland schrieb Plato, dass Seelen aus dem Fluss des Vergessens trinken, dessen Wasser »kein Gefäß zu fassen vermag«. Sobald die Seele das Wasser trinkt, vergisst sie alles über das Jenseits.[9]

Ein mittelalterlicher jüdischer Text namens *Die Erschaffung des Universums* beschreibt die behutsame Arbeit des Engels des Vergessens:

> Schließlich kommt für die Seele die Zeit, auf die Welt zu kommen. Sie geht nur widerstrebend, aber der Engel berührt das Baby an der Nase, löscht das Licht über dem Kopf aus und sendet es hinaus in die Welt. Sofort vergisst die Seele alles, was sie gesehen und gelernt hat und betritt die Welt weinend, da sie soeben einen Ort der Zuflucht, der Erholung und der Sicherheit verlassen hat.[10]

Dieser Engel des Vergessens berührt uns anderen Geschichten zufolge kurz bevor wir geboren werden an der Oberlippe und hinterlässt eine kleine Einkerbung. Die Berührung des Engels löscht alle Erinnerungen an unsere himmlische Heimat und an die Gründe, aus denen wir dieses Leben ausgesucht haben, aus. Dieser Erinnerungsverlust dient einem wichtigen Zweck. Dem Rückführungstherapeuten Dr. Joel Whitton zufolge »erlaubt er es dem Individuum, das neue Leben ohne Störung durch verwirrende Echos vergangener Taten oder Verbrechen zu beginnen«.[11]

Dennoch ist die Amnesie manchmal nicht vollständig und manche Erinnerungen an den Himmel sickern durch. In der folgenden Geschichte erinnert sich ein vierjähriger Junge an eine Schlüsselsituation im Verlauf der Planung seines Lebens, die er seinem Vater mitteilte. Viele Jahre später half diese Information seinem Vater, nach einer unfassbaren Tragödie mit seiner Trauer umzugehen.

Sich an den Plan erinnern

David Schultz war ein international gefeierter Ringer, der vier Mal die U.S. Nationals und 1984 eine Olympiamedaille gewann. Wegen seiner Liebe zum Sport und seiner Lebenslust wurde er von Menschen in der ganzen Welt, die ihn kannten, als Botschafter der Freundschaft gesehen. Sogar seine Gegner, besonders die Russen, mochten David.

Am 26. Januar 1996 wurde David von John Du Pont, dem Erben des Du Pont-Vermögens, ermordet. John war der Sponsor eines Ausbildungszentrums für Ringer in der Nähe von Philadelphia, wo David sieben Jahre lang als Ausbilder gearbeitet hatte.

Hunderte besuchten den Gedenkgottesdienst für David in Philadelphia. Sein Vater, Philip, erzählte diese Geschichte in seiner Rede. Ich hörte später von einer Freundin, die dort gewesen war, dass alle Anwesenden in andachtsvoller Stille zuhörten, als Philip diese Geschichte erzählte. Wellen von Emotionen schwappten durch das Publikum. Niemand blieb von der Geschichte unberührt.

Philip schrieb mir die ganze Geschichte auf, so dass ich sie mit Ihnen teilen kann:

Als meine Schwiegertochter mich am 26. ungefähr nachmittags um drei anrief, um mir mitzuteilen, dass David tot war, brach ich schockiert und ungläubig zusammen und schluchzte das vorhersagbare *Warum?* heraus.

Zum Glück war eine Freundin von mir da, um mich zu trösten. In meiner Qual wiederholte ich immer wieder die gleichen Fragen. Alles, was ich wusste, war, dass ich meinen Sohn verloren hatte – die wertvollste Seele, die ich jemals gekannt hatte. Er war mehr als mein Sohn, wir pflegten auch eine wunderbare Freundschaft.

Mitten in meinem seelischen Schmerz erinnerte ich mich plötzlich an eine Geschichte, die David mir mitgeteilt hatte, als er erst vier Jahre alt gewesen war. Ich erinnerte mich, dass ich zu der Zeit, als er mir diese besondere Vision mitteilte, völlig in seinen Worten versank und es bewunderte, wie detailliert und reif sein Bericht war.

Ich habe diesen Moment nie vergessen. Und jetzt, 32 Jahre später, hat er mich und Davids ganze Familie sowie eine Vielzahl von Freunden sehr getröstet. Ich bin überzeugt davon, dass seine Geschichte uneingeschränkt wahr ist und dass ich dazu bestimmt war, sie zu hören, mich an sie zu erinnern und sie jetzt zu erzählen, denn sie ist erlösend, anregend, eindrucksvoll und wunderbar.

Vor 32 Jahren gingen David und ich Hand in Hand in einem Mammutbaumwald in der Nähe unseres Hauses in Kalifornien spazieren. Ich erinnere mich, dass ich grenzenlose Freude an diesem gemeinsamen Moment hatte. Ab und zu stolperte er, aber er ging unerschrocken weiter.

Nachdem er zum zweiten Mal gestolpert war, hielt er meine Hand stärker fest. Dann hielt er an und sagte mit weit aufgerissenen Augen: »Ich muss dir ein sehr, *sehr* großes Geheimnis erzählen!«

»Oh, gut«, antwortete ich und genoss seinen Enthusiasmus und sein Vertrauen. »Ich *liebe* Geheimnisse.«

»Aber«, fügte er mit warnendem Ton in der Stimme fort, »du musst versprechen, dass du es niemandem erzählst.« Ich versprach es. »Und du darfst nicht über mich lachen.«

»Ich würde nie über dich lachen. Niemals!« Ich wollte diesen besonderen Moment nicht unterbrechen.

»Weil« – und David wurde sehr ernst – »das ist passiert, bevor ich geboren wurde und es war oben im Himmel – da oben in den Wolken.«

Ich erinnere mich daran, wie ich nach Luft schnappte, als er mir das sagte. Ich bin sicher, dass mein Mund vor Verblüffung und Erwartung weit offen stand. »Nun, mein Liebling, was ist denn passiert?«

»Na ja, weißt du, da waren diese zwölf Männer.«

»Zwölf Männer?«, fragte ich ungläubig. »Du hast sie tatsächlich gezählt? Eins, zwei, drei, vier und so weiter?«

David nickte. »Mhm, es waren zwölf. Ich habe sie gezählt.« In diesem Moment schien er ein ganzes Stück älter zu sein als seine vier Jahre. Er fuhr fort, seine Augen strahlten vor Freude. »Und sie saßen im Kreis. Als ob sie um eine Wolke oder um einen Tisch herumsäßen, aber ich habe keinen Tisch gesehen. Ich konnte sehen, dass sie Gesichter hatten, aber sie hatten keine Körper.«

David guckte mich einfach weiter an mit einer Art Honigkuchenpferd-Lächeln. »Also, was ist passiert, David? Erzähl es mir, ich kann es kaum noch aushalten.«

»Tja«, es sah aus, als ob er seine Wangen einsaugte, »tja, einer von ihnen hat gesprochen. Niemand anders sagte etwas. Und sie sahen alle irgendwie alt aus. Aber der Mann, der sprach, sah aus, als ob er der älteste sei.«

»Und was sagte er?«

»Oh, er sagte mir, dass ich nach da unten müsste.« Er machte eine Fingerbewegung, die klarstellte, dass »da unten« auf der Erde war. Er fuhr fort: »Nach da unten – ich musste nach unten gehen, weil ich getestet werden sollte.« Er wiederholte sich. »Ich meine, ich musste nach da unten gehen, um getestet zu werden.«

»David, diese Geschichte ist so wunderbar. Aber ich bin neugierig«, sagte ich, als wir unter einem der größten Mammutbäume entlanggingen. »Wirst du den Test bestehen?«

David hielt meine Hand nun etwas lockerer, während wir den Weg entlangtrotteten. Er lächelte mich fröhlich an. »Oh, ja.«

»Oh, gut!«, antwortete ich und atmete endlich wieder aus.

Das nächste Stück gingen wir schweigend. Dann hielt er an und guckte mich freudestrahlend an: »Aber ich werde nicht lange hier sein.«

Und an diesem Punkt ließ er meine Hand los und ging alleine spielen. Mich ließ er zurück, um über diese außergewöhnliche Parabel zu grübeln. Ich habe sie nie wieder erwähnt, so wie ich es versprochen habe. Bis heute.

Es ist unnötig zu erwähnen, dass diese Geschichte die ganze sinnlose, überwältigende Tragödie mit Frieden und einem Gefühl des *Wissens* umhüllt hat. Und ich werde nie aufhören, David dafür dankbar zu sein, dass er mir diese Geschichte mitgeteilt hat. Niemals.

7

Kehrtwende im Mutterleib

Dann sprang Sam aufs Bett und begann, mit Hilfe seiner Finger aufzuzählen: »Zuerst war ich in Tante Mollys Bauch, aber ich wurde nicht geboren. Dann habe ich versucht, in Tante Mollys Bauch zurückzukommen, aber Sophie war schon dort und war mir im Weg. Also habe ich versucht, sie rauszuschubsen. Dann bin ich in deinen Bauch gekommen und dann wurde ich geboren.« Er hielt inne und sagte schließlich ganz ernst: »Ich habe mich sehr angestrengt, um hierherzukommen, Mama!«

Wir wissen alle, wie es ist, Pläne zu machen und dann gezwungen zu sein, diese Pläne aufzugeben, weil sich die Umstände ändern oder wir es uns anders überlegen. Überraschenderweise kann dies auch Seelen passieren, die planen, wiedergeboren zu werden. Manchmal ändern sich ihre Pläne und sie vollziehen eine schnelle Kehrtwende im Mutterleib. Und das kann *zu jeder Zeit* während der neunmonatigen Schwangerschaft geschehen. Die Hinweise in den folgenden Geschichten legen nahe, dass die Pläne für das kommende Leben nicht festgelegt oder unumstößlich sind, selbst wenn sie im Zeitraum zwischen den Leben sorgfältig erstellt wurden.

In unserer einfachen erdgebundenen Perspektive werden diese Planänderungen durch medizinische Fachbegriffe wie *Fehlgeburt* und *Totgeburt* beschrieben. Menschen, die eine solche Erfahrung selbst noch nicht gemacht haben, können nicht verstehen, wie sehr sich eine Fehl- oder Totgeburt wie ein Tod anfühlt, wie unbegreiflich der Verlust für die Eltern ist, die um ein Kind beraubt werden, das sie nie kennenlernen durften. All ihre wunderbaren Träume und Hoffnungen auf eine liebevolle Gemeinschaft mit dem Baby lösen sich in Luft auf. Zu all dem Schmerz kommt noch hinzu, dass sie sich unabhängig von den medizinischen Erklärungen bis zu einem gewissen Grad unweigerlich selbst die Schuld geben und sich fragen, was sie falsch gemacht haben.

Doch die Betrachtung von Fehl- und Totgeburten aus der Perspektive der ankommenden Seele stellt unsere Sichtweise auf dem Kopf. Aus der Perspektive der Seele ist die Entscheidung, zu einer bestimmten Zeit und bei einer bestimmten Mutter nicht geboren zu werden einfach ein Umweg, ein Zickzackkurs auf der andauernden Reise durch Äonen von Leben. Seelen entscheiden aus zahllosen Gründen, ihren Kurs zu ändern: Um das Geschlecht oder die Reihenfolge der Geburten zu ändern, um auf einen Körper zu warten, der besser zu den Zielen der Seele passt, um zu warten, dass sich die Umstände im Elternhaus verbessern oder um die zeitliche Koordination eines vorherbestimmten Treffens mit einer anderen Seele nachzubessern, die sich bereits auf der Erde befindet oder noch inkarnieren muss. Oder die Fehl- oder Totgeburt erfolgt aus dem Grund, dass der Fötus fehlerhaft war.

Was auch immer der Grund ist, es ist klar, dass die Seelen in manchen Fällen auf die nächste Gelegenheit warten, zur gleichen Familie zurückzukehren. Woher wissen wir das? Weil sich manche Kinder an den gesamten Prozess erinnern. Eines Tages erzählen sie ihren Eltern mitten in einem ganz normalen Gespräch davon. Unschuldig beschreiben sie frühere Versuche, bei ihrer Mutter oder einer anderen Frau im erweiterten Familienkreis geboren zu werden. Die Eltern sind jedes Mal schockiert, wenn die Behauptung des Kindes genau zu einem Schwangerschaftsabgang passt, den sie totgeschwiegen hatten, weil es zu schmerzhaft war, über dieses private Geheimnis zu sprechen. Hinzu kommt, dass das Verständnis solcher Dinge weit über das hinausgeht, was ein so kleines Kind begreifen kann. Aber nachdem sie die Wahrheit dessen erkannt haben, was das Kind ihnen erzählt, wandelt sich ihr Schock in Freude und Erleichterung, wenn sie begreifen, dass das Baby, das Jahre zuvor im Bauch gestorben starb, für sie nicht für immer verloren war.

Die Betrachtung dieser Ereignisse aus der zeitlosen Perspektive der Seele macht es für die Familie einfacher, einen Schwangerschaftsverlust als die Entscheidung der *Seele* zu betrachten, nicht zu dieser Zeit zur Welt zu kommen – eine Entscheidung, die unabhängig davon ist, was die Eltern getan oder nicht getan haben. Das gibt den trauernden Eltern Trost und lindert ihre Schuldgefühle.

Die drei folgenden Fälle liefern eine Kostprobe davon, wie einige Eltern die Erinnerungen ihres Kindes entdeckt haben und was das für sie bedeutete. Der letzte Teil dieses Kapitels beschäftigt sich mit Abtreibung – der Spezialfall eines erzwungenen Umwegs – aus der Perspektive der unzerstörbaren Seele und zeigt, dass auch diese Seelen zu ihrer Familie zurückkehren können.

Planänderung

Der erste Fall mit einer Fehlgeburt, der meine Aufmerksamkeit erregte, wurde während eines Workshops erzählt, den ich vor einigen Jahren in San Francisco gab. Zuvor hatte ich nie gewürdigt, wie hochgradig heilsam es sein kann, zu wissen, dass ein Baby, das bei einer Fehlgeburt starb, in die Familie zurückgekehrt ist. Die Gruppe lauschte wie gebannt, als die Therapeutin Carolene Heart ihre Geschichte erzählte.

Brittany ist meine Enkeltochter. Als sie drei war, rief sie mich an und hinterließ mir eine Nachricht auf dem Anrufbeantworter: »Oma, komm! Mama und ich haben uns gestritten!«

Ich rief Karen, meine Tochter, an und fragte: »Was ist passiert? Brittany hat angerufen und eine Nachricht auf meinem Anrufbeantworter hinterlassen.«

Karen sagte: »Bist du sicher? Woher wusste sie deine Nummer?« Also spielte ich ihr die Nachricht vor. Sie lachte ungläubig, dann bat sie mich, gleich bei ihr vorbeizukommen.

Als ich ankam, fragte ich Brittany: »Was ist los?«

Sie krabbelte auf meinen Schoß und wimmerte: »Mama erinnert sich nicht!«

»Mama erinnert sich woran nicht?«

»Mama erinnert sich nicht an die Zeit, als ich in deinem Bauch war.«

Meine Tochter Karen sagte an mich gewandt: »Ich habe *versucht*, Brittany zu erklären, dass ich *deine* Tochter bin und sie *meine* Tochter ist und dass sie in *meinem* Bauch herangewachsen ist, nicht in deinem.«

Brittany hörte sich die Erklärung ihrer Mutter geduldig an und erklärte dann: »Nein, *vorher*, als ich *mit dir zusammen* in Omas Bauch war, Mama. Ich konnte nicht bleiben, weil ich kein Junge sein wollte.«

Ich bekam am ganzen Körper Gänsehaut. Karen rannte weinend aus dem Raum. Wir wussten beide, dass sie einen Zwillingsbruder gehabt hatte, der nach sieben Monaten im Mutterleib starb.

Kurze Zeit später kam Karen zurück. Sie schluchzte noch ein wenig, hielt die Tränen aber zurück. Sie umarmte Brittany, dann umarmte sie mich. Sie sagte: »Das ist so wunderbar, ich kann es gar nicht glauben. Nach all den Jahren bin ich wieder mit meinem Zwilling zusammen.«

Lichtfreunde

Hier ist eine andere Geschichte über eine Planänderung, die nach mehr als der Hälfte der Schwangerschaft erfolgte. Dieses kleine Mädchen erinnerte sich daran, dass sie ihren ersten Plan, geboren zu werden, beendete. Interessanterweise war sie sich dessen bewusst, welche Auswirkungen ihre Entscheidung auf die Eltern hatte, die sie zuerst wählte. Die Geschichte zeigt, dass die ankommende Seele nicht unsensibel gegenüber den emotionalen Auswirkungen ist, die ihre Entscheidung auf andere hat. Ihre Mutter Naomi erzählt, was geschah.

Ab dem Zeitpunkt, als Sarah sprechen konnte, damals war sie noch in ihrem Gitterbett, erzählte sie mir, dass sie ihre »Lichtfreunde« vermisste. Als sie älter wurde, bekam ihr Gesicht einen abwesenden, sehnsüchtigen Ausdruck, wenn sie von ihnen sprach und mir schilderte, wie sie vor ihrer Geburt mit ihren Lichtfreunden überall umhergeflogen war. Sie war besorgt, dass sie vergessen hatte, wie man fliegt.

Eines Tages kuschelten Sarah und ich kurz vor ihrem Mittagsschlaf miteinander. Sie war damals drei. Sie guckte mir in die Augen und sagte sehr ernst: »Ich bin so froh, dass Jesus mir geholfen hat, dich und Papa als Eltern auszusuchen.«

Ich schnappte vor Überraschung nach Luft und schaffte es, herauszubringen: »Was?«

Sarah fuhr fort: »Ich saß auf seinem Knie und wir sahen zu dir und Papa und zu *zwei anderen Leuten* hinab und ich sagte, ich wollte dich und Papa und dann lachten wir und gingen spielen.« Sie fügte hinzu: *»Ich sollte ein Junge werden, änderte aber meine Meinung und wollte dann ein Mädchen sein.«*

Noch Monate nach diesem Gespräch fuhr Sarah mit den Gesprächen darüber fort, wie sehr sie sich nach dem Himmel sehnte und wie sehr sie Gott und Jesus und »das Herumfliegen mit ihren Lichtfreunden« vermisste.

Sarahs Eltern, die keine regelmäßigen Kirchgänger waren und auch nicht an Reinkarnation glaubten, waren verwirrt von der Obsession ihrer Tochter in Bezug auf den Himmel. Dennoch fragte sich Naomi, ob Sarahs Bemerkung, dass sie ursprünglich die Absicht gehabt hatte, ein Junge zu werden, eine Erklärung dafür sein konnte, warum sie nicht der Typ Mädchen war, das schöne Kleider und Bänder im Haar liebte. Sarah weigerte sich, Kleider zu tragen und erklärte ihren Eltern oft, dass Mädchen langweilig sind. Dafür wollte sie ihre Haare ganz kurz tragen, spielte am liebsten im Dreck und wünschte sich stets Jungenspielzeug. Zu Weihnachten bat sie um Dinge wie ein Rennauto und *Star Wars*-Kämpfer – niemals um eine Puppe.

Als sie vier war, entschieden ihre Eltern aus Jacksonville in Florida wegzuziehen, um eine neue Stelle in Atlanta anzunehmen. Sarah war plötzlich sehr aufgebracht, weil sie ihre Großeltern verlassen sollte, die in der Nähe wohnten. Aber es ging nicht darum, dass sie traurig war, dass sie selbst sie nicht mehr besuchen konnte. Sie war tief besorgt darüber, wie ihre *Großeltern* sich fühlen würden, wenn sie wegzog. Wieder und wieder weinte sie und sagte zu ihrer Mutter: »Sie werden denken, dass ich gestorben bin.« Naomi vermutete, dass diese seltsame Äußerung und Sarahs intensive Gefühle mit dem nahe zurückliegenden Tod ihres Meerschweinchens zu tun hatten – vielleicht setzte sie das Gefühl des Verlustes ihres Haustiers mit der kommenden Trennung von ihren Großeltern gleich. Naomi tat ihr Bestes, um Sarah zu beruhigen, indem sie sie daran erinnerte, dass sie nach dem Umzug ihre Großeltern weiterhin oft sehen würde.

Aber dann sagte Sarah etwas, das ihre Ansichten über ihre seltsamen Äußerungen änderte. Naomi fährt fort:

Eines Abends brachte mein Mann Orin Sarah ins Bett, während ich im Raum nebenan las. Ich konnte ihr Gespräch genau hören und als ich sie fragen hörte: »Papa, wie machen Gott und Jesus die Kinder?«, beendete ich meine Lektüre und hörte zu.

Ich lächelte, als ich Orin stottern hörte, der von dieser wichtigen Frage überrascht worden war. Dennoch gelang es ihm, eine umsichtige Antwort für unsere vierjährige Tochter zu formulieren. »Nun, Mamas und Papas machen das Baby und Gott sendet die Seele vom Himmel herab.«

Sarah hielt inne und wartete.

Orin fragte: »Denkst du an die Zeit, als du bei Gott und Jesus warst und uns als Eltern ausgesucht hast?«

»Nein, ich habe euch zuerst nicht als Eltern ausgesucht. Ich habe *deine* Eltern ausgesucht, um meine Mutter und mein Vater zu sein.«

Er korrigierte sie: »Du meinst, du hast sie als *Groß*eltern ausgesucht.«

»Neeein, Papa, als sie jünger waren, wollte ich ihr kleiner Junge werden, bevor du kamst.« Das war neu. Ich hatte Sarah nie etwas in dieser Art sagen hören. Ich ging zur Tür des Schlafzimmers und beugte mich hinein.

Orin fragte sie: »Sind sie nicht ein bisschen zu alt, um deine Eltern zu sein?«

Frustriert seufzte sie erneut. »Neeein, Papa, als sie jünger waren. Ich wollte *ihr* kleiner Junge werden, bevor *du* kamst. Aber ich entschied, es nicht zu tun und ging.«

Als sie den verblüfften Gesichtsausdruck ihres Vaters sah, fügte sie schnell hinzu: »Aber es ist in Ordnung. Ich liebe euch beide wirklich auch sehr. Es ist okay für mich.« Orin war still, unfähig zu sprechen. Sarah fragte: »Mache ich deine Nerven kaputt, Papa?«

Er versicherte ihr, dass es ihm gut ging, und deckte sie zu. Dann wechselte das Gespräch so plötzlich die Richtung, wie es begonnen hatte, und Sarah plauderte glücklich über einen Strandausflug am nächsten Tag. Wir gaben ihr beide einen Gutenachtkuss und zogen uns ins Wohnzimmer zurück.

Ich fragte meinen Mann: »Hatte deine Mutter irgendwann einmal eine Fehlgeburt?«

Er sagte: »Nicht dass ich wüsste.« Aber die Ungewissheit war zu viel für ihn. Ohne ein weiteres Wort griff er sich den Telefonhörer und rief Greg an, seinen acht Jahre älteren Bruder.

»Hatte Mutter je eine Fehlgeburt?«, fragte er ins Telefon.

In der langen Stille, die folgte, sah ich zu, wie Orins Gesicht bleich wurde.

Er hängte den Hörer auf und sagte: »Ja, Mutter hatte eine Fehlgeburt vor ihrer Schwangerschaft mit mir. Es war ein Junge und er wurde tot geboren – genau wie Sarah gesagt hat.«

Orin war sichtlich erschüttert und fuhr fort: »Davon habe ich noch nie etwas gehört. Niemand hat es je erwähnt. Greg wusste es nur, weil er als kleiner Junge zufällig ein Telefonat mithörte, bei dem Mutter weinte und einer Freundin flüsternd von der Fehlgeburt erzählte.«

Wir starrten uns sprachlos an und die Erkenntnis sickerte uns langsam ins Bewusstsein. Wenn Sarah in dieser Sache richtig lag, waren ihre anderen Bemerkungen über Lichtfreunde und darüber, wie sie uns als Eltern ausgesucht hatte, vielleicht echte Erinnerungen und keine lebhafte Fantasie, wie wir bisher vermutet hatten.

Nachdem Naomi mir diese Geschichte erzählt hatte, fügte sie hinzu, dass die Information über die Fehlgeburt noch ein anderes kleines Rätsel aufgeklärt hatte. Als Sarah zwei war, konnte sie das Eltern/Großeltern/Onkel-Konzept nicht begreifen. Sie bestand stets darauf, dass Orins Eltern ihre Eltern waren. Sie alle hatten diese »Verwechslung« als niedliche Kleinkindattitüde missinterpretiert. Jetzt verstanden sie es.

Sarah ist jetzt fünf und sie scheint ihre Konfusion darüber vergessen zu haben, dass sie beinahe als Junge geboren worden wäre. Naomi berichtet, dass sie endlich im »Mädchen-Modus« ankommt. Sie spielt zum ersten Mal mit Babypuppen und wünschte sich vor kurzem Barbiepuppen zum Geburtstag. Sie lässt auch ihr Haar wachsen, damit sie es zum Pferdeschwanz binden kann.

Cousins!

Seelen reisen manchmal in Gruppen. Die Idee der Seelenfamilie ist sowohl in der Dichtung als auch in ernsthaften Büchern über Reinkarnation verbreitet. Aber was passiert, wenn eine der beiden Seelen, die eine stillschweigende Vereinbarung haben, gemeinsam zu reisen, ihren freien Willen nutzt und dem Plan für die nächste Inkarnation widerspricht? Wie bei allen Reisegefährten, die bezüglich der Reiseroute nicht einer Meinung sind, folgt eine Auseinandersetzung. Die nächste Geschichte ist ein Beispiel für genau diese Art von Uneinigkeit. Stellen Sie fest, wie der Streit zwischen den beiden Brüdern Sam und Peyton Sams Persönlichkeit beeinflusste, bis er sein Schicksal schließlich akzeptierte.

Die Geschichte ist eine Zusammenfassung der Tagebücher, die die Mutter, Jodie, führte, während sie sich entwickelten. Sam gab noch wesentlich mehr Äußerungen von sich, die hier nicht berücksichtigt werden und in denen er zum Beispiel akkurate Details über seine Geburt verriet und sich mindestens an zwei frühere Leben erinnerte. Außerdem beschrieb er die »andere Welt«, in der er lebte, bevor er geboren wurde. Er ist eines dieser kleinen Kinder, die so klare Erinnerungen an die Zeit vor ihrer Geburt haben, dass sie es nicht verstehen können, wenn niemand anders sich erinnert, und frustriert sind, wenn keiner der Erwachsenen um sie herum ihre Fragen beantworten kann.

Sams erstes Wort war *Cousins*. Ich hielt diese seltsame Tatsache in seinem Babytagebuch unter dem Eintrag »erste Wörter« fest. Jetzt, wo ich die ganze Geschichte kenne, verstehe ich, warum ihm dieses Wort so viel bedeutet hat.

Seit er ein Baby war, war Sam besessen von seinem Cousin und seinen Cousinen. Noch bevor er sprechen konnte, nahmen wir ihn zum ersten Mal mit, um sie von Sacramento aus in San Francisco zu besuchen. In dem Moment, in dem er sie sah, veränderte er sich sichtbar, war aufgeregt und glücklich, mit seinem Cousin und seinen Cousinen, seiner Tante Molly und seinem Onkel David zusammen zu sein. Aber seine andauernde Besessenheit ergab nicht viel Sinn, denn die Kinder von Molly und David waren viel älter als Sam – sechs bis zwölf Jahre älter – und wir haben sie nicht mehr als ein paar Mal im Jahr besucht. Aber jeder Besuch war für Sam ein Riesenereignis. Er *liebte* es, mit dieser Familie zusammen zu sein.

David und Molly sind der Bruder und die Schwägerin meines Mannes Michael. Als wir sie zum ersten Mal besuchten, bemerkte ich, dass sie in ihrem Schlafzimmer eine kleine Gedenkstätte für die Zwillinge hatten, die Molly während der Schwangerschaft verloren hatte. Aber Michael warnte mich davor, das zu erwähnen. Er sagt, niemand spricht darüber – es ist zu schmerzhaft für sie. Sie verlor sie nach achteinhalb Schwangerschaftsmonaten. Wir erfuhren später, dass die Nabelschnur fehlerhaft gewesen war, weswegen beide Babys starben. Sie wären Mollys und Davids zweite und dritte Kinder gewesen, nach Kevin, der der älteste war. Ihre anderen drei Kinder sind Mädchen.

Auch wenn ich Molly nicht sehr gut kannte, bat ich sie, bei Sams Geburt dabei zu sein. Zu dieser Zeit wusste ich nicht, warum ich sie fragte – ich hatte andere Familienmitglieder, die mir näher standen. Als ich ihr den Geburtstermin nannte, den 19. Oktober, antwortete sie: »Oh mein Gott, das ist der Tag, an dem ich die Zwillinge verloren habe.« Sie scheute keine Mühen, um bei Sams Geburt 1994 und dann bei Peytons 1996 dabei zu sein. Auch wenn Molly und ich uns nicht sehr oft sahen, entwickelte sich eine große Nähe zwischen uns.

Sobald Sam herausfand, dass das Auto das Fahrzeug war, das ihn zum Haus von Cousin und Cousinen brachte, schrie er jedes Mal, wenn wir uns ins Auto setzten: »Cousins! Cousins!« Ich war dann diejenige, die ihm die Nachricht beibringen musste, dass wir nicht dorthin fuhren, sondern in die Bücherei, den Park oder ein Geschäft. Dann bekam er jedes Mal einen Anfall! Es wurde so schlimm, dass ich tatsächlich jede unnötige Fahrt mit dem Auto vermied – wenn ich mein Ziel auch zu Fuß erreichen konnte. Jedes Mal, wenn wir ins Auto einstiegen, kriegte er einen neuen Anfall, weil er mit der anderen Familie zusammen sein wollte. Wenn wir dann wirklich einen Familienausflug planten, um David, Molly und die Cousins und Cousinen zu sehen, konnten wir es Sam erst in der letzten Minute erzählen, weil er sonst schon Tage im Voraus an der Eingangstür kampierte und wartete, bis wir aufbrachen. Alles, was wir dann noch von ihm hörten, war: »Cousins! Cousins! Cousins!«

Von der Zeit an, als er mit zwei sprechen lernte, machte Sam auch seltsame Bemerkungen. Er fragte mich, warum er nicht mit seinen Cousins und Cousinen zusammenleben konnte. Er sagte: »Wenn die Cousins wüssten, wie sehr ich es mir wünsche, in ihrem Haus zu leben, würden sie mich zu ihnen ziehen lassen.« Außerdem machte er mir ständig Vorwürfe der Art: »Warum kannst du das nicht so machen wie Tante Molly?« Wenn ich eine Liste von all den Dingen angefertigt hätte, die ich so machen sollte wie Tante Molly, wäre sie eine Meile lang gewesen.

Einmal fragte er: »Mama, wann können die Cousins und ich in dem großen Haus am Wasser mit den großen Stufen wohnen?« Ich machte ihn darauf aufmerksam, dass sie bereits in einem großen Haus mit großen Stufen lebten. Er sagte: »Nicht dieses Haus, Mama. Das andere Haus. Mit den Stufen ohne Teppich, die dafür sorgten, dass ich sie die Treppe rauf- und runterlaufen hörte. Wann also kann ich wieder mit ihnen in diesem Haus leben?« Ich hatte keine Ahnung, wovon er sprach.

»Du kannst nicht zu den Cousins ziehen, Sam. Du lebst hier.«

Sam weinte und bestand darauf, dass ich ihn gehen ließ. Einige Tage später erwähnte er das Haus am Wasser erneut. Ich fiel ihm ins Wort: »Nein, du kannst nicht zu den Cousins ziehen.« Wütend rannte er aus dem Zimmer.

Sam war ein energiegeladenes Kind, das oft zornig wurde. Er war innerlich so unruhig, dass er sich nicht entspannen konnte. Aber wenn er sich auf das Thema Cousins oder die Art, wie Tante Molly die Dinge tut, eingeschossen hatte, vergaß er sich völlig und bekam schreckliche Wutanfälle. Ich war aufgrund seines Verhaltens völlig perplex. Wenn ich zurückblicke, denke ich, dass ich es wahrscheinlich noch schlimmer gemacht habe, denn er hatte mich mit seinem unsinnigen Gerede über die Cousins bereits ziemlich genervt und ich verlor oft die Geduld. Ich sagte ihm, dass er mit seinem Gerede aufhören sollte, dass ich es nicht hören wollte und dass wir nicht zum Haus der Cousins fahren würden. Ich drängte es immer zurück.

Als er älter wurde, begann Sam darauf zu bestehen, dass Mollys Familie seine *richtige* Familie sei. Ich musste ihm erklären, dass sie es nicht war. Das ging über zwei Jahre so. Ungefähr vor sechs Monaten, damals war er vier, begann die Sache zu eskalieren. Normalerweise trugen sich diese Episoden zu, wenn wir im Auto saßen oder wenn wir zur Schlafenszeit miteinander kuschelten, aber dieses Mal geschah es, als ich in der Küche saß und las. Sam schoss wütend ins Zimmer, die Hände in die Hüften gestemmt, fürchterlich aufgeregt, und fragte: »Warum ist Kevin nicht mein älterer Bruder?«

Ich versuchte ruhig zu bleiben. Ich erklärte ihm, dass Kevin sein Cousin war, nicht sein Bruder. Peyton war sein Bruder. Aber Sam wollte das nicht akzeptieren. »Warum ist Kevin nicht mein älterer Bruder? Warum hältst du mich hier fest? Ich möchte jetzt endlich bei ihm sein. Warum hörst du mir nie zu, Mama?«

Ich sagte: »Du musst hier bleiben, weil das dein Zuhause ist. Wir sind deine Familie. Peyton ist dein Bruder und Kevin ist dein Cousin und daran kann niemand etwas ändern.«

Er rannte weinend aus der Küche. Zwischen den einzelnen Schluchzern war ein Wimmern zu hören. »Ich möchte bei *ihnen* leben! Warum muss das alles so sein?«

»Warum sind wir nicht geboren worden, Mama?«

Einige Wochen später, als wir uns vor dem Zubettgehen alle noch ein wenig entspannten, fragte Sam: »Mama, erinnerst du dich daran, als ich in deinem Bauch war?«

Ich sagte: »Ja.«

Er fragte: »Erinnerst du dich daran, als Peyton in deinem Bauch war?« Wieder antwortete ich mit Ja. Dann sagte er: »Weißt du noch, als Peyton und ich zur gleichen Zeit in deinem Bauch waren?«

Ich erklärte: »Nein, so war es nicht. Du warst zuerst in meinem Bauch, dann wurdest du geboren. Danach war Peyton in meinem Bauch und dann wurde er geboren.« Ich deutete auf Peyton, der still auf dem Boden saß und spielte, wobei er an seinem Schnuller nuckelte.

Sam bekam einen leeren Gesichtsausdruck, wie jemand, der seine Autoschlüssel verlegt hat. Dann lachte er erleichtert und sagte: »Oh, jetzt erinnere ich mich wieder. Du hast unrecht, Mama. Wir waren zur gleichen Zeit in Tante Mollys Bauch und dann sind wir nicht geboren worden!«

Ich fühlte mich, als hätte mir jemand einen Schlag in den Magen versetzt. Ich verstand sofort, worüber er sprach. Sam und Peyton waren die Zwillinge gewesen, die Molly verloren hatte – zehn Jahre bevor meine Kinder geboren wurden. Alles begann einen Sinn zu ergeben. Bevor ich mich sammeln konnte, wurde Sam sehr wütend und begann mich anzuschreien: »Warum sind wie nicht geboren worden, Mama? *Warum sind wir nicht geboren worden?*«

Dann, bevor ich überhaupt wusste, wie mir geschah, ging er auf seinen kleinen Bruder los: »Es ist alles deine Schuld! Ich habe dir gesagt, dass ich mir so sehr wünsche, geboren zu werden, und dann wolltest du nicht! Sag mir, wie du mich da rausgeholt hast!« Ich stürzte zu Sam, packte ihn und hielt ihn zurück, weil er so aufgebracht war, dass ich Angst hatte, er würde seinen kleinen Bruder verletzen. Sein Zorn machte mir wirklich Angst. Ich befahl ihm aufzuhören und sagte, dass dies ein verrücktes Gespräch sei und er keine Ahnung hatte, wovon er sprach.

Sam stoppte abrupt, wirbelte herum und korrigierte mich. Er sagte, er wisse *genau*, wovon er sprach. Brüllend wandte er sich Peyton zu: »Wie hast du das gemacht?«

Peyton saß einfach nur mit seinem Schnuller im Mund da und beobachtete seinen Bruder. Peyton ist im Gegensatz zu Sam ein ruhiges Baby und regt sich selten auf. Aber ich war besorgt, wie er auf Sams wütende Herausforderung reagieren würde. Peyton nahm den Schnuller aus dem Mund und sein kleines Gesicht wurde wütender, als ich es *je* gesehen hatte. Er brüllte seinen großen Bruder an: »Ich wollte *Papa!*«

Sam schoss zurück: »Ich wollte Papa nicht, ich wollte *Onkel David!*«

Ich war schockiert und brüllte ihn an: »Sam!«

Mein Schrei ließ ihn wieder zu Sinnen kommen. Er versuchte nicht mehr, Peyton anzugreifen, und sein wütendes Gesicht wurde sehr traurig. »Es tut mir leid, Mama«, entschuldigte er sich. »Ich habe es nicht so gemeint. Ich liebe Daddy, aber ich wollte auch Onkel David.«

Weil ich unsicher war, was ich sagen sollte, fragte ich: »Ist denn nicht auch irgendjemand hergekommen, um bei *mir* zu sein?«

Das ließ Sam weich werden. Er kam zu mir, kuschelte sich auf meinen Schoß und sagte: »Mama, du bist die beste Mutter. Ich habe dich lieb.«

Ich begann darüber nachzudenken, wie ich meinem Mann Michael diese Geschichte erklären sollte. Würde er auch nur ein Wort davon glauben? Dann sagte Sam: »Ich muss es schaffen, das zu verstehen.«

Ich sagte: »Nein, ich habe genug von diesem Gespräch.« Wir begannen alle, uns zu beruhigen. Peyton begann wieder an seinem Schnuller zu saugen.

Aber dann sprang Sam aufs Bett und fing an, mit Hilfe seiner Finger aufzuzählen: »Zuerst war ich in Tante Mollys Bauch, aber ich wurde nicht geboren. Dann habe ich versucht, in Tante Mollys Bauch zurückzukommen, aber Sophie (Mollys jüngste Tochter) war schon dort und war mir im Weg. Also habe ich versucht, sie rauszuschubsen.« Sam muss meinen überraschten Gesichtsausdruck gesehen haben, denn er wiederholte: »Ich habe versucht, sie rauszuschubsen, und das hat nicht geklappt, Mama! Dann bin ich in deinen Bauch gekommen und dann wurde ich geboren.« Er hielt inne und sagte schließlich ganz ernst: »Ich habe mich sehr angestrengt, um hierherzukommen, Mama!«

Ich wusste nicht, was ich sagen sollte. Er sprang von dem Bett und fragte triumphierend: »Kann ich jetzt gehen und bei den Cousins leben?«

Das alles war ein bisschen zu viel für mich. Ich schlug vor, dass wir erst einmal einen Schluck Wasser tranken. Sam nahm meine Hand, als wir die Treppe hinuntergingen. Er fragte mich: »Muss Peyton mir jedes Mal folgen, wenn ich geboren werde?« Ich erklärte ihm, dass ich das nicht wusste und er sich wahrscheinlich besser erinnerte als ich.

Er rannte die Treppe wieder hoch zu Peyton. Ich folgte ihm, neugierig zu sehen, wie Peyton reagieren würde. Sam erzählte seinem kleinen Bruder, woran er sich gerade erinnert hatte. Peyton begann zu lachen. Zu meiner Überraschung schien er alles *restlos* zu verstehen. Ich saß da und dachte: »Diese zwei sprechen über etwas, was lange vor ihrer Geburt passierte, in einer Welt, die mir völlig unbekannt ist. Und sie benehmen sich, als wäre das *normal.*« Das war alles sehr seltsam.

Den Bauch wechseln

Auch wenn Sam deutlich mehr über die ganze Geschichte erzählt als Peyton, hat dieser offenbar ebenfalls Erinnerungen daran. Ein paar Tage nach Sams Wutausbruch merkte ich, dass Peyton, der gerade drei geworden war, ein Bild von Onkel David anstarrte, das im Schlafzimmer hing. Ich hob ihn hoch und sagte: »Möchtest du dieses Bild sehen?« Er sah es sich genau an. Ich fragte ihn: »Wer ist das, Peyton?«

Er sagte: »Papa.« Er wiederholte es nachdrücklich: »Papa. *Papa!*«

Ungefähr fünf Bilder weiter unten hing ein Foto von Michael, seinem Vater. Ich fragte Peyton: »Tja, und wer ist das dann?«

Er hatte einen sehr verwirrten Gesichtsausdruck und fragte: »Das ist Papa?« Dann deutete er wieder auf das Bild von Onkel David. »Das ist nicht Papa?« Ich sagte: »Nein, das ist nicht Papa. Das ist Onkel David.« Ein Ausdruck des Erkennens huschte über sein Gesicht und er murmelte im Flüsterton: »Oooh.«

Kürzlich fertigten wir eine selbstgemachte Geburtstagskarte für Tante Molly an. Ich fragte die Kinder, was ich außer »Herzlichen Glückwunsch« noch schreiben sollte. Sam sagte, ich solle schreiben: »Ich vermisse dich und möchte dich bald wiedersehen.« Peyton meinte: »Sag ihr, dass ich ihr blaues Baby war und jetzt bin ich Peyton und bin rot.«

Ich rief aus: »Was?« Er wiederholte es in genau denselben Worten. Ich beschloss, das nicht auf die Karte zu schreiben. Als seinen Beitrag schrieb ich stattdessen: »Ich habe dich lieb.«

Sam und ich erreichten eines Tages auf dem Schulweg einen Wendepunkt. Wir saßen im Auto und er erzählte mir von einem Traum, den er gehabt hatte. Ich war nicht sicher, ob es wirklich ein Traum gewesen war oder ob er sich allmählich von den direkten Erinnerungen distanzierte. Aber er sagte, dass es ein Traum gewesen sei. Er sagte: »Ich war zwei Jungen in Tante Mollys Bauch und dann mussten wir den Bauch wechseln. Peyton war der andere Junge. Dann wurde er richtig sauer, denn er konnte *dieses Mal* nicht mit mir kommen und zusammen mit mir in *deinem* Bauch sein. Er war *richtig* sauer. Weißt du, was ich meine, Mama?«

Zum ersten Mal kämpfte ich nicht dagegen an. Ich bestätigte Sam: »Ja, das tue ich. Du warst bei Tante Molly im Bauch.«

Das war ein großer Moment für mich, weil ich mich bis dahin gegen das gesträubt hatte, was er mir zu erzählen versuchte, und nichts mehr über die Cousins hatte hören wollen.

Und dann verband ich mich in diesem Moment mit ihm, statt ihn in eine andere Richtung zu drängen. Und von diesem Moment an begann Sam sich zu ändern. Die Auseinandersetzungen hörten auf.

Ich erzählte Michael von den Ereignissen. Er wusste nicht, was er darüber denken sollte, aber er tat es auch nicht mit einem Lachen ab. Er dachte, dass es an der Zeit sei, Molly und David zu erzählen, was bei uns los war. Beim nächsten Besuch schnitten wir das Thema feinfühlig an und erzählten einige der Dinge, die Sam und Peyton gesagt hatten. Ich hatte Angst vor ihrer Reaktion.

Zu meiner Überraschung war Molly *hocherfreut*. Sie sagte, dass dies so viele Dinge erklärte: Warum sie *unbedingt* bei der Geburt der Jungen dabei sein musste und warum sie sie so sehr liebte, als ob sie ihre eigenen Söhne wären. Sie bedankte sich bei uns und erklärte uns, was für eine große Erleichterung es sei, dass ihre Zwillinge wieder da waren.

Dass die Geschichte endlich offen angesprochen wurde, gab uns die Gelegenheit, einige Dinge bestätigen zu lassen, die Sam gesagt hatte. Wir fragten sie nach dem Haus am Wasser mit den Treppenstufen ohne Teppich. Sie sagte: »Oh Gott! Als ich mit den Zwillingen schwanger war, lebten wir in einem Haus direkt an der Küste. Es war das einzige Haus mit einer Treppe ohne Teppich, in dem wir je gelebt haben. Wir zogen drei Tage vor dem Tod der Zwillinge aus diesem Haus aus!«

Molly und ich arrangierten für den nächsten Tag eine Zeitspanne, in der sie mit Sam alleine war. Während sie zusammen waren, zeigte sie Sam ein Bild von sich aus der Zeit, als sie mit den Zwillingen schwanger war. Sie fragte ihn: »Weißt du, wer da in meinem Bauch ist?«

Ohne zu zögern antwortete er: »Ich und Peyton.« Sie fuhr fort: »Aber ihr wurdet nicht geboren, Sam. Kannst du mir erklären, *warum* ihr nicht geboren wurdet?«

Sam dachte eine Sekunde darüber nach und erzählte ihr dann von seinem Traum, in dem er zwei Jungen gewesen war und den Bauch gewechselt hatte. Molly, die auf eine Erklärung für den Verlust ihrer Zwillinge hoffte, fragte erneut, *warum* er nicht gekommen war. Aber Sam bekam nur einen seltsamen Gesichtsausdruck und sagte nichts mehr.

Am nächsten Morgen fragte ich ihn, ob er Tante Molly von dem Traum erzählt hatte. Er sagte, er könne ihr wirklich nicht alles erzählen. Als ich ihn fragte, warum nicht, gab er eine überraschende Antwort: »Ich konnte es ihr nicht sagen, weil *sie* über mich lachen würden.« Ich versicherte ihm, dass niemand ihn auslachen würde. Er konterte: »Sie würden mich auslachen, weil sie wissen, dass es nicht erlaubt ist.«

Ich verstand nicht, was er sagen wollte, und bat um eine Erklärung. »Was ist nicht erlaubt?«

Er sagte: »Den Bauch zu wechseln. *Ich brauchte dafür eine Erlaubnis.*« Dann wurde er sehr still und zurückhaltend, als ob ihn jemand beobachtete. Ich verstand, dass es etwas gab, das er nicht erzählen und das ich nicht wissen sollte. Deshalb ließ ich das Thema fallen.

Sams Gesicht hellte sich auf und er sagte: »Mama, ich werde dich meine Mutter sein lassen und du kannst mir sagen, was ich tun soll. Okay?« Er sagte das, als sei es eine Lösung, die ihm gerade erst eingefallen war.

Ich sagte: »Danke, Sam. Das wird meinen Job ein ganzes Stück einfacher machen.«

Seit dem Tag, an dem ich Sams Erinnerungen anerkannt habe und er mich als Mutter akzeptiert hat, hat sich sein Verhalten völlig verändert. Er ist nicht mehr düster und zornig. Er wacht morgens mit einem wonnigen Lächeln auf dem Gesicht auf. Er ist wesentlich entspannter und gelassener und seine häufigen Wutanfälle sind beinahe vollständig verschwunden. Und er akzeptiert uns als Eltern. Kürzlich erklärte er mir: »Ich bin so froh, dich als Mutter zu haben.« Dann sagte er zu Michael: »Ich bin so froh, dich als Vater zu haben.« Wir fühlen uns alle viel ruhiger. (Dennoch muss ich ihn manchmal noch daran erinnern, dass er mir die Erlaubnis gab, seine Mutter zu sein.)

Und Tante Mollys Leben hat sich ebenfalls verändert. Sie hat das Gefühl, dass sie das glückliche Privileg besitzt, am Leben der Zwillinge, die sie verlor, teilhaben zu dürfen, wenn meine beiden Kinder dieselben Seelen sind wie sie. Letzten Monat passte sie am Todestag der Zwillinge auf Sam und Peyton auf. Das war ein emotionaler Tag für sie. Ich wusste, dass es ihr geholfen hat, mit ihrem Tod abzuschließen und Sam und Peyton näherzukommen.

Das Thema Abtreibung angehen

An den Hinweisen in den vorangegangenen Fällen von Fehl- und Totgeburten lässt sich erkennen, dass die ankommende Seele ihre Pläne fürs nächste Leben ändern und den Mutterleib zu jedem beliebigen Zeitpunkt vor der Geburt verlassen kann. Sie kann später in den gleichen Mutterleib zurückkehren oder sich eine andere Mutter suchen. Aber was passiert mit der Seele, wenn die *Mutter* beschließt, die Schwangerschaft zu beenden, und eine Abtreibung vornehmen lässt?

Das Thema Abtreibung ist emotional hoch aufgeladen und wirkt in unserer Kultur polarisierend. Abtreibungsgegner – die Seite, für die das Leben an erster Stelle steht – setzen eine Abtreibung mit Mord gleich und streiten leidenschaftlich für das Leben des ungeborenen Kindes. Ihrer Argumentation haftet der Glaube an, dass die Seele und der physische Körper vom Zeitpunkt der Empfängnis an untrennbar verbunden sind und dass die Seele ihre einzige Chance, auf der Erde zu leben, für immer einbüßt, wenn der physische Körper zerstört wird. Abtreibungsbefürworter – die Seite, die die Wahlfreiheit verteidigt – streiten genauso leidenschaftlich dafür, dass die Frau über ihren eigenen Körper und Reproduktionsprozess zu bestimmen hat und dass sie das Recht haben sollte zu entscheiden, wie viele Kinder sie in die Welt setzen möchte. Dieser Argumentation haftet die Annahme an, dass der Fötus keine Menschenrechte hat, bis er geboren wird oder zumindest »existenzfähig« ist.

Außerhalb dieser persönlichen Ansichten gibt es noch mehrere sekundäre Schichten von Problemen, die bei einer Abtreibung zu bedenken sind und die es einer Frau noch schwerer machen, eine Entscheidung zu treffen, wenn sie sich mit dem herzzerreißenden Dilemma einer unerwarteten Schwangerschaft auseinandersetzt. Dazu gehören gesellschaftspolitische und religiöse Hintergründe, die verfassungsmäßige Rechtslage und parteipolitische Ansichten.

Meiner Meinung nach gibt es begründete und gute Ziele bei beiden Parteien, so wie es auch in beiden Lagern aufrichtige und wohlmeinende Menschen gibt, die für ihre Überzeugung streiten. Gleichzeitig glaube ich, dass es eine andere Möglichkeit gibt, Abtreibungen zu betrachten – eine, die selten herangezogen wird. Ich meine die Perspektive der ewigen Seele, die durch den Kreislauf der Reinkarnationen reist.

Die Seele ist unzerstörbar. Das Bewusstsein der Seele erlischt nicht mit dem Tod des physischen Körpers. Nach dem Tod besteht es unabhängig fort, bis zur erneuten Inkarnation. Wenn der physische Körper also zerstört wird, wird das die Reise der Seele nicht beenden – auch wenn man von einem eher rüde erzwungenen Umweg auf der Reise sprechen kann. Die umgeleitete Seele wird ihre Pläne ändern und die Zeitplanung sowie die Umstände ihrer Wiedergeburt nachjustieren. Es kann sein, dass sie die abtreibende Mutter aufgibt und sich einer komplett anderen Familie zuwendet. Es gibt auch Fälle, in denen die Anziehung zur Familie der ersten Wahl so stark ist, dass die Seele entweder auf einen besseren Zeitpunkt wartet, um in den Mutterleib der abtreibenden Mutter zurückzukehren, oder eine andere Mutter im weiteren Familienkreis auswählt. Manche Seelen sind unfassbar hartnäckig.

Der Knackpunkt der Abtreibung sind meiner Meinung nach zwei Fragen. Die erste ist: Wann verbinden sich Seelen mit dem sich herausbildenden physischen Körper? Und die zweite Frage: Wie wirkt es sich auf die Seele aus, wenn der Körper des Fötus zerstört wird?

In der Vergangenheit waren dies ausschließlich metaphysische Fragen, die nicht endgültig beantwortet werden konnten. Aber die folgenden Fälle und Forschungsergebnisse bieten neue Informationen, die uns näher als je zuvor an echte Antworten heranbringen. Das Bild, das sich abzeichnet, ermöglicht uns eine neue Art des Denkens über die Abtreibung. Diese neue Perspektive bietet beiden Seiten der öffentlichen Debatte etwas und legt eine alternative Sichtweise nahe, die vielleicht eine Art Mittelweg zwischen den beiden Seiten darstellt. Aber auf der persönlichsten Ebene – für eine Mutter, die jetzt gerade mit der Entscheidung konfrontiert ist oder mit der »Schuld« einer vergangenen Abtreibung leben muss – bieten die Ergebnisse eine neue, differenziertere, sogar spirituelle Sichtweise auf die Seele, die geboren werden möchte. Sie legen die Schlussfolgerung nahe, dass Abtreibung eher eine Art Dialog und Verhandlung, eine filigrane Abstimmung zwischen Mutter und Seele darstellt.

Innerhalb und außerhalb des entstehenden Körpers

Wann verbindet sich die Seele mit dem entstehenden Körper? Wann genau fällt sie vom Himmel und verpflichtet sich dazu, geboren zu werden? Diese Frage, eine konstante Plackerei für Theologen und Philosophen, faszinierte Dr. Helen Wambach. Sie fragte sich: Verbindet sich das Bewusstsein der Seele zum Zeitpunkt der Empfängnis mit dem Körper oder bei der ersten Zellteilung? Tritt sie um die Zeit ein, zu der die Mutter die ersten Tritte spürt? Oder im Moment der Geburt? Um die Antwort zu finden, erstellte sie eine Studie, in der sie 750 Probanden hypnotisierte und durch ihre vorgeburtlichen Erfahrungen geleitete. Dann stellte sie eine Reihe Fragen, darunter auch: »Wann tritt die Seele in den Körper ein?«

Bei der Analyse der Antworten in *Leben vor dem Leben* stellte Dr. Wambach fest, dass »die Probanden in einem Hauptpunkt einer Meinung waren: *Es kam ihnen so vor, als ob der Fötus nicht wirklich Teil ihres Bewusstseins war.* Über den größten Teil der Schwangerschaft hinweg identifizierten sie sich nicht mit dem entstehenden Körper. Stattdessen existierten sie als vollständig bewusste Einheit außerhalb des Körpers. Sie berichteten häufig, dass der Körper des Fötus einengend und beschränkend war und sie die Freiheit der außerkörperlichen Existenz bevorzugten. Viele von ihnen verbanden ihr Bewusstsein nur sehr zögerlich mit dem zellularen Bewusstsein des neugeborenen Säuglings.[1]

Nur 11 Prozent der Probanden gab an zu wissen, dass sie in der Zeit zwischen der Empfängnis und dem sechsten Schwangerschaftsmonat innerhalb des Fötus gewesen seien. Das ist überraschend, da der erste Tritt normalerweise um den vierten Monat herum zu spüren ist. Aber die getrennt durchgeführten Studien von Dr. Newton stimmen mit Dr. Wambach überein.[2] Er gibt an, dass er »nicht einen *einzigen* Fall hatte, in dem eine Seele sich innerhalb des ersten Vierteljahres mit dem Körper verband«. Da medizinische Statistiken zeigen, dass ein befruchtetes Ei die ersten sechs Wochen mit einer Chance von *weniger* als 27 Prozent überlebt und die anschließende Überlebenswahrscheinlichkeit bei 90 Prozent liegt, ist das allerdings auch sinnvoll.[3] Würden Seelen sich routinemäßig von einem sich entwickelnden Fötus angezogen fühlen, der eine so geringe Überlebenschance hat, nur um dann abgewiesen zu werden? Oder tritt die Seele später ein, wenn es wahrscheinlicher ist, dass der Fötus überlebt?

Die Mehrheit – 89 Prozent – von Dr. Wambachs Probanden antwortete, dass sie mit dem Fötus bis in den sechsten Schwangerschaftsmonat nichts zu tun hatten. Viele berichteten, dass sie auch dann noch nicht völlig mit dem Körper des Fötus vereint waren, sondern sich vielmehr frei hinein- und herausbewegen konnten. Eine Frau erinnerte sich daran, dass sie erst in letzter Minute in den Fötus eingetreten war, weil sie »anderswo zu glücklich und beschäftigt« war und kein Interesse daran hatte, die wertvolle Zeit außerhalb eines Körpers in Gefangenschaft zu verbringen.[4]

Die Statistik, die ich im Kontext der Abtreibungsfrage am interessantesten finde, ist, dass 33 Prozent berichteten, dass sie sich erst *in letzter Minute* mit dem Fötus verbanden, kurz vor dem Geburtsprozess oder währenddessen.

Allerdings erinnerten sich diese Spätankömmlinge genau wie die anderen Teilnehmer in dem Experiment daran, wie sie im Umfeld ihrer Mutter herumschwebten und sich dabei telepathisch auf ihre Gefühle während der Schwangerschaft einstellten und beobachteten, was sie tat. Auch wenn diese Seelen sich bis zur letzten Minute nicht vollständig mit dem Fötus verbanden, richtete sich ihr Bewusstsein auf den Fötus, die

Mutter und sogar die Familie aus, mit denen sie in dieser Zeit schon in Kontakt waren. Es ist, als wären sie noch in der Erdumlaufbahn herumgeflogen, während sie sich bereits auf die Landung vorbereiteten.

Es gibt ausreichend Hinweise auf die Fähigkeit der Seele, zur Zeit der Schwangerschaft beweglich und unabhängig zu bleiben, dabei aber alles mitzubekommen, was in der Mutter und um sie herum vor sich geht. Das Seelenbewusstsein scheint nicht nur zu telepathischer Wahrnehmung fähig zu sein, sondern auch zur Beobachtung von »oben«. Ich habe etliche Fälle, in denen Kinder Details bestimmter Ereignisse kennen, die sich zutrugen, bevor sie geboren wurden. Sie folgten ihren zukünftigen Eltern und überprüften sie.

Ein zweijähriger Junge erinnerte sich beispielsweise daran, dass seine Mutter sich einen schlimmen Schnitt am Finger zuzog und ins Krankenhaus musste, wo sie mit mehreren Stichen genäht wurde. Er erklärte seiner Mutter, wie er über ihr geschwebt war und alles beobachtet hatte. Was die Sache für sie aber völlig klarstellte, war ein Detail, an das das Kind sich erinnerte: Er sagte, dass sie ein gelbes Kleid getragen hatte, als der Unfall passierte und dass sie es weggeschmissen hatte, weil es über und über mit Blut beschmiert war. Das war völlig richtig, aber die Mutter hatte es komplett vergessen, bis der Sohn sie daran erinnerte.

Dr. Wambachs Schlussfolgerung, dass die Seele zu jedem Zeitpunkt innerhalb der Schwangerschaft in den Fötus eintreten kann, wird durch ein auffälliges und verwirrendes Muster in Dr. Stevensons Werk gestützt. In *Reincarnation and Biology* listet er 21 Fälle auf, in denen ein Kind *weniger als neun Monate* nach dem Tod seiner früheren Persönlichkeit geboren wurde.[5] Mit anderen Worten: Der neue Körper wurde empfangen und entwickelte sich, bevor die frühere Inkarnation endete und die

Seele von ihrem früheren Körper befreit war. Dr. Stevensons Hinweise stellen die Auffassung in Frage, dass eine Seele zum Zeitpunkt der Empfängnis in den Mutterleib eintreten muss und dann an den Fötus gebunden ist. Zumindest aber stellt sie unser Bedürfnis in Frage, Angelegenheiten der Seele in strikt linearer Zeitabfolge zu betrachten. Diese Enthüllung ermöglicht es, einige der Fälle von Reinkarnation in der Familie zu berücksichtigen, in denen die Zeitspanne zwischen Tod und Wiedergeburt weniger als neun Monate beträgt.

Über die Abtreibung verhandeln

Werden Seelen durch eine Abtreibung beeinflusst? Schleppen sie Gefühle wie Angst, Wut oder Ablehnung mit sich herum, weil sie aus dem Mutterleib entfernt wurden? Es ist schwer, aus einer Handvoll Aussagen von Kindern, die sich an das Ereignis erinnern, Rückschlüsse auf alle abgetriebenen Babys zu ziehen. Aber wie bei allen anderen Dingen, in die Einzelpersonen involviert sind, scheinen verschiedene Seelen in unterschiedlicher Weise auf das Ereignis zu reagieren. Einige Kinder, die sich daran erinnern, abgetrieben worden zu sein, sind erschüttert und der seelische Schock verfolgt sie noch immer. Andere scheinen es mit Fassung zu tragen und sind in keiner Weise beeinträchtigt.

Ich erhielt die folgende E-Mail von einer Mutter, die davon überzeugt war, dass ihr abgetriebenes Kind zu ihr zurückkehrte. Er war von der Erinnerung immer noch verstört.

Als ich mit 41 schwanger wurde, drängten mich die Ärzte wegen meines Alters und weil ich eine Bluterkrankung habe, das Baby abtreiben zu lassen. Sie hatten Angst, dass mein Leben in Gefahr wäre, wenn ich das Baby austrug.

Ich war wegen meines Dilemmas am Boden zerstört und flehte und betete Gott um Vergebung an, weil ich glaubte, dass Abtreibung Mord ist. Aber ich hatte keine Wahl. Ich musste die Abtreibung überstehen, weil ich einen kleinen Sohn zu Hause hatte und es nicht riskieren konnte, zu sterben und ihn mutterlos zurückzulassen.

Ein Jahr nach der Abtreibung wurde ich trotz Verhütung und obwohl ich sehr vorsichtig war, erneut schwanger. Dieses Mal entschied ich, die Schwangerschaft fortzusetzen, egal wie hoch das Risiko war. Ich hatte einen Kaiserschnitt und bekam einen gesunden Jungen, den wir Reese nannten.

Eines Tages, als Reese drei war, waren wir mit dem Auto unterwegs, um Besorgungen zu machen, als Reese plötzlich in seinem Kindersitz zu weinen und zu zittern begann. Ich war von diesem Ausbruch so überrascht, dass ich am Straßenrand auf einem Parkplatz anhielt. Ich konnte nichts erkennen, das ihn so aufgeregt haben könnte. Ich fragte: »Was ist los, Reese?«

Er stotterte unter Tränen: »Als ich früher schon einmal in deinem Bauch war, kam eine Schlange und aß mich auf. Dann bin ich in ein Regenbogenland gegangen. Ein Engel kam und fragte mich, was ich tun wollte. Ich habe dem Engel gesagt, dass ich zu dir zurück möchte, Mama.«

Ich weinte, als Reese seine Geschichte erzählte, weil ich mich daran erinnerte, dass der Arzt, der die Abtreibung vornahm, ein Operationswerkzeug benutzt hatte, das wie eine Schlange aussah – genau wie Reese es beschrieben hatte. Bis zu diesem Moment hatte ich nie an Reinkarnation geglaubt. Aber ich habe keinen Zweifel daran, dass sich Reese wirklich daran erinnerte, das Kind gewesen zu sein, das ich abgetrieben hatte. Jetzt glaube ich, dass es Reinkarnation wirklich gibt.

Ich verstand, dass Reese starke, emotionale Erinnerungen an die Abtreibung quälten. Aber nachdem er darüber gesprochen hatte, schienen seine Gefühle sich aufzulösen, und nach diesem Tag hat er die Abtreibung nie wieder erwähnt.

Wegen dieser Erfahrung mit meinem Sohn fühle ich mich verpflichtet, anderen Menschen meine Geschichte zu erzählen, um sie zu warnen, dass die Seele eines ungeborenen Kindes Gefühle *hat* und durch eine Abtreibung beeinflusst werden kann. Gleichzeitig möchte ich Mütter damit trösten, dass ihre abgetriebenen Kinder in Form eines anderen Kindes zu ihnen zurückkehren *können*. Und ich danke Gott dafür, dass er mir meinen kleinen Jungen zurückgegeben hat.

Wenn einige Seelen aufgewühlt sind, weil sie abgetrieben wurden, und andere es ignorieren, haben diese unterschiedlichen Reaktionen vielleicht etwas mit dem Grad zu tun, in dem die Seele sich bereits mit dem wachsenden Fötus identifiziert hat. Wenn die ankommende Seele sich zur Zeit der Abtreibung noch nicht vollständig mit dem Fötus verbunden hat, kann sie das Ereignis vielleicht aus der Sicht eines Beobachters erleben und emotional unberührt bleiben. Aber wenn die Seele sich bereits früh mit dem Fötus verbunden hat, kann es sein, dass sich die Abtreibung für sie eher wie eine persönliche Verletzung anfühlt und emotionalen Stress verursacht wie bei Reese.

Reinkarnationsforscher behaupten, dass einige Seelen sich während der Lebensplanung darüber bewusst sind, dass die Wahrscheinlichkeit, abgetrieben zu werden, hoch ist. Auch wenn die Abtreibung an sich immer ein Akt des freien Willens der Mutter ist, kann es sein, dass zwischen der ankommenden Seele und der Mutter schon vor *ihrer* Geburt die karmische Vereinbarung getroffen wurde, zum beiderseitigen Vorteil ihrer miteinander verflochtenen Seelen an diesem Ereignis teilzunehmen. Aus unserer Perspektive ist es schwierig zu ergründen, warum eine Seele es sich aussuchen würde, in einen Bauch zu gehen, nur damit ihr Plan, geboren zu werden, durchkreuzt wird. Aber aus der Perspektive vieler Leben ist diese Erfahrung vielleicht ein Mittel für die Seele, bestimmte notwendige Lektionen zu lernen, die nur gelernt werden können, indem sie einen Körper annimmt, wenn auch nur für kurze Zeit.

Der jetzt folgende Fall von Dr. med. Gladys McGarey ist einer von denen, in denen ein Kind sich daran erinnert, abgetrieben worden zu sein, sich darüber aber nicht aufregt. Sie erzählt die Story in ihrem bahnbrechenden Buch *Born to Live.*

Eine Mutter ging mit ihrer vierjährigen Tochter zum Mittagessen aus. Völlig aus heiterem Himmel bemerkte das Kind: »Das letzte Mal, als ich ein kleines Mädchen war, hatte ich eine andere Mama!« Das Mädchen fuhr fort: »Aber das war nicht das letzte Mal. Das letzte Mal war ich zehn Zentimeter groß und in deinem Bauch. Aber Papa war noch nicht bereit, dich zu heiraten, also ging ich weg. Aber dann kam ich wieder.« Ihre Augen verloren ihren abwesenden Ausdruck und sie begann wieder, über Dinge zu reden, die Vierjährige interessieren.

Die Mutter war fassungslos und schwieg. Niemand außer ihrem Mann und ihrem Arzt wusste davon. Sie war zwei Jahre bevor sie und ihr Mann bereit waren zu heiraten, tatsächlich schwanger geworden. Sie war bereit, das Kind zu bekommen, ihr zukünftiger Mann aber nicht. Im vierten Monat hatte sie eine Abtreibung.

Als die zwei dann heirateten und bereit waren, ihr erstes Kind zu bekommen, erschien das gleiche Wesen. Und das kleine Kind sagte doch wahrhaftig: »Ich hege keinen Groll auf dich, weil du diese Abtreibung hattest. Ich habe das verstanden. Ich weiß, warum es gemacht wurde, und es ist in Ordnung. Und hier bin ich wieder ... Lass uns weitermachen mit den Dingen des Lebens.«[6]

Auch wenn dieses Kind durch die Erinnerungen nicht beeinträchtigt zu sein schien, ging in Dr. McGarey durch die Geschichte der Mutter eine tiefe Veränderung vor. Sie hatte bereits mehr als dreißig Jahre als Geburtshelferin gearbeitet, aber keine Ahnung davon, dass ein abgetriebenes Baby als ein späteres Kind zur selben Mutter zurückkehren und sich daran erinnern konnte. Sie erkannte die Konsequenzen für die Beratung anderer Mütter mit unerwünschten Schwangerschaften schnell. Dies war eine neue, erheblich andere Art, die Abtreibung zu betrachten – aus der Perspektive der ankommenden Seele, die ein eigenes Bewusstsein hat. Sie schlussfolgerte: »Wenn die Seele, die den Wunsch hat, geboren zu werden, sich dessen bewusst ist, was vor der Geburt in der Mutter vorgeht, warum sollte man nicht versuchen, sie in die Entscheidung, ob abgetrieben werden soll oder nicht, mit *einzubeziehen?*«

Rasch setzte sie diese Idee einem praktischen Test aus. Eine schwangere 15-Jährige kam zur Abtreibungsberatung in ihr Büro. Dr. McGarey riet dem Mädchen und seiner Familie, ein Gebet zu sprechen, in dem sie die Abtreibung thematisierte, auf Anleitung zu horchen und um Träume zu bitten, bevor sie eine Entscheidung fällten. Sie bereitete sie darauf vor, offen für jegliche Kommunikationsversuche von der ankommenden Seele zu sein. Nachdem das Mädchen und seine Familie Dr. McGareys Ratschlägen gefolgt waren, änderte sich ihre Meinung nicht. Sie gelangten zu der Schlussfolgerung, dass sie die Abtreibung durchführen mussten. Dr. McGarey begann, Vorkehrungen für die Prozedur zu treffen. Aber am nächsten Morgen rief die Familie an und teilte ihr mit, dass das Mädchen eine spontane Fehlgeburt gehabt hatte. Dr. McGarey fragte sich, warum das passiert war. Hatte die Seele des Babys verstanden und war von selbst gegangen?

Von diesem Zeitpunkt an setzte Dr. McGarey ihre Experimente mit der erweiterten Form der Kommunikation zwischen Mutter und ankommender Seele fort. Sie ermutigte ihre Patientinnen routinemäßig, mit ihrem ungeborenen Kind zu kommunizieren, bevor sie die endgültige Entscheidung über die Beendigung einer Schwangerschaft trafen. Sie riet ihnen, mit dem Baby in den Dialog zu treten, indem sie die Gründe aufschrieben, die ihrer Meinung nach für den Abbruch sprachen, und der Antwort des Babys »zuhörten«. Nachdem sie auf diese Art mit dem Baby kommuniziert hatten, entschieden sich einige Frauen, es zu behalten, andere wählten die Abtreibung. Aber *einige* von denen, die sich für die Abtreibung entschieden, hatten *spontane* Fehlgeburten, bevor sie ihren Termin für die medizinische Prozedur wahrnehmen konnten. Nachdem Dr. McGarey eine Reihe dieser spontanen Fehlgeburten beobachtet hatte, schlussfolgerte sie, dass der erste Fall der 15-Jährigen keine Ausnahmeerscheinung war.

In ihrem Buch erklärt sie, wie die Erfahrungen der Frauen, mit denen sie gearbeitet hatte, sie davon überzeugten, dass die Seele dazu bereit ist, den Körper zu verlassen und auf einen besseren Zeitpunkt zu warten, wenn die Umstände wirklich nicht geeignet sind, um zum betreffenden Zeitpunkt die Schwangerschaft fortzusetzen und ein Baby zur Welt zu bringen. Das ist »ähnlich einem Gastgeber, der einem Gast, der einen Besuch vorschlägt, sagt, dass der vorgeschlagene Termin nicht passt, aber er ihn sechs Monate später gerne besuchen kann. Die Person kann dann zusagen, in sechs Monaten zu kommen, oder die Besuchsidee ganz aufgeben. Wenn wir das Baby als bewusstes Wesen wahrnehmen, mit ihm kommunizieren und die Umstände erklären, kann es eine Entscheidung treffen. So wird der Abtreibungsprozess ein spiritueller Akt, der von Liebe und Sorge ausgeht, und ist nicht einfach eine mechanische medizinische Prozedur.«[7]

Seit mehr als zwanzig Jahren sind Mediziner und Therapeuten nun Dr. McGareys Beispiel in der Beratung von Patientinnen mit unerwünschten Schwangerschaften gefolgt. Wie Dr. McGarey fördern sie Dialoge zwischen der Mutter und der Seele des ungeborenen Kindes. Sie bestätigen ihre ursprüngliche Feststellung, dass ein Dialog dieser Art es der Mutter erlaubt, ihre Traurigkeit, Schuld, Wut und all die anderen komplexen Emotionen, die eine unerwünschte Schwangerschaft begleiten, in einem Rahmen auszudrücken, der sie dafür nicht verurteilt. Der Dialog erlaubt es der Mutter auch, der Seele des ungeborenen Kindes all die Gründe, aus denen sie die Schwangerschaft nicht fortsetzen kann, klar und unmittelbar mitzuteilen. Wenn die Seele des Kindes die Kommunikation der Mutter wirklich aufnehmen kann und die Mutter sich für die Abtreibung entscheidet, wird die Seele weder Schmerz noch Verwirrung durch diese Abweisung spüren. Stattdessen wird sie verstehen, warum sie diese spezielle Mutter zu diesem speziellen Zeitpunkt nicht betreten kann.[8]

Mach dir keine Sorgen, Mama, das war ich

Mütter wissen oft nicht, dass die Kommunikation mit dem ungeborenen Baby möglich ist, und sie haben keine Ahnung davon, dass die Seele des Babys, das sie abgetrieben haben, zu ihnen zurückkehren kann. Deshalb leiden manche Mütter noch viele Jahre nach der Abtreibung sehr unter der Traurigkeit, Trauer und Schuld, die durch ihre Tat verursacht wurden. Wie die folgende Geschichte zeigt, ist es jedoch nie zu spät für eine Mutter, sich bei der Seele zu entschuldigen und ihr zu erklären, was geschehen ist – sogar, wenn der Dialog mit einer Seele erfolgt, die als anderes Kind zu ihr zurückgekehrt ist.

Eine Mutter aus Texas beschreibt, was ihr widerfuhr:

Mein Kind ist jetzt 24 Jahre alt, aber ich habe nie vergessen, was es vor langer Zeit, im Alter von erst drei Jahren, zu mir sagte.

Eines Tages fuhren Joel und ich von seiner Vorschule nach Hause. Er saß neben mir und malte ein Bild aus, während ich eine Abtreibungsdebatte im Radio anhörte. Plötzlich meldete er sich zu Wort: »Abtreibung ist nicht richtig.« Ich fiel fast hintenüber, denn mir war nicht klar gewesen, dass er überhaupt zuhörte oder wusste, was das Wort *Abtreibung* bedeutete.

Da ich nicht wollte, dass mein kleiner Sohn so schnell lernte, andere zu verurteilen, erklärte ich: »Joel, Abtreibung ist eine der Wahlmöglichkeiten, die eine Mutter hat. Als ich 16 war, machte ich einen Fehler und musste eine Abtreibung durchführen lassen. Ich war immer traurig drüber, aber ich tat das, von dem ich damals spürte, dass ich es tun musste.«

Ich hatte immer große Schuldgefühle wegen meiner Abtreibung gehabt und dadurch, dass ich nun mit meinem Sohn darüber sprach, kamen all die Emotionen und die Traurigkeit, die ich zu verdrängen versucht hatte, wieder in mir hoch. Ich konnte nicht erkennen, ob er das verstand, was ich sagte, oder ob er überhaupt zuhörte, denn er malte weiter sein Bild aus.

Dann sagte Joel ganz nüchtern, als ob er über etwas erzählte, das er in der Vorschule erlebt hatte: »Mach dir keine Sorgen, Mama, das war ich. Ich bin einfach wieder zurück in den Himmel gegangen und habe auf dich gewartet.« Er hob noch nicht einmal den Kopf von seinem Ausmalbuch.

Von diesem Tag an fühlte ich einen Frieden in meinem Leben, den es für mich nicht mehr gegeben hatte, seit ich sechzehn war.

8

Vorausdeutende Träume

Im Traum leuchtete sein Gesicht von innen.
Während er so wunderschön und friedlich lächelte,
sagte er: »Ich kenne dich – ich kenne dich bereits.
Wir werden bald zusammen sein.« Und dann war er
mit einem letzten beruhigenden Lächeln
verschwunden. Wenn ich mich an diesen Traum
erinnere, kommen mir die Tränen, denn er war so
ein wunderbares Geschenk. Er gab mir das Gefühl,
dass wir uns schon eine Ewigkeit kannten.

Seelen sind im Jenseits sehr beschäftigt. Sie planen nicht nur ihre nächste Inkarnation und handeln deren Details aus. Sie *kommunizieren* in manchen Fällen auch mit Sterblichen auf der Erde. Sie senden geliebten Menschen, die sie auf der Erde zurückgelassen haben, Nachrichten, um sie davon zu überzeugen, dass sie »am Leben« sind und es ihnen in der geistigen Welt gut geht. Und einige Seelen kommunizieren, bevor sie inkarnieren, mit der Familie, die sie sich ausgesucht haben: »Ich komme! Bereitet euch auf mich vor!« Wenn eine Seele beschlossen hat, zu der Familie zurückzukehren, die sie bei ihrem letzten Tod zurückgelassen hat, kann ein solcher Kommunikationsversuch das erste Zeichen sein, dass ein verstorbener Verwandter plant zurückzukehren.

Auch wenn diese Mitteilungen aus dem Jenseits zu jedem Zeitpunkt der Seelenreise entlang des Bewusstseins-Kontinuums vorkommen können, treten sie in der Regel besonders häufig kurz nach dem Tod und kurz vor der Empfängnis und der Geburt auf. Die vorgeburtliche und die Nachtod-Kommunikation ähneln sich – tatsächlich handelt es sich um zwei Seiten derselben Medaille. Seelen können sich uns durch Visionen im Wachzustand, durch Geräusche und Stimmen, sogar durch Gerüche und Berührungen zeigen. Aber der bei weitem am häufigsten vorkommende Kanal sowohl für vorgeburtliche als auch für die Nachtod-Kommunikation sind Träume. *Vorausdeutende Träume*, wie sie genannt werden, kommen besonders häufig in der vorgeburtlichen Kommunikation vor und sind ein häufig auftretendes Muster bei Fällen von Reinkarnation in der Familie.

Die vorgeburtliche und die Nachtod-Kommunikation können mit Funkmitteilungen verglichen werden, die ein Schiff auf dem Meer erhält. Das Schiff sticht in See, hält aber Kontakt zum Hafen, bis es außerhalb der Reichweite der Funksignale ist. Dann werden die Nachrichten undeutlich und hören schließlich ganz auf. Sobald das Schiff sich der Küste erneut nähert, empfängt es wieder Nachrichten, die nach und nach besser zu vernehmen sind. Eine kürzlich verstorbene Seele sendet ihren Verwandten, die auf der Erde zurückgeblieben sind, ebenfalls Nachrichten der Liebe und Sorge, aber nach einer Weile werden diese seltener. Vielleicht liegt das daran, dass das Bedürfnis der Seele, die geliebten Menschen auf der Erde zu kontaktieren, sich verringert, während sie in der geistigen Welt Fortschritte macht und ihre Verpflichtungen und Sorgen des letzten Lebens loslässt. Doch während die Seele sich darauf vorbereitet, in einem neuen Körper zurückzukehren, beginnt sie abermals, Nachrichten zu senden – entweder an eine neue Familie an einer fernen Küste oder an die Familie, die sie im Hafen zurückgelassen hat. In Ausnahmefällen wagt sich die Seele nie weit von der Küste weg und bleibt während der gesamten Zeit zwischen Tod und Wiedergeburt in Kontakt mit der Familie.

Die vorgeburtliche Kommunikation ist ein wichtiger Bestandteil der Reinkarnation in der Familie. Natürlich kann sie auch vor der Ankunft einer unbekannten Seele auftreten. Aber in Fällen von Reinkarnation in der Familie ist sie am bedeutsamsten – und am dramatischsten –, weil die Familie dazu in der Lage ist, die Zeichen, die mit dieser bestimmten Seele assoziiert sind, zu erkennen.

Wenn Sie die Möglichkeit akzeptieren, dass die Seele von der anderen Seite aus kommunizieren kann, und die verschiedenen Formen der Kommunikation kennen, werden Sie darauf vorbereitet sein, die Zeichen zu erkennen, wenn sie auftreten. Sie werden offen dafür sein, Nachrichten zu erhalten, die liebevoll aus der geistigen Welt gesendet werden – besonders die Nachrichten, die eine freudige Wiedervereinigung mit einer Person ankündigen, die Sie geliebt haben, bevor der Tod sie Ihnen weggenommen hat.

Den Hafen verlassen

Eine überraschende Anzahl an Menschen erlebte eine direkte Kommunikation mit geliebten Verstorbenen und in den letzten Jahrzehnten haben sie begonnen, offen darüber zu sprechen. Aus diesem Grund ist die Nachtod-Kommunikation heute bekannter und besser dokumentiert als die vorgeburtliche Kommunikation. Weil die Kommunikationsmodi in beiden Fällen im Wesentlichen gleich sind, können wir uns zunächst die bekannteren Formen der Nachtod-Kommunikation ansehen. So finden wir heraus, wonach wir Ausschau halten müssen, wenn Seelen ihre bevorstehende Rückkehr auf ähnliche Weise kommunizieren.

Es ist nicht unüblich, dass überlebende Verwandte ihre verstorbenen Lieben sehen, ihre Stimmen hören oder ihre Anwesenheit spüren. Diese Kontakte treten sporadisch auf, sind manchmal undeutlich und in der Regel subtil. Weil die meisten Menschen nicht wissen, dass eine Kommunikation zwischen dieser Welt und der geistigen Welt überhaupt möglich ist, werden solche Gelegenheiten oft verpasst oder als Zufall, als unheimliche Empfindung oder als übermäßig aktive Einbildungskraft abgetan, während in Wirklichkeit ein verstorbener Verwandter versucht, Kontakt aufzunehmen.

Die Seelen erscheinen, indem sie einen unserer Sinne ansprechen. Manchmal sind sie sichtbar. Ein Geist oder eine körperlose Seele erscheint als durchscheinende, energetische Form der Person. Ich habe dies selbst beim ersten Familientreffen nach dem Tod meines Vaters erlebt. Ich erhaschte einen Blick auf seine durchscheinende Gestalt, die durch den langen Hausflur meines Hauses schwebte. Es ging schnell. Aber es hinterließ einen bleibenden Eindruck bei mir.

Den Autoren Bill und Judy Guggenheim zufolge, die in *Trost aus dem Jenseits* viele Formen der Nachtod-Kommunikation dokumentieren, kann eine Seele ihre Anwesenheit auch über den Geruchssinn zu erkennen geben. Ein Geruch oder ein Parfüm, das wir eng mit dem Verstorbenen in Verbindung bringen – zum Beispiel der Duft von Rosen, Pfeifentabak, ein Lieblingsparfüm oder eine Lieblingscreme –, materialisiert sich, wenn es keine mögliche Quelle dafür geben kann. Jede

Art von Geruch umgeht den logischen Denkprozess, so dass wir sofort und ohne nachzudenken wissen, dass der Verstorbene anwesend ist. Die einzigartige Assoziation mit dem Geruch ist die Art, in der der Verstorbene uns mitteilt: »Ja, ich bin hier, ich bin bei dir.«

Das Hören ist ein anderer Kanal, den der Verstorbene zur Kommunikation nutzen kann. Es kann passieren, dass der Hinterbliebene den Verstorbenen als Stimme »außerhalb des Kopfes« hört oder Nachrichten telepathisch im Geiste empfängt. Das kann das Ergebnis eines Dialogs sein, den der Hinterbliebene durch Gebete oder Bitten um Kontakt initiiert hat. Oder es passiert spontan, indem Wörter oder Phrasen abrupt im Geiste auftauchen.

All diese Sinneserfahrungen können von konkreten Empfindungen des Körpers begleitet werden: Kälteschauer, Hitzewogen oder Energiestöße, die durch den Körper strömen.

Manchmal gibt der Geist sich auch durch eine tröstende Berührung der Wange, einen Schlag auf die Schulter oder eine Umarmung zu erkennen.

Das rosa Spielzeugtelefon

Es sollte keine Überraschung sein, dass kleine Kinder empfänglicher für Nachtod-Kommunikation sind als Erwachsene. Ich nehme an, das liegt daran, dass sie erst kürzlich aus der geistigen Welt zurückgekehrt sind. Sie sind noch nicht darauf konditioniert worden, das, was sie wahrnehmen, *nicht* zu glauben. Deshalb ist es für sie nicht ungewöhnlich, verstorbene Großeltern, Eltern oder Geschwister zu sehen und mit ihnen komplette Gespräche zu führen. Diese Gespräche sind nicht die üblichen einseitigen Monologe, die wir mit Fantasiespielen assoziieren, sondern vollständige, wechselseitige Dialoge mit angemessenen Pausen, in denen das Kind zuhört. Manchmal gibt das Kind anschließend Nachrichten weiter, die die Erwachsenen schockieren, weil sie spezielle, exakte Informationen oder Details über den Verstorbenen enthalten, die dem Kind nicht bekannt gewesen sein können.

Ich habe unter meinen Fällen einen außergewöhnlichen Fall von Erinnerung an ein früheres Leben, der nicht mit dem wiedergeborenen Kind, sondern mit seiner kleinen Schwester Lauren beginnt, die mit ihrem Bruder sprach, nachdem er gestorben war. Ihre Mutter Nadine beschreibt, was sie sah:

> Einige Monate nachdem mein 16-jähriger Stiefsohn Roger bei einem Autounfall gestorben war, begann die zweijährige Lauren, mit ihrem rosa Spielzeugtelefon Telefongespräche mit ihm zu führen. Diese häufig vorkommenden Gespräche waren lang, angeregt und voll Lachen. Sie waren unheimlich, denn die kleine Lauren machte an allen passenden Stellen der Konversation Pausen. Sogar ältere Kinder wissen nicht, wann sie Pausen machen müssen, wenn sie so tun, als ob sie telefonieren.
>
> Ich fragte stets: »Mit wem sprichst du heute?«
>
> Sie antwortete jedes Mal: »Roger. Roger hat mich angerufen.«
>
> Über ein Jahr lang passierte das so häufig, dass wir nicht mehr oft darüber nachdachten. Dann kündigte mir Lauren eines Tages, während sie beim Abendessen in ihrem Hochstuhl saß und mit ihren Spaghetti herummatschte, an: »Weißt du, Roger hat gesagt, er kommt sehr bald zurück.«
>
> Ich wollte ihr Geplapper nicht unterbrechen, aber ich hatte das Gefühl, ehrlich zu ihr sein zu müssen: »Nein, Süße, Roger kommt nicht mehr zurück, er ist gestorben. Er ist jetzt im Himmel.«

Doch Lauren bestand darauf: »Aber ich habe mit ihm gesprochen und er hat mir gesagt, dass er zurückkommt!« Dann fügte sie wichtig hinzu: »Und er kommt viel früher zurück, als du denkst.«

Ich ließ ihre Bemerkung so stehen, weil ich dachte, dass sie zu jung war, um zu verstehen, was der Tod bedeutet.

Einige Tage später waren wir in der Mall einkaufen und gingen zu Belk. Lauren zog mich zu einem Stand mit Babykleidung für Jungen. Ich dachte, dass sie mich dazu bringen wollte, ihr ein paar Kleidungsstücke zu kaufen, und versuchte sie von dem Stand wegzuführen, indem ich ihr erklärte, dass diese Sachen für kleine Jungen waren, nicht für kleine Mädchen.

Aber Lauren sagte: »Wir brauchen Kleidung für Roger. Er kommt zurück. Wieder war ich überrascht von ihrer Beharrlichkeit. Sie war sicher, dass Roger zurückkam, und wollte, dass ich mich vorbereitete.

Ich legte diese Ereignisse zu den Akten und dachte nicht mehr viel darüber nach, bis ein paar Jahre später Donald geboren wurde und begann, all diese erstaunlichen Dinge zu sagen.

Nadines Sohn Donald wurde ein paar Jahre später geboren, nach einer laut den Ärzten für die 43-jährige Mutter »unmöglichen« Schwangerschaft. Als er heranwuchs, machte er Dutzende exakte und verblüffende Bemerkungen über den Autounfall, Veränderungen im Haus seit Rogers Tod und Ereignisse aus der Zeit, als Roger noch am Leben war, was für jeden in der Familie bewies, dass Donald der wiedergeborene Roger war.

In der Rückschau ist Nadine überzeugt davon, dass Laurens Telefongespräche mit ihrem Bruder an ihrem rosa Spielzeugtelefon echt waren und dass er sie wirklich über seine baldige Rückkehr informiert hatte. Nadine sendete mir einen wunderbar vorausdeutenden Schnappschuss, der an dem Weihnachtsfest aufgenommen wurde, bevor Roger starb. Auf dem Foto sieht man einen dunkelhaarigen Teenager, der auf seine Babyschwester hinunterstrahlt, die sich ein rosa Telefon ans Ohr hält – das gleiche Telefon, das die beiden zur Kommunikation nutzten, nachdem er gestorben war.

In meinen Träumen werde ich dich sehen

Obwohl geistige Wesen eine große Auswahl an Hilfsmitteln nutzen, um mit den Lebenden zu kommunizieren, sind Träume die üblichste Form der direkten Kommunikation. Träume sind der Ort, an dem sich beide Welten treffen. Die Forscher Joel Martin und Patricia Romanowski berichten in ihrem Buch *Love Beyond Life*, dass die tiefgründigsten und längsten Gespräche in diesem Zustand stattfinden. Sie legen nahe, dass der Grund dafür darin liegt, dass es im Traumzustand am einfachsten für das geistige Wesen ist, mit dem Lebenden Kontakt aufzunehmen, weil im Schlaf unsere rationalen Filter nicht so stark sind und unser Geist daher beweglicher und ungewöhnlichen Erfahrungen gegenüber offen ist. Eine andere faszinierende Möglichkeit besteht darin, dass *wir* während des Schlafes unsere Körper verlassen und bei Astralreisen auf unsere Verstorbenen treffen – in einer Dimension, die für uns wie für sie erreichbar ist, auf neutralem Boden für körperlos Reisende.

Was auch immer der genaue Mechanismus ist, der dahintersteckt, diese Träume – die treffender als *Besuche* beschrieben werden können – sind für den Träumenden von großer Bedeutung. Sie sind wesentlich realer und lebendiger als gewöhnliche Träume. In solchen Träumen können die Träumenden ihre verstorbenen Liebsten klar sehen und sie umarmen. Die Verstorbenen haben das gleiche Erscheinungsbild wie im Leben und wenn sie vor ihrem Tod krank waren, erscheinen sie wieder in voller Gesundheit. Wachen die Träumenden nach einer dieser lebendigen Begegnungen auf, fühlen sie sich, als hätten sie tatsächlich mit den Verstorbenen gesprochen. Die Eindrücke solcher Träume bleiben im Gegensatz zu denen gewöhnlicher Träume klar in der Erinnerung haften und begleiten den Träumenden noch lange Zeit, sogar Jahre nach dem Erlebnis.

Weil Träume in der Regel länger dauern als die anderen Kommunikationsformen, mittels derer Verstorbene Kontakt aufnehmen, bieten sie die Möglichkeit, ausgedehnte und bedeutungsvolle Nachrichten zu übermitteln. Der Informationsaustausch erfolgt im Rahmen dieser Besuche in der Regel telepathisch; die Informationen fliegen ohne gesprochene Worte von einem Verstand zum anderen. Sogar wenn die Nachrichten symbolisch sind, ist im Gegensatz zu gewöhnlichen Träumen in der Regel keine Deutung notwendig. Ihre Bedeutung ist der wörtlichen sehr nahe und einfach zu verstehen. Manchmal sind die Botschaften allein zur Beruhigung und zum Trost gedacht, manchmal sagen die Nachrichten aber auch zukünftige Ereignisse voraus oder liefern dem Träumenden Problemlösungen oder Antworten auf seine Fragen.

Die Nachtod-Kommunikation tritt in den Tagen und Wochen nach dem Tod und auch einige Jahre danach am häufigsten auf. Dann kann es sein, dass die direkte Kommunikation aufhört – aber nicht immer. Es gibt keine uneingeschränkt zutreffenden Regeln. Es kann sein, dass der Verstorbene nach einigen Jahren des Schweigens ohne ersichtlichen Grund erneut Kontakt aufnimmt oder sich in gefährlichen und schwierigen Zeiten wieder meldet. Manchmal erscheinen die Verstorbenen in krisenhaften Situationen und warnen die Hinterbliebenen, versorgen sie mit hilfreichen Ratschlägen oder versichern ihnen, dass alles gut gehen wird.

Zum Hafen zurückkehren

Die meisten Menschen haben noch nie von vorgeburtlicher Kommunikation oder vorausdeutenden Träumen gehört. Bis vor kurzem hat niemand versucht, das Phänomen zu dokumentieren oder zu erforschen. Und weil es sich dabei um so eine persönliche Erfahrung handelt, ist sie für einen Außenstehenden fast unmöglich zu beweisen. Sie wird in der Öffentlichkeit selten diskutiert. Die Mütter und Väter, die sie erlebt haben, wissen, dass sie für sie wahr ist, aber sie behalten das für sich oder erzählen bestenfalls beim Kaffee oder in der Spielgruppe von der sonderbaren Geschichte, die sie erlebt haben.

Die vorgeburtliche Kommunikation ähnelt der Nachtod-Kommunikation in ihrer subtilen Art und in der Art und Weise, wie sie die fünf Sinne als Kommunikationskanäle nutzt. Aber ihr Zweck ist ein anderer. Die ankommende Seele signalisiert durch vorgeburtliche Kommunikation ihre Absicht, in eine bestimmte Familie geboren zu werden.

Vorgeburtliche Kommunikation kann vor der Empfängnis, zu jedem Zeitpunkt innerhalb der Schwangerschaft oder direkt vor oder nach der Geburt stattfinden. Die Seelen geben sich der werdenden Mutter oder anderen Familienmitgliedern in vorausdeutenden Träumen oder Visionen zu erkennen – oder sie »sprechen«. Auf die eine oder andere Art kündigen sie an: »Ich komme!« Aber die Träume, Erscheinungen oder Gespräche können auch spezielle Informationen liefern, die den Eltern dabei helfen zu verstehen, wer als ihr Kind zu ihnen kommt.

Wie die Nachtod-Kommunikation ist auch die vorgeburtliche Kommunikation nichts Neues. In vielen nichtwestlichen Kulturen wird eine vorhergehende Existenz als erwiesen angenommen und mit vorgeburtlicher Kommunikation gerechnet. Die tibetischen Buddhisten nutzen Träume, um die nächsten Inkarnationen ihrer spirituellen Führer zu lokalisieren. In unserer jüdisch-christlichen Kultur gibt es seit jeher Geschichten von Botschaften, die Geburten wichtiger Persönlichkeiten ankündigen. Die bekanntesten findet man in der Bibel. Im Lukasevangelium teilt der Erzengel Gabriel Zacharias mit, dass seine Frau Elisabeth in ihrem fortgeschrittenen Alter noch einen Sohn haben wird (eine »unmögliche Schwangerschaft«) und dass er Johannes heißen soll. Dann besucht Gabriel die Jungfrau Maria in Galiäa und – nun, den Rest der Geschichte kennen Sie. Aber weil wir eine »moderne«, rationale Weltanschauung entwickelt haben, die jedes Phänomen, das nicht im Labor nachgebildet werden kann, verunglimpft, sind solche Kommunikationsformen als übermäßige Einbildungskraft, Wunschdenken, »Märchen, die alte Frauen erzählen« oder Übertreibung abgestempelt worden.

Allerdings ändern sich die Zeiten in Bezug auf die vorgeburtliche Kommunikation. Unter anderen beschäftigen sich zwei Forscherinnen auf seriöse Weise mit den Geschichten. Beide hatten vorgeburtliche Gespräche mit ihren eigenen Kindern und weil die Botschaften so überwältigend und so real waren, begannen sie, andere Eltern zu suchen, die die gleichen Erfahrungen gemacht hatten. Elisabeth Hallet, Autorin von *Soul Trek – Meeting Our Children on the Way to Birth*, und Sarah Hinze, Autorin von *Coming from the Light*, arbeiteten unabhängig voneinander und wussten nichts von der Forschungsarbeit der jeweils anderen. Sie sammelten Hunderte von Beispielen der vorgeburtlichen Kommunikation. Beide dokumentierten visuelle, auditive und telepathische Botschaften, die häufig eine Schwangerschaft voraussagen, das Geschlecht des Kindes verraten und manchmal sogar einen kurzen Einblick in äußere Erscheinung und Persönlichkeit des Kindes bieten.

Den beiden Autorinnen zufolge ist es nicht ungewöhnlich, wenn eine werdende Mutter vor der Empfängnis die Anwesenheit der Seele des Kindes spürt, die sich schwebend in ihrer Umgebung bewegt. Ich habe dies vor meinen eigenen Schwangerschaften ebenfalls erlebt. Frauen berichten, wie sie die liebevolle Anwesenheit der Seele des Kindes spürten, die ihnen folgte und versuchte, in ihren Mutterleib zu gelangen. Interessanterweise steht das Bild der der Mutter folgenden Seele im Einklang mit den Berichten kleiner Kinder, die sagen, dass sie sich daran erinnern, wie sie um die Mutter herumschwebten.

Wie in der Nachtod-Kommunikation erscheinen die Seelen manchmal in flüchtigen Visionen im Wachzustand als kindähnliche Gestalten. Es ist schwer zu unterscheiden, welche dieser Visionen real sind und welche Projektionen der elterlichen Fantasie. Aber den Forscherinnen zufolge gibt es genug Fälle, in denen die Visionen das äußere Erscheinungsbild des Kindes, das später geboren wurde, so exakt wiedergegeben haben, dass die Eltern davon überzeugt waren, ihnen sei tatsächlich vor der Geburt ein Blick auf ihr Kind ermöglicht worden.

Vorausdeutende Träume

Wie für verstorbene Seelen ist der Traum auch für zukünftige Kinder die am häufigsten genutzte Kommunikationsform. Natürlich sorgen der mütterliche Hormonhaushalt und die Aufregung dafür, dass Träume voll Erwartung und Vorfreude natürlicher Teil jeder Schwangerschaft sind. Aber einige Träume sind so lebendig, so stimmig, dass sie sich von den übrigen abheben. In ihnen hat der Träumende, in der Regel die werdende Mutter, das deutliche und unvergessliche Gefühl, sich tatsächlich im Traumreich mit dem zukünftigen Kind zu treffen.

Vorausdeutende Träume gibt es in jeder Kultur und in allen Teilen der Welt. In Dr. Stevensons Fällen kommen sie so häufig vor, dass er sie zusammen mit den Äußerungen, den Verhaltensweisen und den Muttermalen als Standardmerkmal eines »vollständig ausgebildeten« Wiedergeburtsfalls betrachtet. Auch wenn er Träume nicht als Beweise zählt, weil sie zu flüchtig sind, nimmt er sich die Zeit, das, was die Mutter über den Traum sagte, bevor das Baby geboren wurde, aufzunehmen und die Gegenprobe zu machen. Wenn dann die Erinnerung des Kindes an ein früheres Leben durch Äußerungen, Verhaltensweisen und Muttermale bewiesen ist, macht er einen Schritt zurück und wertet den Traum als ersten Hinweis auf die frühere Identität des Kindes. Damit kommen wir einem Beweis des Wahrheitsgehaltes von vorausdeutenden Träumen so nahe wie nur überhaupt möglich – damit und mit der Menge an vorausdeutenden Träumen, die aus der ganzen Welt zusammengetragen werden.

In einem vorausdeutenden Traum erscheint der Träumenden entweder eine erwachsene Person oder ein Baby und verkündet seine oder ihre Entscheidung, ihr Kind zu sein. Manchmal teilt die körperlose Seele ihre Entscheidung direkt mit, indem sie sagt: »Ich komme!« oder »Ich möchte bei dir sein« oder »Bereite dich auf mich vor«. Manchmal bittet die Seele um Einlass, indem sie fragt »Darf ich dein Kind sein?« oder etwas in dieser Art. Die Botschaft ist möglicherweise nicht immer so wörtlich und direkt zu verstehen, sie kann auch visuell oder symbolisch vermittelt werden. Die Person, die im Traum erscheint, betritt vielleicht das Schlafzimmer des Träumenden und legt sich zwischen Ehemann und Ehefrau ins Bett oder die Seele steht am Fuß des Bettes oder erscheint als Kind, das sich auf den Schoß der Träumenden setzt.

Eine Mutter aus St. Louis erzählte Elisabeth Hallett die folgende Geschichte, die diese auf ihrer Website veröffentlichte:

> Ungefähr zwei Jahre, bevor ich mit meinem Sohn schwanger wurde, stand ich am aufregenden Beginn meiner neuen Karriere als Psychotherapeutin. Meine »Berufung« genießend, beschloss ich, den Plan, Kinder zu haben, aufzugeben.
>
> Eines Nachts hatte ich einen sehr lebhaften Traum. Ein kleines Kind erschien mir und sagte: »Mama, wann wirst du bereit für mich sein?«
>
> Ich antwortete im Traum: »Wer bist du?«
>
> Er sagte: »Ich bin Timothy, dein Sohn.«
>
> Ich wachte erschrocken auf – erschrocken und auf Anhieb anders. Verändert. Ich spürte ein wunderbares Gefühl von Frieden und Liebe. Danach erschien mir Timothy häufig im Traum, bis ich ein Jahr später mein erstes Kind erwartete. Die Schwangerschaft war nicht geplant und ich hatte auch nicht mit ihr gerechnet.
>
> Natürlich nannte ich meinen Sohn Timothy. Timothy ist jetzt ein Kleinkind und sieht dem Kind, das sich mir in meinen Träumen vorgestellt hat, bemerkenswert ähnlich.[1]

In der Mehrheit solcher Fälle ist die ankommende Seele dem werdenden Elternteil nicht bekannt. In einigen jedoch ist sie ein verstorbener Verwandter, den der Träumende erkennt. Im

Traum erklärt eine vertraute Erscheinung mit vertrauter Stimme dann etwas wie: »Ich komme zurück!«

Den folgenden Fall schilderte mir der Anwalt Ned, der in der Nähe von Washington D.C. lebt, per E-Mail:

> Mein Vater Jimmy starb Anfang 1997 nach einem langen Kampf gegen Parkinson. Mehr als ein Jahr lang hielt meine Familie Wache an seinem Bett, obwohl mein Vater uns kaum noch erkannte.
>
> Sehr kurz nach dem Tod meines Vaters wurde meine Frau schwanger. Um die Zeit des errechneten Geburtstermins träumte meine Frau an drei aufeinanderfolgenden Nächten von meinem Vater. In den ersten beiden Träumen erschien mein Vater am Fuß ihres Bettes und sah sie liebevoll an, ohne ein Wort zu sagen. In der dritten Nacht war es genauso, nur dass er dieses Mal sagte: »Es ist Zeit.« Genau in diesem Moment endete der Traum und sie erwachte mit einem Ruck und spürte die erste Wehe.
>
> Am nächsten Tag wurde unsere Tochter Emily geboren. Emily ist jetzt ein Kleinkind und sie zeigt so viele Ähnlichkeiten zu meinem Vater, dass wir sie im Scherz »Papa« nennen. Es muss mir niemand glauben und es muss auch keiner mit meiner Schlussfolgerung übereinstimmen, aber ich werde nicht von meiner Überzeugung abrücken, dass mein Vater als meine Tochter zu mir zurückgekehrt ist.

Phantomflugzeuge

Diese Geschichte hörte ich zum ersten Mal, als Cindy sie bei einem Workshop, den ich in der Edgar Cayce Foundation in Virginia Beach abhielt, mit den anderen Teilnehmern teilte. Sie ist voll von Beispielen für die Nachtod- und für die vorgeburtliche Kommunikation, inklusive vieler Träume, die sich über den Zeitraum zwischen dem Tod ihres Schwagers und seiner Wiedergeburt in der Familie erstrecken. Es scheint so, als ob er während seines Aufenthalts im Himmel in der Nähe seiner Familie blieb und den Kontakt nie vollständig abbrach. Ich habe die Geschichte während des Workshops aufgenommen und durch Cindys E-Mails und Informationen aus privaten Gesprächen mit ihr ergänzt.

Grant Merrill starb am 5. August 1987 beim Absturz eines Kleinflugzeugs. Er war der Bruder meines Mannes, aber ich habe ihn nie kennengelernt. Er und sein bester Freund übten in den Bergen von Aspen in Colorado Kunstflug-Tricks, als das Flugzeug außer Kontrolle geriet und sie abstürzten. Kevin (mein zukünftiger Mann) wartete am Flughafen von Aspen, als er die tragische Nachricht erhielt. Niemand weiß genau, was passierte, aber beide Männer waren sofort tot.

Für die gesamte Familie Merrill war es ein katastrophaler Verlust. Grant war klug, beliebt und seine Karriere bekam gerade richtig Schwung – er besaß ein erfolgreiches Ingenieurbüro, das er nach seinem Abschluss in Stanford gegründet hatte. Auch wenn ich schon seit meiner Kleinmädchenzeit mit der Familie bekannt war – Kevin und ich gingen zusammen zur Schule –, hatte ich Grant nie getroffen und ich heiratete Kevin erst einige Jahre nach Grants Tod. Aber weil die Familie ihn so sehr vermisste und die Erinnerung an ihn wachhielt, kam es mir vor, als ob ich ihn kannte.

Die Familie glaubte auch, dass Grant selbst die Erinnerung lebendig hielt, indem er auf diverse kuriose Arten mit ihnen in Kontakt blieb. Das blieb so über den gesamten Zeitraum zwischen seinem Tod und dem Monat, in dem ich mit Mason schwanger wurde – exakt sieben Jahre später.

Das erste Zeichen, das wir als Kommunikationsversuch von Grant werteten, erhielten wir bei einer Familienzusammenkunft auf Grants Lieblingsskipiste in Aspen, wo wir seine Asche verstreuen wollten. Es war ein wunderbarer Spätsommertag unter dem typischen blauen Himmel Colorados. Als sie gerade seine Asche im Wind verstreuten, hörten alle ganz deutlich das Geräusch eines einmotorigen Flugzeuges, das sich direkt über unseren Köpfen befinden musste. Es klang ganz nah, aber es war kein Flugzeug zu sehen. Aber alle waren sich einig, es gehört zu haben. Keiner konnte sich einen Reim darauf machen.

Diese Phantomflugzeuge hörten wir häufig – wann immer die Familie Merrill zu einem bestimmten Anlass draußen ein Treffen abhielt. Es ging so weit, dass alle auf ein Flugzeug warteten und darauf lauschten. Ich wurde bei unserer Hochzeit auf der Familienfarm zum ersten Mal Zeugin eines solchen Ereignisses. Während der Zeremonie hörten wir deutlich ein einmotoriges Flugzeug – das Geräusch wurde sogar auf unserem Hochzeitsvideo festgehalten. Aber wie schon zuvor war nichts zu sehen, als die Familienmitglieder in den Himmel schauten, um festzustellen, wo das Flugzeug herkam.

Grants Verlobte Sheri erhielt den nächsten »Besuch«. Für sie war sein Tod so hart gewesen wie für alle anderen Familienmitglieder. Eines Tages, nicht lange nach dem Absturz, durchlebte sie einen besonders schweren Tag. Sie saß alleine in ihrem Zimmer, weinte und sprach mit Grant, wobei sie um irgendein Zeichen dafür betete, dass er sie hören konnte. Plötzlich begann eine kleine Figur, die er ihr geschenkt hatte, sich zu bewegen. Es war eine Porzellanfigur, die zwei Liebende darstellte, die gemeinsam auf einer Schaukel saßen. Die Schaukel begann, sachte von selbst hin- und herzuschwingen. Dann begann sie sehr schnell zu schaukeln und sich zu drehen. Sheri sagte, es gab keinen Zweifel daran, dass sie sich von selbst bewegte. Alles andere im Zimmer war völlig ruhig. Es ist nicht nötig zu erwähnen, dass sie das völlig umwarf und sie überzeugt davon war, dass Grant ihr damit sagte, er sei bei ihr und könne sie hören.

Seine Schwester Carol spürte seine Anwesenheit immer dann, wenn sie mit ihrem Pferd über die Familienfarm ritt. Sie wusste, dass er sie beobachtete. Carol ritt oft, um sich damit zu trösten und ihre Trauer zu heilen.

Grants Vater Jim war gerade erst zum Christentum zurückgekehrt und hatte über die Tatsache, dass Grant bei seinem Tod nicht »erlöst« worden war, genauso sehr getrauert wie um Grant selbst. Jims neugewonnener Glaube war ein wunder Punkt zwischen Vater und Sohn gewesen – Grant fand, dass es sein Vater mit seinem Hang zum Christentum übertrieb. Das hielt Jim nicht davon ab zu beten. Er betete auch um irgendein Zeichen von Gott, dass sein Sohn in den Himmel gekommen war, statt nicht erlöst worden zu sein. Kurz nach dem Absturz erhielt er einen Anruf von einem Geschäftsfreund. Der Mann sagte, dass Grant in einem lebhaften Traum mit einer Botschaft zu ihm gekommen sei, zu deren Übergabe er sich verpflichtet fühlte. Die Botschaft lautete: »Sagen Sie meinem Vater, dass es mir gut geht. Mit mir ist alles in Ordnung. Er soll sich keine Sorgen machen.« Diese Botschaft war für Jim ein großer Trost.

Lehrträume

Mein Mann Kevin war der größte Skeptiker in der Familie. Er liebte seinen Bruder von Herzen und vermisste ihn schrecklich. Aber er war genau wie sein Bruder ein sehr rationaler Typ und er konnte nicht glauben, dass irgendeines der Zeichen wirklich eine Botschaft des Toten war. Er sagte mir ständig: »Es muss eine Erklärung geben. Wir sehen sie nur nicht.« Aber er wusste, dass die Zeichen seine Familie trösteten, also spielte er nach außen um ihretwillen das Spiel mit.

Deswegen begleitete er seine Mutter Anne kurz nach Grants Tod auch zu einem bekannten Medium – in der Hoffnung, dass eine Nachricht ihr in ihrem Trauerprozess helfen würde. Carol kam ebenfalls mit.

Die erste Nachricht, die das Medium überbrachte, war für Carol: Grant wollte sie wissen lassen, dass er tatsächlich bei ihr war, wenn sie auf dem Gelände der Farm ritt. Sie empfing auch noch weitere Nachrichten und Versprechen, die Anne trösteten. Dann sagte sie, dass Grant wegen seines Jeeps sehr aufgeregt sei – dass er etwas unfertig zurückgelassen habe. Ihre letzte Nachricht von Grant war an Kevin gerichtet: Grant wollte seine Schuhe zurück. Diese Bemerkung war genauso mysteriös wie die Sache mit dem unfertigen Jeep.

Als Kevin kurze Zeit später nach Kalifornien reiste, um Grants Besitztümer zu holen, fand er seinen Jeep aufgebockt in der Garage. Grant hatte den Motor ausgetauscht, war aber offensichtlich nicht mehr dazu gekommen, seine Arbeit zu beenden. Einen Monat später räumte Kevin seinen eigenen Schrank aus und fand dabei in einem Seesack ein paar Schuhe, die er sich von Grant geliehen, aber völlig vergessen hatte. Kevin war erschüttert darüber, wie exakt die Nachrichten waren. Aber es fiel ihm immer noch schwer zu glauben, dass sie von Grant stammten. Er sagte, das Medium hätte Glück gehabt und das sei auch schon alles.

Ungefähr ein Jahr nach Grants Tod fingen die Träume an, in denen Kevin lebhafte Begegnungen mit ihm hatte. Bis zum Sommer 1994 tauchten diese Träume immer wieder sporadisch auf, um dann abrupt aufzuhören – beinahe sieben Jahre nach Grants Tod. Von allen Zeichen waren Kevins Träume meiner Meinung nach die bedeutsamsten, weil sie es schafften, seine Skepsis zu durchbrechen. Das Ergebnis der Träume war, dass Kevin seine Meinung den Botschaften gegenüber änderte.

Kevin beschrieb die Träume als völlig anders als normale Träume. Er nannte sie »Lehrträume«. Er sagte, er habe keinen Zweifel daran, dass er tatsächlich mit seinem Bruder sprach. Von allen Träumen, die er hatte, stach der letzte als denkwürdigster Traum heraus.

In diesem Traum läuft Kevin durch einen Wald und stößt mit Grant zusammen. Er ist bestürzt, ihn zu sehen, und fragt: »Warum bist du hier? Wie kann das sein?« Grant sagt: »Mach dir darüber keine Gedanken. Entspann dich und genieß die Zeit, in der wir zusammen sein können. Ist es nicht wunderbar?«

Dann beginnt Grant zu lehren: »Das Leben ist ein Kontinuum«, erklärt er. »Es ist wie ein Kreis mit einer Linie, die vom einen Ende zum anderen reicht. Unser Leben führt über diese Linie hinaus.« Kevin hat den Eindruck, dass der Tod am anderen Ende der Linie ist. Aber er versteht es nicht richtig. Grant erklärt es erneut. Kevin begreift immer noch nicht, also fertigt Grant eine Zeichnung an, um ihm dabei zu helfen, es sich bildlich vorzustellen. Er zeichnet einen vollkommen runden Kreis und gerade Linien – das Bild hat die Präzision einer Ingenieurszeichnung.

Mit Hilfe der Zeichnung versteht Kevin, dass das Leben eines Menschen einer Reise entlang einer der Linien entspricht, die quer über den Kreis gezeichnet sind. Am Ende der Reise steht der Tod. Aber man stirbt nicht einfach nur. Man bricht wieder auf und beginnt von vorne, indem man eine andere Linie entlang reist.

Grant fährt fort: »Der beste Teil ist die Wiedervereinigung mit anderen Menschen, wenn die Linien sich erneut überkreuzen.« Kevin versteht, dass Grant über mehrere Lebenszeiten spricht. Die Zeichnung zeigt deutlich, wie verschiedene Linien auf dem Kreis sich immer und immer wieder überkreuzen und so die Wiedervereinigung von Menschen in unterschiedlichen Leben wiedergeben. Dann beginnt Grant, Menschen beim Namen zu nennen, die Kevin kennt und die in diesem Leben zusammen sind und sich auch in früheren Leben kannten. »Aber«, fügt er hinzu, »sie erinnern sich jetzt nicht mehr daran.« Dann guckt er Kevin direkt an und sagt: »Ich bereite mich gerade darauf vor, wieder eine dieser Linien entlang zu reisen. Wir sehen uns.«

Dann wachte Kevin auf. Er rüttelte mich wach und erzählte mir von seinem Traum. Er war so lebendig gewesen, dass er sich noch vollständig daran erinnerte. Er war aufgeregt, weil der Traum so deutlich war. Sogar die Zeichnung war ihm noch lebhaft im Gedächtnis, weswegen ich vorschlug, dass er sie aufmalte und alles niederschrieb, was er auch tat.

Unendlich und vertraut

Die Zeichen von Grant traten kurz nach seinem Tod am häufigsten auf. Mit Ausnahme von Kevins regelmäßigen Träumen wurden sie schrittweise weniger. So war es zumindest bis zum Sommer 1994, also bis ungefähr zu der Zeit, als Kevin seinen letzten Traum hatte.

Dann hatte ich meinen Traum. Es passierte, während ich auf der Familienfarm ein Mittagsschläfchen hielt. Im Traum saß ich auf einem Hausdach und beobachtete diverse Flugobjekte, die um mich herum aufstiegen und mich umkreisten. Es waren bizarre und ungewöhnliche Vehikel, nicht unsere typischen Flugzeuge oder Hubschrauber. Plötzlich erkannte ich Grant in einem der vorbeifliegenden Objekte. Ich winkte ihm zu und flehte ihn an, dass er zu mir kommen und mit mir sprechen möge. »Grant, Grant, komm her. Ich möchte mit dir sprechen.«

Plötzlich war er neben mich aufs Dach geschwebt und ich sagte: »Hi, wie geht es dir? Ich wollte dich schon immer kennenlernen. Bitte bleib bei mir.«

Er sagte: »Muss los«, und begann abzufliegen.

Ich sagte: »Nein, bitte warte. Ich möchte dich wirklich kennenlernen.«

Er drehte sich zu mir um und ich werde das freudestrahlende Lächeln, das er mir zuwarf, *nie* vergessen. Sein Gesicht leuchtete von innen und seine Augen waren unendlich und vertraut. Während er so wunderschön und friedlich lächelte, sagte er: »Ich kenne dich – ich kenne dich bereits. Wir werden bald zusammen sein.«

Und dann war er mit einem letzten beruhigenden Lächeln verschwunden. Wenn ich mich an diesen Traum erinnere, kommen mir die Tränen, denn er war so ein wunderbares Geschenk. Er gab mir das Gefühl, dass wir uns schon eine Ewigkeit kannten.

Kurz nach diesem Traum, Anfang Herbst 1994, bekam ich Mason und all die Träume von und Gespräche mit Grant hörten abrupt auf – für mich und alle anderen in der Familie.

Mason

Mason wurde im Mai 1995 geboren. In den ersten Jahren seines Lebens überzeugten mich viele Dinge, die er sagte und tat, davon, dass er die Reinkarnation von Grant war. Beinahe alle diese Dinge hingen mit Flugzeugen zusammen.

Ich entdeckte das erste Anzeichen dafür, dass etwas Ungewöhnliches vorging, als Mason erst einen Monat alt war. Eines Tages gab ich ihm auf der hinteren Terrasse die Brust, als ein kleines Flugzeug über uns hinwegflog. Beim ersten Geräusch des Flugzeugs hörte Mason, der immer ein eifriger Esser war und das Stillen aus keinem Grund jemals unterbrochen hatte, sofort auf zu nuckeln, wand sich, um das Flugzeug zu sehen und starrte lange Zeit in den Himmel. Er wartete und lauschte, bis das Flugzeug nicht länger in Reichweite war, und wendete sich erst dann wieder dem Stillen zu. Ich erinnere mich, dass mir ein kalter Schauer übers Rückgrat lief, weil dies das erste Mal war, dass er ein Flugzeug gehört hatte, zumindest in diesem Leben, und weil er wie hypnotisiert davon war.

Als Mason neun Monate alt war, begann er Albträume zu haben. Er wachte jedes Mal zitternd und weinend auf. Es war anders als bei typischen »nachts Aufwachen«-Episoden, die durch normale Beschwerden verursacht werden. Hatte er diese Albträume, sah er mich nicht an und schien nicht zu realisieren, wer ich war. Wenn er in diesem Zustand war, erwies es sich als unmöglich, ihn zu trösten. Ich musste warten, bis er vom Weinen endlich so erschöpft war, dass er einschlief. Die Albträume traten ungefähr zwei Mal im Monat auf, bis er zwei Jahre alt war.

Mit zwei war er endlich alt genug, um seine Gefühle verbal auszudrücken. Ab dieser Zeit versuchte ich, ihn zu fragen, was los war, wenn er schluchzend aufwachte. Eines Nachts kam ich schließlich an ihn heran. Als ich ihn fragte, was los war, heulte er ganz deutlich: »Mein Flugzeug stürzt ab! Mein Flugzeug stürzt ab!« Das waren genau seine Worte. Ich begann sofort zu zittern und zu weinen, als er das sagte. Und ich dachte bei mir: »Ich wünschte, Kevin wäre hier! Er wird mir das niemals glauben, wenn ich es ihm erzähle.« Danach wurden die Albträume weniger und hörten letztlich ganz auf.

Seit dieser Nacht hat Mason viele Male über seinen Flugzeugabsturz gesprochen. Als wir einmal mit dem Wagen unterwegs waren, fuhren wir an einem schlimmen Autounfall vorbei. Ohne nachzudenken sagte ich: »Oh mein Gott! Oh Gott! Ich hoffe, dass niemand gestorben ist.« Noch während ich das sagte, schoss mir durch den Kopf, dass ich Mason verängstigt haben könnte, aber dann dachte ich: »Nun, er wird ohnehin nicht wissen, was *gestorben* bedeutet.«

Aber Mason, der sehr still in seinem Kindersitz gesessen hatte, sagte: »Oh, Mama, *gestorben*, du meinst wie wenn dein Flugzeug abstürzt und du stirbst?« Ich traute meinen Ohren nicht! Bis zu diesem Zeitpunkt hatten wir mit dem zweijährigen Mason noch nie über den Tod, das Sterben oder über Flugzeugabstürze gesprochen. Seine Bemerkung verwirrte mich so, dass ich beinahe selbst einen Unfall baute! Es war definitiv einer dieser Momente, in denen einem »die Haare zu Berge stehen«.

Mason ist äußerst fasziniert von Flugzeugen aller Art und Größe und auch davon, wie sie fliegen und wie sie abstürzen. Er hat alle möglichen Flugzeugspielsachen. Seine Lehrer in der Vorschule vermuten, dass sein Vater von Beruf Pilot ist, weil er in der Schule so oft über Flugzeuge spricht. Kevin hat ein ferngesteuertes Flugzeug und Mason kann nicht genug davon kriegen.

Zu seinem dritten Geburtstag besorgten wir eine Flugzeug-Piñata mit Süßigkeiten darin. Das war ein großer Fehler! Die Geburtstagsfeier lief gut, bis es Zeit war, die Piñata aufzubrechen. Mason begann hysterisch zu weinen, als die anderen Kinder begannen, mit einem Stock auf sie einzuschlagen. »Sie machen sie kaputt! Macht, dass sie aufhören!« Es dauerte sehr lange, bis er sich wieder beruhigte.

Eines Tages, er war drei Jahre alt, zappten wir uns im Fernsehen durch die Sender und landeten bei einer Sendung über Flugzeugabstürze – ausgerechnet. Ich schaltete schnell um, weil ich nicht wollte, dass er es sah. Aber es war zu spät. Mason wurde ganz aufgeregt und schrie: »Mama, schalt wieder zurück! Sind diese Flugzeuge abgestürzt? Ich will sie sehen!« Als ich mich weigerte, wurde er sehr böse auf mich, was für ihn sehr ungewöhnlich ist. Ich musste nachgeben und ließ es ihn anschauen. Nach der Sendung befragte er mich eine halbe Stunde lang zu den Gründen jedes einzelnen Flugzeugabsturzes. Immer und immer wieder musste er es rekapitulieren, bis er genau verstanden hatte, was bei jedem der Flugzeuge passiert war.

Wir fliegen viel, um meine Eltern zu besuchen, und Mason liebt das Fliegen. Aber jedes Mal, wenn er mit mir an Bord eines Flugzeugs geht, fragt er ganz beiläufig: »Mama, wird es abstürzen?«

Ich sage dann: »Nein, Liebling, wir werden nicht abstürzen.«

Er sagt »okay« und dann ist alles in Ordnung.

Mason ist jetzt fünf und die meisten dieser Zeichen treten nicht mehr auf. Früher, als die Albträume und die unheimlichen Zufälle noch häufiger auftraten, war das alles für mich viel realer. Damals war ich überzeugt davon, dass Mason der wiedergeborene Grant ist. In meinem Herzen glaube ich das heute immer noch, aber weil er älter ist und die Anzeichen nicht mehr so häufig sind, ist es schwerer, es so tief in sich zu spüren. Ich denke, das ist normal, wenn Zeit vergeht. Wenn Grant zurückgekehrt ist, wünsche ich mir, dass er durch Mason all die Dinge ausführen kann, die er unabgeschlossen zurücklassen musste, als er bei dem Flugzeugabsturz ums Leben kam. Ich hoffe, dass er sich die Träume und Wünsche erfüllen kann, die ihn so stark und so schnell auf den Planeten Erde zurückgezogen haben.

Die Ankündigung

Wenn Eltern den Segen einer vorgeburtlichen Kommunikation durch die ankommende Seele genießen dürfen, kann das mehr bewirken, als dass die neue Seele einfach nur der Familie vorgestellt wird. Die Träume oder Visionen können den Eltern auch spezielle Informationen über die Identität des Kindes und über seine Geschichte liefern und sie mit Hinweisen darüber versorgen, wie sie die speziellen Bedürfnisse des Kindes nach seiner Geburt erfüllen können. Die Botschaften helfen der Familie, sich vorzubereiten.

Die folgende Geschichte wurde mir in einer einzelnen E-Mail mitgeteilt und weil sie so schön geschrieben ist, habe ich sie hier vollständig eingefügt. Obwohl es sich nicht um einen Fall von Reinkarnation in der Familie handelt, illustriert diese Geschichte auf dramatische Weise, wie eine vorgeburtliche Vision den Eltern spezifische, detaillierte Instruktionen liefert, die ihnen helfen, die speziellen emotionalen Bedürfnisse des Kindes zu erfüllen. Es ist ebenfalls interessant zu erwähnen, dass die Botschaften nicht direkt von dem Kind kamen, sondern von einem Engel oder spirituellen Führer, der über die Geburt des Jungen wachte. Ich vermute, es war einer der Geistführer oder Engel, die Seelen helfen, ihre Leben zu planen, bevor sie auf die Erde zurückkehren.

Ich bin ein 45 Jahre alter Wirtschaftsprüfer und arbeite derzeit als Steuerdirektor für ein großes Unternehmen in Denver. Mein Sohn Mark wurde 1988 geboren. Ich war im Kreißsaal mit dabei, als er geboren wurde. Direkt vor seiner Geburt umgab mich eine sehr mächtige Kraft und ich spürte, dass sie mir eine Botschaft überbrachte. Die Botschaft bestand nicht aus aufeinanderfolgenden Sätzen, wie wenn ein Mensch spricht, sondern war eine Art »Quantenpaket« aus Informationen, die mein Gehirn sofort vollständig verstand, ohne sie in ein Denkmuster übertragen zu müssen, in dem eine Information auf die andere folgt. (Das ist schwer zu erklären, aber ich denke, dass Sie es wahrscheinlich verstehen.) Mein erster Gedanke war, dass es ein Engel war, der mir diese Botschaft überbrachte. Ich sah nicht wirklich irgendwelche engelhaften Wesen, aber ich konnte definitiv eine Präsenz spüren, die sich beinahe direkt über mir zu befinden schien, ein Stück links von mir. Als diese Gefühle mich überkamen, blickten meine Augen instinktiv nach oben in diese Richtung. All das passierte in ungefähr zwei oder drei Sekunden.

Die Botschaft, die ich spürte, war diese: Dieses kostbare Kind ist einer der Marinesoldaten, die 1983 bei der Kasernenexplosion in Beirut getötet wurden. Du musst ihn beschützen! Er wird mit Ängsten, die von diesem Ereignis zurückgeblieben sind, in dieses Leben eintreten, zum Beispiel mit der Angst vor lauten Geräuschen. Du musst bei ihm bleiben, ihn beschützen und ihm helfen, diese Ängste zu überwinden. In dem Augenblick, in dem ich die komplette Botschaft aufgenommen hatte, begann die Geburt.

Nachdem die Aufregung dieses Tages vorüber war, hatte ich Gelegenheit, mich hinzusetzen und über das nachzudenken, was passiert war. Ich schrieb die Botschaft nieder, damit ich sie nie vergessen würde. Während ich die Notiz schrieb, kam mir in den Sinn, dass ich mich, obwohl ich mich durch die Filmbeiträge in den Nachrichten dunkel an den Anschlag auf das Quartier in Beirut erinnerte, nicht daran hätte erinnern können, in welchem Jahr das passiert war. Aber ich wusste ohne Zweifel, dass das Jahr in der Botschaft »1983« gewesen war. Ich notierte mir, dass ich herausfinden musste, in welchem Jahr sich die Explosion in Beirut zugetragen hatte. Später recherchierte ich in der Bücherei in alten Zeitungen. Meine Recherche bestätigte, dass das Datum der 23. Oktober 1983 gewesen war.

Seit diesem Moment im Hospital ist es meine Lebensmission, Mark zu begleiten und zu beschützen. Zum ersten Mal hatte ich wirklich das Gefühl, dass mein Leben einen Sinn hatte. Mark ist heute acht Jahre alt und er ist der beste Kumpel, den ich je gehabt habe.

An einem Abend, Mark war vier Jahre alt, lief ich an seiner Schlafzimmertür vorbei und hörte ihn leise schluchzen. Es war ungefähr halb neun am Abend und Mark schlief üblicherweise um halb sieben oder sieben ein. Leise öffnete ich die Tür einen Spalt, um ins Zimmer zu sehen. Mark saß kniend auf seinem Bett, hatte den Kopf gesenkt, barg sein Gesicht in den Händen und schluchzte. Ich hatte ihn noch nie so weinen gesehen. Normalerweise riss Mark, wenn er weinte, den Mund weit auf, hob den Kopf und machte dabei sehr viel Lärm.

Leise ging ich zu ihm hin, setzte mich auf die Bettkante, legte ihm die Hand auf die Schulter und fragte ihn, was los sei. Er schluchzte so sehr, dass er zunächst nicht sprechen konnte. Ich rieb ihm einfach nur sanft den Rücken und wartete, bis er sprach. Nach einer Weile sagte er unter Schluchzen: »Alle meine Freunde sind gegangen«, dabei schüttelte er den Kopf und gestikulierte mit den Händen. Das war für ihn ein ungewöhnliches Verhalten. Seine Schultern waren gesenkt, als trüge er eine schwere Last mit sich herum, und er guckte weiter zu Boden. Normalerweise guckt Mark einem, wenn er mit dir redet, direkt in die Augen. Aber nun starrte er auf das Bett, als wäre er in Trance.

Ich fragte: »Was ist mit ihnen geschehen, Mark?«

Er schüttelte nur traurig den Kopf und sagte: »Sie sind alle gegangen.«

Ich dachte eine Weile nach und war unsicher, was ich sagen sollte. Mark schluchzte immer noch. Dann fragte ich: »Wo sind sie denn, deine Freunde?«

Er antwortete: »Sie sind unter den Steinen, den großen Steinen. Sie sind alle gegangen.« Sobald er »große Steine« sagte, kam mir ein Bild aus den Fernsehnachrichten über den Anschlag auf das Quartier in Beirut in den Sinn. Ich erinnerte mich an große Berge von Betonbrocken, die neben den Resten eines Gebäudes aufgestapelt waren.

Ich versuchte, mir darüber klar zu werden, was ich Tröstliches zu Mark sagen könnte, während er, die Hände vor das Gesicht geschlagen, weinte. Während ich so da saß, konnte ich nicht aufhören zu denken, dass dies nicht die Art war, in der ein vierjähriges Kind weint. Dann, ohne dass ich etwas gesagt hatte, meinte Mark: »Ich möchte meinen Freunden helfen. Sie sterben alle.« Dann schüttelte er wieder den Kopf, schlug die Hände vor das Gesicht und schluchzte: »Aber ich kann es nicht. Ich kann es nicht.«

Ich wollte versuchen, ihn dazu zu bringen, das, was er fühlte, vollständig auszudrücken, weil ich hoffte, dass ihm das helfen würde. Aber die ganze Szene hatte mich dermaßen kalt erwischt, dass ich keine Ahnung hatte, was ich sagen oder tun sollte. Schließlich fragte ich: »Warum kannst du ihnen nicht helfen, Mark?«

Erneut schüttelte er den Kopf. »Weil ich keine Kraft mehr habe. Ich kann mich nicht bewegen.« Ich fragte ihn, wo er war. Er meinte: »Ich bin auch unter den Steinen. Ich habe keine Kraft mehr.« Dann begann er laut zu weinen und sagte, die Hände immer noch vor das Gesicht geschlagen: »Ich möchte meinen Freunden helfen, aber ich kann es nicht. Ich habe keine Kraft mehr.«

Weil ich nicht wusste, was ich sonst tun sollte, nahm ich ihn fest in den Arm und drückte seinen Kopf eng an meine Brust, während ich ihn in meinen Armen wiegte, um ihn zu beruhigen. Er weinte, wie ich es noch nie zuvor gesehen hatte. Nach zwei oder drei Minuten angestrengten Weinens beruhigte er sich schließlich ein wenig und sagte leise: »Sie haben mich aus den Steinen herausgeholt. Sie haben mich auf einen der großen Steine gelegt. Sie haben mich in eine Kiste getan und nach Hause geschickt.« Als er das sagte, erinnerte ich mich an das Fernsehbild einer großen Betonplatte, auf der Körper gelegen hatten, und an die Fernsehszene, in der beflaggte Särge am Flughafen aus einem Militärflugzeug ausgeladen wurden. Ich hielt Mark weiter fest und wiegte ihn. Langsam hörte er zu schluchzen auf und schlief nach ein paar Minuten ein.

Die Worte, die ich oben aufgeschrieben habe, sind genau die, die Mark benutzte. Für den Rest meines Lebens werde ich mich an jedes Wort in diesem Gespräch erinnern. Ich erinnere mich daran, dass ich beim Wort *Kraft*, das er benutzte, dachte, dass er in seinem begrenzten Wortschatz kein anderes Wort fand, um die Tatsache auszudrücken, dass er keine Lebenskraft mehr übrig hatte, um seinen Freunden zu helfen. Das Wort *Sarg* hatte er noch nie gehört, also nannte er es eine Kiste. Ich erinnere mich auch daran, wie beeindruckt ich davon war, dass es seine einzige Sorge war, seinen Freunden nicht helfen zu können, obwohl er selbst eingequetscht war und starb – kein typischer Denkprozess für einen Vierjährigen.

Am nächsten Morgen war Mark wieder ganz er selbst – lachend, energiegeladen und optimistisch. Es gab keine Anzeichen dafür, dass er sich an die Ereignisse der letzten Nacht erinnerte. Ich erwähnte die Szene ihm gegenüber nie und auch er sagte nichts darüber.

Seit er klein ist, hat Mark große Angst vor lauten Geräuschen – so, wie der Engel es gesagt hatte. Als er noch ein Kleinkind war, sorgte jedes plötzliche laute Geräusch dafür, dass sein Gesicht sich vor Schreck verzog und er in meine Arme rannte. Er sagt mir immer noch, dass er

Angst vor lauten Geräuschen hat, und meidet jede Situation, in der seiner Meinung nach plötzlich ein lautes Geräusch auftreten könnte. Als ich in Ihrem Buch *Mama, ich war schon einmal erwachsen!* den Abschnitt über Ihren Sohn las, dessen Erinnerungen an seinen Tod auf dem Schlachtfeld durch die Geräusche eines Feuerwerks hochkamen, wusste ich, was Sie durchmachten. Ich identifizierte mich wirklich mit den Gefühlen in der Situation, die Sie beschrieben – als Sie ihren Sohn im Arm hielten und Ihnen das Trauma bewusst wurde, das er in seinem anderen Leben durchgemacht hatte.

Bei Mark gab es nur eine weitere Szene dieser Art. Damals war er fünf und die Erinnerung wurde durch hohes Fieber ausgelöst, aber sonst war die Szene identisch, fast Wort für Wort. Er schluchzte unkontrolliert, frustriert, dass er seinen toten Freunden unter den Steinen nicht helfen konnte, weil seine Kraft weg war. Er starb und wurde in einer Kiste nach Hause geschickt. Nach dieser letzten Szene sagte er nie wieder etwas dazu und ich habe ihn auch nie dazu befragt.

Eltern müssen die seelischen Verletzungen verstehen, die diese wertvollen Seelen mitbringen, und begreifen, dass sie Liebe brauchen, um diese Wunden zu heilen. Wenn ich die Botschaft des Engels im Kreißsaal nicht gehört hätte, hätte ich keine Ahnung gehabt, worüber Mark sprach. Und wie so viele Eltern hätte ich dann vielleicht auf Marks schmerzhafte Erinnerungen reagiert, indem ich ihm einfach nur gesagt hätte, dass er sich beruhigen und schlafen solle.

Ich denke oft darüber nach, wie Mark gesagt hat, dass sie ihn in eine Kiste steckten und nach Hause schickten. Dann kommt mir in den Sinn, dass es irgendwo in den Vereinigten Staaten ein verlassenes Zimmer im Haus einer traurigen Familie gibt, das voll ist von Andenken an das Leben eines jungen Mannes: Bilder eines gutaussehenden Jungen in

Baseball- oder Football-Uniform, ein Bild des Jungen in Marineuniform und vielleicht ein paar Medaillen, die an einer Gedenktafel hängen. Ich wünschte, ich könnte dieser Familie irgendwie mitteilen, dass ihr Sohn heute ein starker, hübscher, intelligenter kleiner Junge ist und dass ich gut auf ihn aufpassen werde.

9

Eine zweite Chance

Obwohl die Ärzte mir immer wieder sagten, dass Brent mich nicht hören oder irgendetwas von dem verstehen konnte, was ich sagte, lehnte ich mich zu seinem Ohr herab und sprach sanft mit ihm. Ich sagte ihm, dass ich ihn mehr als alles in der Welt vermissen würde, wenn er gehen müsse. Ich sagte ihm, dass er niemals vergessen solle, dass ich ihn liebe. Brent drückte meinen Finger und eine einzelne Träne tropfte aus seinem Auge.
Er starb zwei Stunden später.

Wenn jemand stirbt, der uns nahesteht, kann es viele Gründe für Reue geben, besonders wenn der Tod plötzlich kam und keine Zeit war, sich zu verabschieden, ein letztes Mal »Ich liebe dich« zu sagen oder sich miteinander auszusöhnen. Es kann besonders schwer sein, wenn wir das Gefühl hatten, eine Beziehung verbessern zu müssen, vergeben zu müssen oder selbst Vergebung zu brauchen, aber den Mut dafür bisher noch nicht gefunden hatten oder den richtigen Moment verpasst haben. Die Endgültigkeit des Todes scheint jede Chance zu unterbinden, die Vergangenheit zu klären.

So schien es auch bei Beverly Kornik zu sein, deren Geschichte dieses Kapitel vollständig schildert. Beverly war eine Teenagermutter, die ihren Sohn sehr schlecht behandelte. Bevor sie ihre belastete Beziehung verbessern konnte, starb er ganz plötzlich. Aber durch das Wunder der Rückkehr in die Familie wurde Beverly der Segen zuteil, erneut Mutter derselben Seele zu sein, der sie vorher so schrecklich Unrecht getan hatte. Sie bekam wahrhaftig die zweite Chance, ihre Vergangenheit durch ihre Liebe und Hingabe diesem neuen Kind gegenüber wiedergutzumachen.

Sie werden feststellen, dass viele Elemente der Rückkehr in die Familie, die wir in früheren Kapiteln schon kennengelernt haben, in Beverlys Geschichte zusammenkommen. Sie beinhalten ein Muttermal, Nachtod-Kommunikation, einen vorausdeutenden Traum, verräterische Verhaltensweisen und Aussagen. All das finden wir auch hier.

Sie werden außerdem feststellen, dass Beverlys Geschichte auf vielerlei Art der von Kathy Luke ähnelt – beide Mütter wurden mit einem Sohn wiedervereint, den sie an den Tod verloren hatten. Es gibt allerdings einen wichtigen Unterschied. In Kathys Geschichte wird eine Beziehung, die vorübergehend durch den Tod unterbrochen wurde, *fortgesetzt*. Die Reinkarnation bringt sie wieder mit ihrem Kind zusammen, um ihre Liebe fortzusetzen und zu vertiefen. In Beverlys Geschichte *ändert* sich die Beziehung zu ihrem Sohn und destruktive Muster aus der Vergangenheit werden beseitigt. Die Reinkarnation gibt ihr die Möglichkeit, ihre Verfehlungen zu korrigieren. Beide Geschichten sind Illustrationen der Frage, wie eine zweite Seele sich in den Lauf des Lebens der ersten ein- und wieder ausfädeln kann und dabei außerordentliche spirituelle Lehren der Vergebung, Barmherzigkeit und Liebe mitbringen kann.

Schuld und Reue

Eine Frau kam nach einem Vortrag zu mir, den ich in der Edgar Cayce Foundation in Virginia Beach gehalten hatte. Sie erzählte mir, wie enttäuscht ihre Freundin Beverly war, dass sie es nicht geschafft hatte, herzukommen, weil sie dringend mit mir über ihre beiden Söhne sprechen musste. Ihr Erstgeborener war im Alter von 19 bei einem Autounfall gestorben und nun glaubte sie, dass er als ihr Zweijähriger zurück war. Wäre ich überhaupt daran interessiert, mit ihr zu sprechen? Ja, sagte ich, ich wäre *sehr* interessiert daran, mit ihrer Freundin zu sprechen – ob ich wohl ihre Telefonnummer und Adresse bekommen könnte? Ich war begeistert zu hören, dass sie in New Jersey lebte, nur eine Stunde Fahrt von meiner Heimat entfernt. Vielleicht konnte ich sie persönlich befragen.

Es stellte sich heraus, dass es nicht einfach war, mit Beverly in Kontakt zu treten. Die geografischen Umstände hatten damit nichts zu tun. Nachdem ich einige Monate lang versucht hatte, sie ans Telefon zu bekommen, erreichte ich sie schließlich bei der Arbeit. Sie hatte eine sanfte Stimme, klang ein wenig nervös und gab mir nur einen ganz kurzen Abriss ihrer Geschichte. Ich war sofort völlig gebannt. Ich fragte, ob ich sie erneut kontaktieren dürfte, wenn sie nicht bei der Arbeit war. Sie antwortete zunächst ausweichend, sagte aber dann, dass ihr Mann und sie kurz davor waren, sich zu trennen, und sie es bevorzugen würde, nichts von all dem in seiner Gegenwart zu besprechen. Sie schlug vor, dass wir uns in einem Restaurant in der Nähe ihres Hauses trafen. Wir machten einen Termin aus und tauschten Erkennungsmerkmale aus.

Es ist immer aufregend, einen vielversprechenden neuen Fall zu bekommen. Ich wollte Beverly unbedingt treffen und den Kern der Geschichte ergründen. Ich kam zur verabredeten Zeit im Restaurant an und wir machten einander in der Menge sofort aus. Nachdem wir uns hingesetzt hatten, gab Beverly zu, dass unser Treffen sie nervös machte. Sie erklärte, dass sie einen Rückruf bei mir hinausgezögert hatte, weil sie noch nicht bereit dazu war, über den Tod ihres Sohnes zu sprechen oder schmerzhafte Geheimnisse über sich selbst aufzudecken. Sie wusste nicht, was ich über ihre Geschichte denken würde. Ich versicherte ihr, dass nichts von dem, was sie sagte, mich schockieren könnte – ich war Ungewöhnliches gewöhnt und hatte eine Ausbildung als Beraterin.

Wir ließen uns in unsere orange gepolsterte Nische im Restaurant sinken. Bevor sie mit ihrer Geschichte begann, holte Beverly zwei Fotos aus ihrem Portemonnaie und legte sie vor mich auf den Tisch. Sie zeigte zwei Jungen, die ungefähr zwei Jahre alt sein mussten. Die Jungen sahen sich sehr ähnlich – besonders ihre Augen. Beverly zeigte die Bilder: »Das ist mein Sohn Brent, der im Jahr 1992 starb. Und das ist mein Sohn Jesse, der 1995 geboren wurde.« Die greifbare Realität der beiden Bilder vor meinen Augen ging mir nahe.

Unsere Kellnerin kam mit einer Kanne Kaffee und nahm unsere Bestellung auf. Beverly begann mit weicher, zögernder Stimme ihre Geschichte zu erzählen. Ich musste mich zu ihr hinüberlehnen, um die vielen Ablenkungen um uns herum auszublenden.

Als ich Brent bekam, war ich erst 17. Ich war auf die ganze Verantwortung, die man als Elternteil hat, überhaupt nicht vorbereitet. Um alles noch schlimmer zu machen, war er ein unzufriedenes Kind und hatte Koliken. Er schrie und weinte die ganze Zeit. Ich konnte damit einfach nicht fertig werden! Ich war noch so jung. Ich konnte kaum für mich selbst sorgen, ganz zu schweigen für ein Baby. Ich schäme mich, es zuzugeben, aber manchmal, wenn Brent schrie, schüttelte ich seine Wiege und brüllte: »Halt den Mund! Sei still!« Es gab Zeiten, in denen ich mich zwang, das Zimmer zu verlassen und die Tür hinter ihm zu schließen, damit ich ihn nicht verletzte.

Meine Ehe war wirklich schlecht, was die ganze Situation noch verschärfte. Vincent war Alkoholiker. Wenn er trank, misshandelte er uns schwer. Eines Nachts kam er sturzbetrunken nach Hause. Als er den drei Monate alten Brent sah, der über den Boden robbte, trat er nach ihm wie nach einem Fußball und kickte ihn an die Wand. Er hätte das Baby dabei umbringen können und ich schäme mich zuzugeben, dass ich nichts tat, um ihn zu beschützen. Als Brent erst ein Jahr alt war, richtete sein Vater ein geladenes Gewehr auf seinen Kopf. Ich hatte Angst, etwas gegen meinen Mann zu unternehmen, denn wenn er sich in einem seiner trunkenen Wutanfälle befand, war er gefährlich und ich wusste nicht, wie weit er gehen würde. Aber er war nicht der Einzige, der zu Misshandlungen neigte. Als Brent älter wurde, schlug ich ihn, wann immer er etwas falsch machte. Ich war keine gute Mutter.

Als Brent fünf wurde, bekam ich einen zweiten Sohn, Scott. Nach Scotts Geburt nahm ich beide Jungen und verließ Vince. 15 Jahre lang war ich alleinerziehende Mutter. Ihr Vater verschwand fast ganz von der Bildfläche. Er rief Weihnachten an, und das war alles.

Brent idealisierte seinen abwesenden Vater. Das ist jedenfalls das, was die Psychologen sagten. Brent war sehr traurig über die Trennung und trotz der Misshandlungen durch seinen Vater machte er mich für alles verantwortlich. Zur gleichen Zeit wurde ich von Schuldgefühlen überwältigt, weil ich ihn nicht vor seinem Vater beschützt und ihn auch selbst so schlecht behandelt hatte. Ich versuchte ihm zu erklären, dass ich seinen Bruder und ihn von seinem Vater getrennt hatte, weil ihr Vater gefährlich war und sie noch mehr hätte verletzen können. Wir gingen beide zu einer psychologischen Beratung, um all die Wut zu bereinigen.

Als Brent 14 war, wollte er wirklich bei seinem Vater sein, der zu dieser Zeit in Deutschland lebte. Ich stimmte zu. Brent verbrachte vier Jahre bei seinem Vater. Als er 18 war, kam er zurück und lebte wieder bei Scott und mir. Während Brent bei seinem Vater in Übersee war, heiratete ich Bruce.

Während Brent fort war, hatte ich viel Zeit, um über meine Beziehung zu ihm nachzudenken, und ich weiß, dass ich in diesen vier Jahren deutlich erwachsener wurde. Ich begann zu verstehen, was ich ihm angetan hatte, als er klein war, und was die Beweggründe für mein unentschuldbares Verhalten gewesen waren. Nachdem er nach Hause gekommen war, wollte ich unsere Beziehung wirklich in Ordnung bringen. Ich erklärte ihm, wie sehr ich den Schmerz bedauerte, den ich ihm zugefügt hatte. Ich erinnere mich, wie ich wieder und wieder weinte und zu ihm sagte: »All die gemeinen Dinge, die ich dir angetan habe, tun mir so leid. Ich wünschte, ich könnte das wiedergutmachen. Ich liebe dich wirklich sehr. Ich wollte immer eine gute Mutter sein, aber ich war dazu nicht in der Lage. Ich war zu jung.« Ich sagte ihm viele Male, wie sehr ich das, was ich getan hatte, bedauerte. Das letzte Mal, als ich es ihm sagte, war am Tag bevor er starb, im August 1992.

Ganz besonders ist mir ein Freitagabend in diesem Zeitraum in Erinnerung geblieben. Ich bereitete Brents Lieblingsessen zu. Roastbeef. Während des Essens vertraute er mir an, dass er schreckliche Albträume hatte. Sie waren immer gleich: In den Träumen kämpfte er erbittert um sein Leben, aber er konnte nie sehen, gegen wen er kämpfte. Diese Träume belasteten ihn sehr und er fragte mich, was ich darüber dachte. Ich guckte ihn nur an und sagte: »Nun, Liebling, hör nie auf zu kämpfen.«

Aber Brent interpretierte diese Träume anders. Er sagte, er wisse, dass er nicht lange leben würde. Er war in der Tat so sicher, dass er eine Lebensversicherung abschloss, obwohl er erst 19 war. In diesem August fuhren wir an den Strand und ich hörte, wie er seinem Bruder sagte, dass er ihm ein bisschen Geld hinterlassen würde.

Beverly hörte für einen Moment auf zu sprechen und nahm ein paar Bissen von ihrem Frühstück. Ich konnte mich nicht einmal daran erinnern, dass die Kellnerin es gebracht hatte. Ich sah hinunter zu meinen Eiern und bemerkte, dass sie auf meinem Teller zu kalten gelben Klecksen geworden waren. Aber das machte nichts. Ich war so in Beverlys Geschichte versunken, dass ich keinen Hunger hatte. Zerstreut belebte ich meinen schlaffen Toast mit etwas Traubengelee wieder.

Ich spürte, wie schwer es für Beverly war, über dieses herzzerreißende Thema zu sprechen. Jetzt verstand ich, warum sie sich nur so widerstrebend mit mir getroffen und ihre dunklen Geheimnisse nur so zögernd zutage gefördert hatte. Ich hatte einen Knoten im Magen – nicht vom Essen, sondern weil ich wusste, was in Beverlys Geschichte als Nächstes kommen würde. Wir nahmen beide einen Schluck Kaffee zur Stärkung.

Am späten Abend des 25. August 1992 rief mich die Polizei an, um mir mitzuteilen, dass Brent einen schweren Autounfall gehabt hatte. Er war gegen einen Baum gefahren und es war unwahrscheinlich, dass er überleben würde. Ich erinnere mich an das Entsetzen und das Gefühl der Benommenheit, das ich spürte, als wir ins Krankenhaus fuhren. Ich stand unter Schock. Die ganze Zeit über sagte ich zu mir selbst: »Das kann nicht sein. Das kann nicht sein.«

Als ich im Krankenhaus ankam, erklärten mir die Ärzte, dass Brent beim Unfall schwere Kopfverletzungen davongetragen hatte. Sie versicherten mir, dass er wegen der Schwere seiner Verletzung unmittelbar nach dem Aufprall bewusstlos geworden sei und nichts mehr mitbekommen hatte. Sie sagten, es wäre, wie wenn man das Licht ausknipst. Sein Kopf sei mit einer solchen Wucht aufs Steuer geschlagen, dass die Hälfte seines Hirns bereits tot sei. Sie hatten seinen Kiefer mit Draht fixieren müssen, um ein Beatmungsgerät in seinem Mund zu platzieren. Ich weiß noch nicht einmal, warum sie das taten, denn er war ja so gut wie tot. Aber ich bin froh, dass sie es gemacht haben. Weil er noch am Leben war, als ich dort ankam – gerade noch.

Brents Fäuste waren fest geschlossen, als hielte er nach wie vor das Lenkrad umklammert. Ich steckte meinen Finger in seine geschlossene Faust. Alles, woran ich denken konnte, war unser Gespräch vom Abend zuvor, als ich ihm gesagt hatte, er solle nie aufhören zu kämpfen. Ich wusste, dass er jetzt gerade kämpfte, sich bemühte, am Leben zu bleiben. Obwohl die Ärzte mir immer wieder sagten, dass Brent mich nicht hören oder irgendetwas von dem verstehen konnte, was ich sagte, lehnte ich mich zu seinem Ohr herab und sprach sanft mit ihm. Ich sagte ihm, wie sehr ich ihn liebte. Ich sagte ihm, dass ich ihn mehr als alles in der Welt vermissen würde, wenn er gehen müsse. Aber es sei in Ordnung, wenn er gehen müsse, es sei seine Entscheidung. Ich sagte ihm, dass er nie vergessen solle, dass ich ihn liebe.

Ich hielt mich mit allem, was ich hatte, an diesen Augenblicken fest. Obwohl die Ärzte sagen, dass er mich nicht hören konnte, drückte Brent meinen Finger und eine einzelne Träne tropfte aus seinem Auge. Er starb zwei Stunden später. Ich war an seiner Seite.

Wir beide schwiegen, um zu Atem zu kommen. Beverly schluckte ihre Tränen hinunter. Sie gestand ein, dass es sogar nach sechs Jahren immer noch schwer für sie war, über den Unfall zu sprechen. Ich nickte, meine eigenen Tränen unterdrückend.

Für einen kurzen Moment trat ich aus meiner Luftblase der Konzentration heraus und registrierte die vielen Gespräche und den Trubel um uns herum. Zu Beverly sagte ich, dass die Kellnerin uns wohl aufgegeben hatte. Die Kellnerin bemerkte, wie wir uns umsahen und kam an unseren Tisch, um uns mehr Kaffee anzubieten. Wir dankten ihr für ihre Geduld und versprachen, ihr ein großzügiges Trinkgeld dafür zu geben, dass sie diesen Tisch ihre gesamte Schicht über bediente.

Dann holte Beverly tief Luft und setzte ihre Geschichte an der Stelle fort, an der sie aufgehört hatte:

Ich stand lange Zeit unter Schock. Zwei Wochen habe ich nichts gegessen. Es dauerte Monate, bevor ich weinen konnte. Ich ging jeden Tag zu seinem Grab. Scott war ebenfalls verzweifelt, aber er riss sich zusammen und versuchte, mich zu trösten.

Dennoch gab es in dieser Zeit auch Momente, in denen ich wusste, dass Brent bei mir war. Das waren die einzigen friedvollen Momente, die ich hatte. Es passierte zum ersten Mal direkt nach dem Unfall. Ich ging zur Polizeiwache, weil ich dabei helfen musste, den Unfallbericht auszufüllen. Mein Vater und ich beantworteten die Fragen. Irgendwann konnte ich einfach nicht mehr stillsitzen und musste hinausgehen, um ein bisschen frische Luft zu schnappen. Es war ein schöner Tag und ich war allein.

Plötzlich war eine Flut aus wunderschönem Licht über mir und breitete sich aus wie ein Regenschirm. Ich drehte mich um und sah winzige funkelnde Lichter überall um mich herum – sie umgaben mich. Eine gewaltige Energie war zu spüren. Ich streckte die Hände aus und versuchte, die Spirale aus wallendem Licht zu berühren, und meine Hand durchstieß genau ihre Mitte. Ich stand verblüfft da, denn ich wusste, dass es Brent war. Ich konnte ihn spüren.

In den nächsten Jahren kam das noch mindestens ein halbes Dutzend Mal vor. Brent erschien mir unregelmäßig in Spiralen aus wunderschönem Licht. Das Licht hüllte mich ein, egal, wo ich war oder was ich tat. Es fühlte sich wunderbar an. Ich konnte seine Anwesenheit in dem Licht spüren, also sprach ich mit ihm und sagte: »Ich weiß, dass du hier bist, Brent. Ich wünschte, ich könnte dich sehen. Ich weiß, dass du glücklich bist und keine Schmerzen hast. Es macht mich so glücklich zu wissen, dass du hier bist.« Er blieb immer nur kurze Zeit und verließ mich dann wieder. Nach diesen Begegnungen fühlte ich mich immer ruhig und friedlich.

Einmal, beinahe zwei Jahre nach seinem Tod, kommunizierte er in anderer Weise mit mir. Eines Abends befand ich mich alleine in der Küche und bereitete das Abendessen zu, als plötzlich ein vertrauter Geruch den Raum füllte. Es gibt viele Arten von Parfüm, aber das war ganz klar der Duft von Jovan Musk, den Brent und ich am liebsten gehabt hatten. Als er klein war, spielten wir damit immer Fangen: Er trug das Parfüm auf und ich rannte hinter ihm her, wobei ich so tat, als ob ich dem Duft folgte. Wenn ich ihn fing, umarmten wir uns und kicherten gemeinsam. Nach Brents Tod ließ ich es nicht zu, dass irgendjemand dieses spezielle Parfüm auftrug. Als der Duft in die Küche strömte, wusste ich deshalb, dass Brent wieder bei mir war. Es dauerte nur ein paar Minuten, bis der Geruch verschwunden war.

Die Zeit verging, aber meine Wunden heilten überhaupt nicht. Ich spürte, dass der Schmerz um seinen Tod mich auf ewig begleiten würde. Meine Trauer wurde durch die Schuld, die ich verspürte, weil ich Brents kurzes Leben so unglücklich gemacht hatte, noch verstärkt. Zusätzlich fühlte ich mich betrogen, weil er mir gerade zu dem Zeitpunkt entrissen worden war, als wir unsere Beziehung auf gesunde Beine stellten. Das machte mich so hoffnungslos, dass ich nur noch sterben wollte. Dennoch hielt ich nach irgendeinem Grund Ausschau, der mich dazu bringen würde, durchzuhalten.

Zunächst war der Gedanke, ein weiteres Kind zu haben, das Entfernteste, was mir in den Sinn gekommen wäre. Es schien nicht in Betracht zu kommen, obwohl ich mich in einer neuen Ehe befand und noch in den Dreißigern war. Aber als etwas Zeit vergangen war, wurde mir klar, dass ein neues Kind ein Grund wäre, durchzuhalten. Ich begab mich in Therapie, um mir meine Motive für den Wunsch nach einem Baby näher anzusehen. Ich wollte es aus den richtigen Gründen bekommen. Ich wusste, dass ich Brent nicht ersetzen konnte, und ich wusste auch, dass ich mich für all die schlimmen Dinge, die ich ihm angetan hatte, nicht rehabilitieren konnte, indem ich einfach ein neues Kind bekam. Alles, was ich wusste, war, dass ich noch nicht genug geliebt und noch nicht genug umarmt hatte.

1994 wurde ich schwanger. Damals war ich 39. Es war die gotterbärmlichste Schwangerschaft. Ich fühlte mich die ganze Zeit krank und übergab mich ständig. Alles rund um die Schwangerschaft war genauso, wie es bei Brent gewesen war, auch wenn das mehr als zwanzig Jahre her war. Das Seltsame war, dass die Schwangerschaft mit Scott ganz anders gewesen war – ruhig und friedlich. Aber diese beiden waren schlimm.

Ich habe irgendwo gelesen, dass eine Mutter im letzten Drittel der Schwangerschaft miterleben kann, wie die Seele oder der Geist des Babys zu ihr kommt. Während des siebten Monats passierte etwas, dessentwegen ich mir jetzt über diese Theorie Gedanken mache.

Auch wenn Brent nach seinem Tod auf verschiedene Arten mit mir kommuniziert hatte, besuchte er mich doch nie in meinen Träumen. Ich habe gehört, dass dies anderen Eltern, deren Kinder gestorben sind, manchmal geschieht. Ich habe mir das immer gewünscht, aber er hat es nie getan.

Eines Nachts jedoch, als ich im siebten Monat schwanger war, träumte ich von Brent. Er erschien mir auf einer großen, klaren, offenen Freifläche. Er lief mit einem kleinen Jungen im Schlepptau in meine Richtung. Als sie ankamen, richtete ich meinen Blick auf Brent. Mir war bewusst, dass ein kleiner Junge bei ihm war, nur registrierte ich nicht wirklich, was er dort tat. Wir sprachen kein Wort, doch Brent lächelte und ich lächelte zurück. Er kam nahe an mich heran, aber er berührte mich nicht. Dann sprach er zu mir. Auf den kleinen Jungen zeigend, sagte er: »Mama, das ist für dich.« Und das war es, er war weg. Ich wachte sofort auf.

Natürlich träume ich die ganze Zeit. Aber dieser Traum war anders. Er war so klar und so real. Alles in dem Traum fühlte sich so wirklich an, als wäre ich mit Brent zusammen wirklich an diesem Ort gewesen. Die Lebendigkeit des Traums verblüffte mich lange Zeit. Jetzt, beinahe fünf Jahre später, denke ich an diesen Traum zurück, wann immer ich versuche, mich daran zu erinnern, wie Brent aussah. So real war dieser Traum.

Nach dem Traum ist Brent nie wieder mit mir in Kontakt getreten. Es gab keine Spiralen aus Licht mehr, keine Gerüche und keine Träume. Nichts. Ich habe tatsächlich keinen

Gedanken an den kleinen Jungen in diesem Traum verschwendet. Es ging zu viel anderes vor.

Jesse

Zwei Monate später, im Juni 1995, wurde Jesse geboren. Jesse kam schreiend auf die Welt. Als der Arzt ihn mir reichte, bemerkte ich ein großes erdbeerfarbenes Geburtsmal, das den größten Teil seiner Stirn bedeckte. Ich weiß noch, dass ich dieses Mal interessant fand, weil er per Kaiserschnitt zur Welt kam, weswegen sein Kopf nicht dem üblichen Geburtstrauma ausgesetzt gewesen war. Aber zu dieser Zeit habe ich nicht weiter darüber nachgedacht.

Nachdem Jesse nach Hause gekommen war, schrie und weinte er ständig. Die Ärzte erklärten mir, dass er Koliken habe, aber ich stellte fest, dass er es nicht ertragen konnte, wenn sein Kopf unten war. Also mussten wir ihn die ganze Zeit in aufrechter Position halten, bis er einschlief. Bruce und ich hielten ihn ständig im Arm und liefen mit ihm herum. Es war für uns beide eine sehr schwere und erschöpfende Zeit. Ich ging mit Jesse zu Spezialisten, um herauszufinden, was mit seinem Kopf nicht stimmte. Es wurden schwere Ohreninfektionen diagnostiziert und sie kamen zu dem Schluss, dass diese Infektionen die Schmerzen verursachten.

Aber ich begann nachzudenken. Es war seltsam, dass Jesse mit dem Geburtsmal und mit so starken Kopfschmerzen geboren worden war. Ich dachte an Brents Autounfall zurück und daran, dass er beim Aufprall mit der Stirn aufgeschlagen war. Und Brent hatte genau wie Jesse nach seiner Geburt monatelang nur geschrien und geweint. War das bloß ein Zufall? Und dieser Traum, in dem Brent mir den kleinen Jungen vorgestellt hatte. Hatte Brent versucht, mir symbolisch etwas über dieses Kind mitzuteilen?

Und Jesse sah genau wie Brent in diesem Alter aus – ihre Gesichter, Haare, Augen und sogar ihre Körper glichen einander –, obwohl sie unterschiedliche Väter hatten, die sich nicht im Geringsten ähnlich sahen. In meinem mittleren Sohn, Scott, konnte ich immer seinen Vater sehen, sobald er lächelte oder mich schikanierte. Aber Brent und Jesse sahen ausschließlich einander ähnlich – nicht mir und auch nicht ihren Vätern. Manchmal kam ich zu dem Schluss: »Natürlich gibt es Ähnlichkeiten – sie sind Halbbrüder.« Aber es schien mehr dahinterzustecken als das.

Ich begann mich zu fragen, ob die Verbindung zwischen meinen Söhnen durch Reinkarnation erklärt werden könnte, obwohl ich nicht ganz sicher war, was das bedeutete. Reinkarnation war nur eine Theorie, von der ich gehört hatte, aber ich verstand nicht, was sie mit meinem Leben zu tun haben könnte. Ich wusste nur, dass es diese seltsamen Ähnlichkeiten zwischen meinen beiden Söhnen gab. Einzeln betrachtet bedeuteten sie gar nichts. Aber wenn ich sie alle zusammen betrachtete, fragte ich mich, ob es nicht möglich sein könnte, dass Brent zurückgekehrt war. Ich war sorgfältig darauf bedacht, keine voreiligen Schlüsse zu ziehen, denn es war mir klar, wie einfach es für mich gewesen wäre, mir dies einzubilden oder Jesse Brents Identität überzustülpen. Natürlich wollte ich meinen Sohn zurück – wenn das möglich war.

Aber mit der Zeit entwickelte sich Jesses Persönlichkeit und es passierten noch mehr Dinge, die auf Reinkarnation hindeuteten – Dinge, die ich nicht verleugnen konnte.

Als Jesse zum ersten Mal sprach, direkt nach seinem ersten Geburtstag, zeigte er auf ein Bild von Brent in unserem Schlafzimmer und schrie: »Ich, ich!« Ich erklärte ihm, dass es ein Bild von seinem Bruder war und dass er ihm sehr ähnlich sah. Aber er behauptete wieder: »Ich!« Ich versuchte es abzutun. Aber dann geschah es erneut, ungefähr ein Jahr später. Wir sahen uns bei meiner Mutter Fotos an. Ich zeigte Jesse Fotos von unserer Hochzeit und von seinem älteren Bruder Scott. Als wir zu einem alten Babybild von Brent kamen, begann Jesse zu brüllen: »Ich, Mama, ich!« Er bestand so energisch darauf.

Als er ungefähr 18 Monate alt war, passierte noch etwas anderes, während wir meine Mutter besuchten. Meine Mutter hat schon immer sehr stark geraucht. Brent hasste die Raucherei und pflegte sie deshalb zu schikanieren. Jedes Mal, wenn sie ein Streichholz anzündete, sprang er auf und pustete es aus. Eines Tages, als Jesse und ich bei meiner Mutter waren, saßen wir auf dem Boden und rollten uns gegenseitig Billardbälle zu. Zu dieser Zeit konnte er erst seit ein paar Monaten laufen. Meine Mutter zündete sich mit ihrem Feuerzeug eine Zigarette an. Sofort sprang Jesse auf, rannte zu ihr hin und pustete das Feuerzeug aus. Wir hielten alle sofort inne – es herrschte Totenstille.

Brent war die einzige Person, die das jemals getan hatte. In Anwesenheit von Jesse sagten wir nichts, aber in unseren Herzen wussten wir, dass es Brent war. Er hat das nicht nur einmal gemacht, sondern auch später noch einige Male wiederholt.

Nach etwas Ausschau halten

Kurze Zeit später geschah etwas, das die Sache für mich wirklich klarstellte. Wir leben in einer Umgebung mit älteren Appartementblocks und einigen Häusern. Jesse spielte gerne am Schaukelgerüst eines Nachbarn, das sich gegenüber unserem Wohnhaus befand. Eines Tages, als er ungefähr 18 Monate alt war, schubste ich ihn auf der Schaukel an. Er sprang hinunter und watschelte in den Hinterhof des Nachbarhauses. Ich folgte ihm. Er lief weiter, als wüsste er, wo er hinging, und als hielte er nach etwas Ausschau. Er lief durch den Nachbarhof und durch die kleine Gasse, die durch den hinteren Teil des Hofes führte. Er durchquerte die Gasse und betrat den Vorgarten eines anderen Hauses. Dann blieb er stehen und starrte. Er starrte auf den Appartementkomplex, in dem ich Brent großgezogen hatte. Ich hatte ihn niemals dorthin mitgenommen und aus Sicht eines Kleinkindes war es zu Fuß eine Welt weit von zu Hause weg. In diesem Moment war ich sicher, dass er der zurückgekehrte Brent war. Ich wusste es.

Aber ich wollte ihn testen. Ich fragte: »Was machst du hier, warum guckst du dir dieses Haus an?« Er drehte sich zu mir um, lächelte und führte mich eine Auffahrt hinunter zum Haus eines anderen Nachbarn. Dort marschierte er geradewegs zum Schaukelgerüst. Er kannte sich aus und wusste genau, wo er dieses Schaukelgerüst finden würde. Das war der Ort, an dem Brent und ich immer geschaukelt hatten, als er noch klein war. In dem Moment wussten wir beide, dass der andere die Wahrheit kannte. Es ist hart für mich, diese Geschichte jemandem anzuvertrauen, weil sie so seltsam klingt.

Das war ein wundervoller Moment, den ich nie vergessen werde. Es war der Moment, in dem ich wusste, ich konnte akzeptieren, dass Brent wieder da war. Ich wusste, dass er wieder zurück war, um von vorne zu beginnen und sein Leben diesmal mehr zu genießen. Langsam begriff ich, dass das Wissen um seine Rückkehr meinen Schmerz verringern und mir etwas von der Schuld nehmen würde, die ich schon so lange mit mir herumgetragen hatte. Sobald ich realisierte, dass es die Wahrheit war, passten auch andere Aspekte von Jesses Persönlichkeit und einige seiner

Verhaltensweisen plötzlich zusammen und ergaben ein vollständiges Bild.

Brent war sehr athletisch gewesen. Er spielte Fußball, Basketball, Baseball – alles, was mit einem Ball zu tun hatte. Aber er hatte eine Knieverletzung, die ihn daran hinderte, den Sport ernsthaft zu betreiben. Jesse beginnt nun wirklich sehr früh mit Sport. Seit er ein kleines Baby war, war er von Bällen fasziniert. Er muss immer Bälle um sich herum haben – große Bälle und kleine Bälle. Er hat tatsächlich laufen gelernt, indem er Fußball spielte. Als er älter wurde, schoss er den Ball weiter und weiter. Als er laufen konnte, schoss er Bälle schon ziemlich weit. Jetzt, im Alter von drei, ist er so geschickt im Umgang mit Bällen wie sonst nur ein Sieben- oder Achtjähriger. Im Alter von zwei konnte er einen Baseball ohne Probleme über ein Feld schlagen. Sogar mein Mann ist erstaunt über seine natürliche Begabung.

Es gibt noch etwas Eigenartiges bei Jesse. Seit er aufrecht im Kinderwagen sitzen und auf das zeigen konnte, was er haben wollte, zeigt er auf Hüte. Jetzt, mit drei, muss der Junge mindestens drei Dutzend Hüte im Haus haben. Er hat Hüte in allen Formen und Farben. Egal wo er hingeht, wenn er einen Hut sieht, muss er ihn haben. Er trägt die Hüte ständig. Ich habe noch nie ein anderes Kind in diesem Alter kennengelernt, das darauf besteht, einen Hut zu tragen. Außer Brent. Er trug *immer* Hüte. Er trug nicht nur Baseballmützen, die viele kleine Jungen tragen, sondern jede Art von Hut. Er liebte Hüte, genau wie jetzt Jesse. Wenn nicht all die anderen Sachen wären, würde ich es als Zufall abtun. Aber es ist eben nur ein Teil der ganzen Geschichte.

Jetzt, im Alter von vier, scheinen bestimmte Erinnerungen an Brents Leben bei Jesse durchzusickern. Manchmal kommen sie hoch, weil ihn etwas an ein Ereignis in Brents Leben erinnert. Erst neulich zum Beispiel hörten wir im

Radio eine Geschichte über einen Drei- oder Vierjährigen, der sein Haus in Brand gesteckt und schlimme Verbrennungen davongetragen hatte. Diese Geschichte machte mir Angst. Deshalb setzte ich Jesse auf den Trockner, während ich die Wäsche faltete, und erklärte ihm, was dieser kleine Junge getan hatte, wie er dabei verletzt worden war und wie wichtig es ist, nicht mit Feuer zu spielen.

Jesse nickte und sagte: »Ja, Mama. Wie damals, als unser Badezimmer gebrannt hat und ich meinen Bruder retten musste.«

Ich hörte mit dem Falten auf, drehte mich zu ihm um und japste: »*Was* hast du gesagt?«

Er sagte: »Als ich in meinem *anderen* Haus gewohnt habe.« Ich war verblüfft, versuchte aber, mich zu beherrschen. Ich sagte: »Wo hast du gewohnt?« Er sagte: »Unten, bei Oma in der Nähe.«

Als Brent und Scott klein waren, lebten wir für eine Weile in einer Wohnung, die von meiner Mutter aus zu Fuß zu erreichen war. Eines Tages gab es einen Stromausfall, während die beiden Jungen in der Badewanne saßen. Zu der Zeit war Brent acht und Scott drei. Ich sagte ihnen, dass sie sich nicht von der Stelle rühren sollten, während ich ein paar Kerzen holte. Ich zündete die Kerzen an und befahl ihnen, in der Wanne zu bleiben, während ich ihre Schlafanzüge holte. Nun, ich hatte das Bad gerade erst verlassen, als Scott aus der Wanne stieg und eine Kerze in den Abfalleimer stieß. Der Raum ging sofort in Flammen auf und Brent packte seinen Bruder und schob ihn aus dem Badezimmer. Das alles passierte in ein paar Sekunden. Brent hatte seinen Bruder wirklich gerettet.

Also bestätigte ich, was Jesse sagte. »Das war sehr beängstigend für uns, nicht wahr?« Er stimmte zu, hörte dann aber einfach auf, darüber zu sprechen. Das war es. Die Erinnerung kam und ging einfach.

Es hat bereits viele Gelegenheiten gegeben, bei denen Jesse etwas genau wie Brent sagt oder tut oder wir eine Eigenart entdecken, die uns als eine von Brent auffällt. Wenn ich ihm in die Augen blicke, sehe und fühle ich Brent manchmal dort. Aber Jesse ist Jesse – eine eigene Person. Ich weiß nicht, ob Brent und Jesse als zwei separate Seelen aus dem Himmel kamen oder als ein und dieselbe. Es ist ein Rätsel. Aber ich spüre, dass sie jetzt eine einzige vereinigte Seele sind – miteinander vereint.

Jesse scheint so erpicht darauf zu sein, da wieder anzufangen, wo er aufgehört hat. Er hat es mit dem Erwachsenwerden sehr eilig. Er kann es kaum erwarten, morgens aufzustehen und die Dinge zu tun, die große Kinder tun. Ich erinnere ihn daran, dass er jede Menge Zeit hat. Gelegentlich bringt ihn das dazu, alles ein bisschen langsamer anzugehen und mit Spielzeug für kleine Jungen zufrieden zu sein.

Seelenreparatur

Nachdem Beverly mit ihrer Geschichte in der Gegenwart angekommen war, machte sie eine Pause, entschuldigte sich für eine Minute und verließ den Tisch. Zum ersten Mal seit über einer Stunde sah ich mich um. Ich bemerkte, dass das Restaurant sich mit Mittagsgästen füllte, die Hamburger aßen. Unsere geduldige und verständnisvolle Kellnerin hatte unsere Teller schon vor langer Zeit abgeräumt und uns in Ruhe gelassen. Ich sah sie nirgendwo, eine andere Kellnerin bediente ihre Tische, hatte uns bisher aber nicht behelligt.

Weil der Bann für den Moment gebrochen war, hatte ich Gelegenheit, darüber nachzudenken, was gerade geschah. Ich hatte zunächst Angst gehabt, dass Beverly zu vorsichtig und zu beschämt sein könnte, um ihre wahren Gefühle zu zeigen. Aber als sie begann, sich in meiner Gesellschaft wohler zu fühlen, wurde offensichtlich, dass sie tief in sich hineinhorchte und auszudrücken versuchte, wie sie sich während der gesamten Erfahrung gefühlt hatte. Ihre Stimme hellte sich auf, wenn sie über Jesse und all die Ähnlichkeiten mit Brent sprach. Ich konnte spüren, dass sie sich im Prozess der Heilung befand.

Sie hatte die gesamte Geschichte jetzt zu Ende erzählt und alle Ereignisse zueinander in Beziehung gesetzt. Aber ich fühlte, dass ich noch mehr wissen wollte und sie noch mehr zu sagen hatte. Ich wollte ein wenig nachhaken und sie fragen, was das alles für sie bedeutete. Waren ihre Gebete erhört worden? Hatte sie das Gefühl, die Absolution für ihre Vergangenheit erhalten zu haben, dadurch, dass sie wusste, dass ihr Sohn zurück war?

Als sie an den Tisch zurückkehrte, kam ich direkt auf meine Fragen zu sprechen: »Was bedeutet es für Sie, dass Brent wieder da ist?«

Beverly sah für einen Moment nachdenklich aus, dann begann sie zu sprechen. Es war offensichtlich, dass sie schon zuvor einige Male über diese Frage nachgedacht hatte.

Ich glaube, dass Gott einen zweifachen Plan für mich hat. Der erste Teil besteht darin, dass ich meine Schuldgefühle wegen dem, was geschah, überwinden muss. Zwanzig Jahre lang habe ich geglaubt, dass ich Brent nicht liebe und dass das der Grund dafür war, ihn so behandelt zu haben. Nun habe ich begriffen, dass ich einfach zu jung war, um ein Baby zu bekommen, und dass er deswegen gelitten hat.

Der zweite Teil des Plans besteht darin, Brent eine Chance zu geben, noch einmal zu leben. Er war so jung und musste diese Welt auf eine so heftige Art und Weise verlassen. Als Brent im Krankenhaus meinen Finger drückte und ihm die Träne die Wange hinunterlief, war das, glaube ich, seine Art, mir zu sagen, dass er zurückkommen würde. Das war sein Versprechen. Er wollte noch so viel tun, er war so lebendig. Aber sein Leben wurde durch einen Unfall jäh abgekürzt. Auch wenn das schrecklich war, glaube ich, dass all das Gottes Plan war. Er hat mir Brent zurückgegeben, damit er ein besseres Leben haben und ich daran teilnehmen kann. Er wird all das Glück haben können, das er schon beim ersten Mal, als er hier war, hätte haben sollen. Ich *weiß*, dass das die Wahrheit ist.

Wenn Jesse mich abgelehnt oder es mir schwergemacht hätte, um mir damit das heimzuzahlen, was ich in der Vergangenheit getan habe, hätte ich ihm keinen Vorwurf daraus gemacht. Aber ich denke, meine Entschuldigungen und mein Bedauern wurden gehört und er hat mir vergeben. Ich habe Brent wiederholt gesagt, wie sehr ich das bedaure, was ich getan habe. In den letzten Monaten seines Lebens habe ich beinahe jeden Tag geweint und zu ihm gesagt: »All die gemeinen Dinge, die ich dir angetan habe, tun mir leid. Ich wünschte, ich könnte es wiedergutmachen, denn ich liebe dich wirklich sehr. Ich wollte immer eine gute Mutter sein, aber ich wusste nicht wie.«

Wir müssen nach wie vor an der Heilung alter Wunden arbeiten und unsere Beziehung verbessern. Es ist nicht einfach alles automatisch gut, weil er als Jesse zurück ist. Es fällt mir immer noch schwer, Brent loszulassen, obwohl ich weiß, dass er wieder da ist. Die Gefühle der Schuld und der Trauer verschwinden nicht einfach, nur weil ich das jetzt weiß. Ich muss immer noch an meiner Schuld arbeiten, indem ich dieses Mal eine bessere Mutter bin, dieses Kind wachsen lasse und es ihm ermögliche, seine eigene Persönlichkeit zu entwickeln.

Gelegentlich treten einige unserer alten Verhaltensmuster auf und wir erkennen sie beide wieder. Wir sehen auch, dass sie verändert werden müssen. Neulich passierte zum Beispiel etwas, das mich ziemlich erschüttert hat. Jesse hat mit anderen Kindern gespielt und sich von ihnen ein paar schlechte Angewohnheiten abgeguckt. Ein paar Mal hat er mir die Zunge herausgestreckt und dazu ein unanständiges Geräusch gemacht. Ich mag das nicht. Es ist sehr respektlos. Also habe ich ihn darauf hingewiesen und ihn geduldig gebeten, das zu lassen. Aber letzte Nacht hat er mir wieder die Zunge herausgestreckt und es noch einmal gemacht. Ich habe ihm einen sanften Klaps ins Gesicht gegeben – nicht fest – und gesagt: »Tu das nicht. Es ist respektlos.« Das war das erste Mal, dass ich ihn in irgendeiner Weise geschlagen habe. Jesse brach in Tränen aus und weinte und weinte. Ich ließ ihn ein paar Minuten weinen, dann nahm ich ihn hoch und sagte: »Okay, warum regst du dich so auf?«

Er hörte auf zu weinen und guckte mir direkt in die Augen. »Schlag mich nicht, Mama«, meinte er. »Schlag mich nicht mehr so, *wie du es früher gemacht hast!*« Das traf mich so tief, dass ich dachte, ich müsste mich übergeben.

Sie sehen also: Heilung ist ein fortwährender Prozess. Es ist nicht alles automatisch in Ordnung, nur weil er wieder da ist. Ich muss immer noch daran arbeiten – manchmal an den gleichen Dingen, die ich schon früher falsch gemacht habe. Aber dieses Mal ist es anders. Jesse ist eine wesentlich glücklichere Seele und sich seiner selbst bewusst genug, um mich zu korrigieren, wenn ich es brauche. Und ich bin eine andere Mutter, als ich es vor 25 Jahren war. Ich bin wesentlich achtsamer, fürsorglicher und bereit, meinen Fehlern ins Gesicht zu sehen und mich zu ändern. Ich danke Gott jeden Tag dafür, dass ich eine zweite Chance bekomme, um Jesse zu zeigen, welche Art Mutter ich sein kann.

Es ist seltsam, aber ich gehe kaum noch zum Friedhof, um Brents Grab zu besuchen. Nur bei besonderen Gelegenheiten. Manchmal fühle ich mich deswegen schuldig, aber bevor Jesse geboren wurde, bin ich ständig hingegangen. Ich ging jede Woche. Seit ich Jesse bekam, spüre ich keine Notwendigkeit mehr, dorthin zu gehen.

Ich war tief bewegt von Beverlys Geschichte. Ich bewunderte ihren Mut, mit dem sie sich ihren vergangenen Taten gestellt und akzeptiert hatte, dass Brent zu ihr zurückgekommen war. So schön es auch ist, ihren Sohn zurückzuhaben: Es bedeutet auch, dass sie sich ihren vergangenen Fehlern ihm gegenüber im wahrsten Sinne des Wortes und so tiefgreifend wie nur möglich stellen muss. Ich verstehe, welch unglaubliches Geschenk und welch ein Segen das für ihre Seele ist – eine zweite Chance zu bekommen. Wenn sie ihre alten Dämonen besiegen kann, indem sie ihren Sohn jetzt liebt, wird sie sich selbst von einer Last befreien, die sie sonst ihr ganzes Leben über gepeinigt hätte – und wahrscheinlich auch darüber hinaus. Um Wiedergutmachung zu leisten, muss sie nicht auf eine ungewisse Wiedervereinigung mit ihrem Sohn im Jenseits warten. Sie kann jetzt schon anfangen. Für mich fasst das das Wunder der Reinkarnation zusammen.

Ich fragte sie: »Beverly, ich weiß, dass es viele Menschen bewegen und inspirieren wird, wenn ich Ihre Geschichte in meinem nächsten Buch mit der Leserschaft teile. Was möchten Sie diesen Menschen darüber erzählen, was diese Erfahrung für Ihr Leben bedeutet? Was sind ihre abschließenden Gedanken dazu?«

Ich würde den Menschen sagen, dass es wirklich eine wundervolle, aufschlussreiche Erfahrung ist, ein reinkarniertes Kind zu haben. Die Schuld und den Tod in meinem Leben würde ich allerdings niemandem wünschen. Manche Leben enthalten viele Prüfungen und Sorgen, während andere Menschen mit einem Surfboard durch ihr Leben zu gleiten scheinen. Ich bin eher weinend und tretend durch mein Leben geschoben worden! Menschen wie mir, denen mit dem harten Leben, wünsche ich, dass sie verstehen, dass das Leben weitergeht. Es geht einfach weiter.

Aber wissen Sie, in einer Art gehören unsere Leben nicht uns. Ich glaube, dass sie schon geplant werden, bevor wir überhaupt hier ankommen, und auf viele verschiedene Arten werden wir angeleitet. Wenn Gott entscheidet, dass du bestimmte Dinge lernen sollst, zeigt Er dir das, indem Er dich durch die dazugehörige Erfahrung führt – welche auch immer nötig ist, um den Menschen beizubringen, wie man liebt.

Ich weiß nicht wirklich, was das Wort *Reinkarnation* bedeutet, aber ich kann sagen, dass ich ohne die Spur eines Zweifels daran glaube, dass die Seele weiterlebt. Und die Seele geht durchs Leben, um so viele Dinge zu erleben, wie sie kann, um zu lernen, wie man liebt. Wir sind hier, um zu lieben, damit wir uns auf eine höhere Ebene bewegen und näher bei Gott sein können. Das ist der einzige Grund dafür, dass wir hier sind und dass wir zurückkommen, nachdem wir gestorben sind.

In einer Million Jahren könnte ich nicht genug Worte der Dankbarkeit finden, weil Gott mir Brent zurückgeschickt hat. In meinem Leben sind so viele andere Dinge schiefgegangen und ich habe so viele Fehler gemacht. Ich hätte nie gedacht, dass ich einen solchen Segen verdiene. Wenn nur auch andere Menschen, deren Leben schmerzhaft ist, so etwas erleben dürften – die Gelegenheit zu bekommen, es richtig zu machen –, dann würden sie begreifen, was für ein Wunder und was für ein Geschenk von Gott es ist.

Trotz allem habe ich gelernt, dass ich in Bezug darauf, mit wem ich all das teile, sehr vorsichtig sein muss. Meine religiösen Freundinnen denken, dass ich verrückt geworden bin. Sie haben mir erklärt, dass es so etwas wie Reinkarnation nicht gibt, dass es Teufelswerk und eine Sünde gegen Gott ist. Das ist so blauäugig. Wie kann jemand dieser wunderschönen Macht gegenüber so engstirnig sein? Es ist so traurig, dass sie ein solches Wunder von Gottes Gnade und Liebe verpassen.

10

Pendelnde Seelen

Da war diese Weisheit, die von einem Zweijährigen kam, der kaum aus den Windeln heraus war. Wie konnte ich leugnen, was passiert war? Es war so real und es war nichts, was ein Zweijähriger sich hätte ausdenken können. Es ging weit tiefer als das – tiefer als alles, was ich je gelernt hatte oder mir vorstellen konnte.

Bis hierher haben wir Reinkarnation innerhalb der Familie unter die Lupe genommen. Wir haben uns auf die Kinder konzentriert, die Erinnerungen hatten, und auf die Reaktionen der Eltern und der anderen Familienmitglieder. Und wir haben gesehen, wie die Leben dieser Familien und ihr Glaube sich durch diese Erfahrung verändert haben.

Aber man kann aus der Untersuchung dieser Geschichten noch mehr Gewinn ziehen. Wenn wir einen Schritt zurücktreten, um sie in einem größeren Zusammenhang zu betrachten und wenn wir uns die Folgerungen aus diesen Geschichten ansehen, erkennen wir, dass Reinkarnation innerhalb der Familie weitreichende spirituelle Lehren für uns alle bereithält – ob wir sie nun direkt in unserer Familie erlebt haben oder nicht.

Eine dieser Lehren besteht darin, dass Liebe die Macht hat, den Tod zu überwinden. Das sehen wir in den Fällen, in denen eine Seele aufgrund ihrer Liebe beschließt, erneut in die Familie geboren zu werden, die sie kürzlich verlassen hat. Auch in vielen anderen Fällen sehen wir, dass die Bande der Liebe im Tod nicht getrennt werden, sondern in einer neuen Beziehung in einem anderen Leben bestehen bleiben. »Wahre Liebe stirbt nicht« lautet ein sentimentales Klischee, das wir in der Popmusik und in Gedichten zu hören bekommen, doch nun sehen wir, dass es tatsächlich *wahr* ist.

Die Menschen, die in ihrer eigenen Familie Zeugen von Reinkarnation wurden, sagen mir in Gesprächen, dass dies ihren Blick auf den Tod verändert hat. Sie gestehen ein, dass ihnen die *Endgültigkeit* des Todes keine Angst mehr macht. Sie wissen – weil sie es mit ihren eigenen Augen gesehen haben –, dass der Tod *nicht* das absolute Ende der Existenz darstellt, sondern lediglich das Ende eines Abschnitts eines kontinuierlichen Lebenskreislaufs.

Als Kathy Luke zum Beispiel ihren kleinen Sohn an den Tod verlor, ging sie davon aus, dass dies endgültig sei. Aber als sie 17 Jahre später realisierte, dass seine Seele als neues Kind zu ihr zurückgekehrt war, änderte sich ihre Weltsicht und sie verlor ihre Angst vor dem Tod. Sie selbst beschrieb diese Wandlung wie folgt:

> So wie ich es heute sehe, bewegen sich unsere Leben in einem Kreislauf und starke Beziehungen bleiben in diesem Kreislauf. Weil es so funktioniert, glaube ich, dass ich, wenn mein Leben vorbei ist, wieder mit denen zusammen sein werde, die ich liebe. Es ist beruhigend, das zu wissen.

> Früher habe ich mich bei dem Gedanken ans Sterben immer unwohl gefühlt. *Jetzt tangiert mich der Tod nicht mehr.* Ich weiß, dass ich zurückkommen und mich wieder mit denen verbinden werde, die ich liebe.

Wenn wir selbst trauern, kann uns das, was Kathy und die anderen entdeckt haben, trösten. Das Leben als Teil eines kontinuierlichen Kreislaufs zu betrachten nimmt dem Tod die Hoffnungslosigkeit. Es kann Balsam für unsere Trauer sein zu begreifen, dass die Seele nicht stirbt.

Das Wissen um Reinkarnation innerhalb der Familie verändert auch unser Gefühl zu unserem *eigenen* Tod. Das Wissen darum, dass der Tod nicht das endgültige Aus ist – dass wir noch viel mehr Chancen erhalten werden, auf der Erde zu lernen, zu wachsen, unsere Bestimmung zu erfüllen und mit denen zusammen zu sein, die wir lieben –, hilft uns, der Tatsache ins Auge zu sehen, dass auch wir eines Tages sterben werden. Und, wie es so viele mystische Traditionen lehren, wenn wir unsere Angst vor dem Tod verlieren, gewinnen wir eine neue Perspektive darauf, wie wir unser Leben leben.

Schnittpunkte der Bestimmung

Jedes einzelne Beispiel von Reinkarnation in der Familie ist schlicht ein Hinein- und Hinauspendeln der Seele in das oder aus dem Leben der Familie, die sie zurückgelassen hat. Und wenn das einmal passieren kann, kann es beliebig oft vorkommen, wobei ein Muster aus vertrauten Seelen kreiert wird, die gegenseitig durch ihre Leben pendeln und sich an verschiedenen Punkten innerhalb der Zeit überschneiden. Das Beziehungsgefüge wächst, während die Seelen durch zukünftige

Generationen und über die direkte Familie hinweg reisen. Mit jeder neuen Inkarnation kann die Seele die Wege von früheren Freunden, Liebenden oder sogar Feinden kreuzen, die sie zu signifikanten Momenten in einem früheren Leben berührt haben. Die Seele verzweigt sich auf ihrem Weg mit anderen Seelen, die sie auf ihrer Reise durch die Zeit nie zuvor getroffen hat. Wenn wir dieses Bild bis zu seinen Grenzen ausweiten, können wir uns ein unendlich reiches Gefüge an miteinander verflochtenen Beziehungen ausmalen, die unzählige Leben zuvor begannen und sich über unzählige zukünftige Leben erstrecken werden.

Wenn jede Seele eine ultimative höhere Bestimmung hat, ist bei jeder Überkreuzung eine Überlappung von Plänen gegeben. Bei jeder Überkreuzung kommen wir mit anderen Seelen zusammen, um beiderseitig zu wachsen und uns zu liebesfähigeren, anteilnehmenderen und vergebungsfähigeren Menschen zu entwickeln.

An manchen dieser Kreuzungen finden wir unsere Seelengefährten – die, mit denen wir in der Vergangenheit tiefgreifende, positive Bande geknüpft haben. Üblicherweise denken wir bei Seelengefährten an Liebende oder Ehepartner, aber ein Seelengefährte kann jeder sein – ein Kind, das unser Leben aufhellt, ein Lehrer, der uns den Weg zeigt, oder ein lieber und teurer Freund, der uns bedingungslos versteht.

Dies sind die Seelen, die uns so tief berühren, dass sie unser ganzes Leben lang einen bedeutenden Platz in unserem Herzen einnehmen.

An den Kreuzungen können wir aber auch schwierige, herausfordernde und sogar gefährliche Beziehungen antreffen.

Ein gewalttätiger Ehepartner, ein Chef, der uns hinauswirft, oder ein Gegner, der ein Doppelspiel treibt, könnte unwissentlich ein Lehrer sein, der uns schmerzhafte und doch notwendige Lektionen vermittelt. Schwierige Beziehungen wie diese zwingen uns manchmal, die Richtung zu ändern, für uns selbst zu kämpfen oder die eigene Stärke oder eine innere Ressource zu entdecken, von der wir nicht wussten, dass wir sie haben. Obwohl es zu dieser Zeit schwer zu glauben ist, steckt aus kosmischer Perspektive auch hinter diesen schwierigen Begegnungen Liebe und ein bestimmter Plan.

Das gezielte Pendeln der Seelen durch die Zeit ist mehr als ein schönes, abstraktes Bild. Es ist etwas, das wir spüren können, wenn es geschieht. Begegnen wir einem Seelengefährten zum ersten Mal, spüren wir das in unseren Herzen. Wir *verstehen* plötzlich, wenn wir in die Augen eines Neugeborenen blicken und von der alten Seele, die zu uns zurückschaut, beinahe niedergerungen werden. Das sind leuchtende Momente der Erkenntnis, in denen wir die Wahrheit unserer Verbundenheit mit allen Seelen begreifen und einen kurzen Blick auf die kosmische Bedeutung der sich überkreuzenden Leben erhaschen.

Kathy Luke spürte es. Ausgehend von ihrer unglaublichen Erfahrung mit James und Chad versuchte sie es zu beschreiben:

> Es fühlt sich so an, als wären Chad und ich schon immer füreinander dagewesen. Ich bin mir nicht sicher, wie ich es beschreiben soll; jedenfalls ist es nicht ganz richtig zu sagen, dass wir ein oder zwei Mal in anderen Leben zusammen waren. Es geht viel tiefer als das. Ich spüre, dass wir schon immer zusammen waren. Die Gefühle, die ich für ihn habe, sind wie die Gefühle, die man kriegt, wenn man ein Baby hält – diese Ruhe und Friedlichkeit. Aber es geht viel tiefer.

Sobald wir verstehen, dass jede Beziehung in unserem Leben ein andauernder Strang aus der Vergangenheit sein könnte, verstehen wir, dass wir in Bezug auf Anhaltspunkte für ihre tiefere Bedeutung auf der Hut sein müssen. Wir können versuchen, die Gründe dafür, dass eine bestimmte Person in unser Leben gekommen ist, wahrzunehmen. Wir können versuchen, aus der Verbindung das Beste herauszuholen, sie als Gelegenheit zu betrachten, das, was wir aus der Beziehung lernen sollen, dieses Mal zu lernen. Selbst wenn wir die Gründe nicht aufdecken können, öffnet das Wissen darum, dass jede Beziehung eine Überkreuzung mit spirituellem Sinn darstellen kann, unsere Augen für die potenzielle Bedeutung, die sogar die kleinsten Begegnungen, die uns über den Weg laufen, haben können.

Sarah Holden (aus dem *Muttertausch*-Kapitel) begann all ihre Beziehungen mit anderen Augen zu sehen, nachdem sie begriffen hatte, dass ihre misshandelnde Mutter als ihr Sohn Miles wiedergekehrt war. Sie denkt zurück:

> Wenn ich heute Menschen betrachte, frage ich mich, was sie in der Vergangenheit durchgemacht haben und warum sie wieder da sind. Besonders bei den Menschen, die mir nahestehen, frage ich mich, ob wir früher in einem anderen Leben eine Verbindung hatten und warum wir erneut zusammengebracht wurden. Ich möchte das Beste aus unserer gemeinsamen Erfahrung machen.

Angst vor dem Karma

Jeder hat, glaube ich, schon mindestens einen bedauerlichen und scheinbar nicht mehr rückgängig zu machenden Fehler in seinem oder ihrem Leben gemacht. Eine weitere hoffnungsvolle Lektion der Geschichten über die Rückkehr innerhalb der Familie besteht darin, dass wir die Möglichkeit haben, Fehler zu korrigieren und Wiedergutmachung zu leisten – wenn nicht in diesem Leben, dann in einem anderen.

Erneut vertraut Sarah Holden uns an, was sie durch ihre Erfahrung gelernt hat:

> Aufgrund meiner Erfahrungen mit Miles habe ich begriffen, dass wir eine zweite Chance bekommen, die Dinge zu korrigieren, wenn wir sie zu der Zeit, wenn wir sterben, nicht beendet haben oder wenn wir Menschen gegenüber Fehler begangen haben. Miles hat mir beigebracht, dass es nie zu spät ist, die Dinge in Ordnung zu bringen. Es ist sinnlos, sich fertigzumachen, wenn in der Beziehung zu einem anderen Menschen alles schief läuft, denn du kriegst einen neuen Versuch.

Es ist von Bedeutung, dass Sarah Holdens Mutter in ihrer Reinkarnation als Miles nicht den gleichen Misshandlungen ausgesetzt war, die sie vor ihrem Tod ihrer Familie zugefügt hatte. Stattdessen bekam sie durch Liebe, nicht durch Bestrafungen die Möglichkeit, über die Person hinauszuwachsen, die sie zuvor gewesen war.

Ich glaube, dass Menschen aus der westlichen Zivilisation sich auch deshalb gegen die Idee der Reinkarnation sträuben, weil sie mit der Theorie des Karmas Schwierigkeiten haben. Einige wenden aus verstandesmäßigen Gründen ein, dass sie allzu simpel und schicksalsgläubig ist. Einige haben einfach Angst davor. Sie haben von Karma nur in Verbindung mit dem »Du erntest, was du säst«-Prinzip gehört und fürchten, dass sie bei ihrer Inkarnation in ein weiteres Leben gezwungen sein werden, all ihren früheren Handlungen ins Gesicht zu sehen und für jeden Schmerz, den sie je verursacht haben, zu leiden. Ihnen widerstrebt ein solches System, das keinen Raum für den freien Willen, für Gnade oder Veränderung lässt.

Fälle wie der von Sarah Holden zeigen aber, dass Karma nicht streng und unversöhnlich ist. Der Prozess, der uns in unser nächstes Leben geleitet, beinhaltet wesentlich mehr Kreativität, Gnade und Flexibilität, als wir denken.

Eine Geschichte, in der ein Zweijähriger einen Blick auf sein letztes Leben wirft, veränderte mein Verständnis des Karmas mehr als alles andere, was ich bis dahin gehört hatte. Ich lernte dadurch, dass die Seele viele Gelegenheiten hat, ihre früheren Handlungen zu korrigieren und auszugleichen, durch Lösungen, die weit über das einfache Ursache-Wirkungs-Prinzip hinausgehen. Sie öffnete mir die Augen dafür, wie gnädig das göttliche Gericht sein kann, und dass es für jeden von uns gilt, sogar für einen Mörder.

Dieser Bericht von Sandra Poole entstammt einer telefonischen Befragung. Sie erklärt, was mit ihrem Sohn Alex eines Nachts geschah:

Als es passierte, war Alex gerade zwei geworden. Ich deckte ihn gerade zu und er war dabei einzudösen. Plötzlich schnellte er in seinem Bett hoch, schien sich auf etwas zu fokussieren, das sich an der gegenüberliegenden Wand seines Zimmers befand, und begann zu schreien und zu weinen. Sein jäher Ausbruch überraschte mich völlig, weil ich nichts entdecken konnte, das ihn verursacht haben könnte. Meine Mutter kam aus dem anderen Zimmer herbeigerannt, als sie Alex heulen hörte.

»Was ist los? Was ist los?«, wollten wir wissen.

Alex schluchzte: »Der Mann, der Mann. Er hat eine Waffe, Mama, und er wird mich erschießen.«

Ich versuchte ihn zu halten und versicherte ihm, dass sich kein Mann in seinem Schlafzimmer befand und ihm nichts geschehen könne, aber ich kam nicht zu ihm durch. Er hatte solche Angst, dass er sich ganz fest ans Kopfende seines Bettes presste. Er weinte und jammerte weiter und fixierte dabei etwas vor ihm, das nur er sehen konnte. Meine Mutter und ich wiederholten ständig: »Was ist los? Was ist los?«

Unter Tränen rief er: »Er hat mich erschossen.«

In der Hoffnung, dass ich herausfinden könnte, was los war, akzeptierte ich seine Vision. »Er hat dich erschossen?«, sagte ich. »Bist du tot?«

Er antwortete: »Noch nicht. Deshalb holt er das Messer. Oh Mama, er schneidet mir die Kehle durch.« Er schrie und wand sich und hielt sich die Kehle – das ging wohl ein paar Minuten so.

Meine Mutter und ich waren völlig perplex. Wir hielten ihn, aber er schien uns immer noch nicht wahrzunehmen. Ich war vor Sorge außer mir. Hier lag mein süßer kleiner Zweijähriger und war ganz und gar in diese schreckliche Szene versunken. Ich war verzweifelt und wollte unbedingt herausfinden, was die Ursache dafür war. Schnell ließ ich vor meinem inneren Auge alle Filme Revue passieren, die er gesehen hatte, um mich daran zu erinnern, ob er diesen beängstigenden Bildern schon einmal ausgesetzt gewesen war – er ist erst zwei und ich kannte alle Filme, die er gesehen hatte. Aber ich hatte kein Glück.

Während Alex weiter schluchzte und jammerte, versuchte ich, mehr Informationen aus ihm herauszubekommen. »Wie sieht das Zimmer aus?«

»Es hat Holzwände.«

»Hast du ein Auto, einen Truck oder ein Pferd?«, fragte ich, um das Ganze in einen zeitlichen Rahmen einzusortieren.

»Ich habe ein Pferd.«

Mir kam der Gedanke, dass er sich an etwas aus der Vergangenheit erinnerte – vielleicht aus einem anderen Leben. Zur gleichen Zeit versuchte ich ihn aus seiner Vision zu befreien. Alle paar Minuten schüttelten meine Mutter und ich ihn sanft und sagten: »Komm schon, Alex. Sieh mich an. Da ist kein Mann. Du bist hier bei uns in Sicherheit.« Aber er reagierte überhaupt nicht darauf. Er fuhr fort zu weinen und auf den gleichen Punkt an der Wand zu starren.

Dann, nach ungefähr zwanzig Minuten, änderte sich sein Zustand urplötzlich. Es war, als wenn jemand einen Schalter umgelegt hätte. Er entspannte sich schnell und ließ sich im Bett nieder. Seltsamerweise strahlte er mich mit dem schönsten Lächeln an, das ich je gesehen hatte. Er fokussierte die Wand nicht mehr, befand sich aber immer noch in einer Art Trance.

Ganz ruhig und mit einem reifen Ton in der Stimme, der mich total überraschte, sagte er: »*Oh, es wird alles gut. Er wird mein Sohn werden und ich werde ihm beibringen, keine Menschen zu verletzen und keine Waffen zu gebrauchen. Und ich werde ihm beibringen zu lieben statt zu verletzen.*«

Nachdem er das gesagt hatte, sah Alex sehr zufrieden und völlig entspannt aus. Mit einem breiten Lächeln auf seinem Gesicht begann er die Augen zu schließen. Ich sagte: »Okay, Alex, warum gehst du nicht einfach schlafen?« Meine Mutter und ich deckten ihn zu und er schlief sofort ein, das Lächeln immer noch auf dem Gesicht. Das war die ganze Geschichte. Das war es.

Meine Mutter und ich zogen uns ins Wohnzimmer zurück. Tränen strömten ihr aus den Augen. Wir saßen da und umarmten uns und sagten beide ein ums andere Mal: »O mein Gott! Das war so schön!« Mich hatte es tiefer berührt als alles, was ich je zuvor erlebt hatte. Ich war so froh, dass meine Mutter als zweite Zeugin dieser außerordentlichen Lektion dabei gewesen war – auch, um mich später zu erinnern, dass es wirklich passiert war.

Ich war geistig immer offen für das Konzept der Reinkarnation. Es war meine Einstellung gewesen, dass Reinkarnation vielleicht existierte, vielleicht aber auch nicht, aber weil ich keinerlei persönliche Erfahrung damit hatte, wusste ich es nicht. Ich bin von Natur aus ein skeptischer, ungläubiger Thomas und nehme eine Theorie nicht an, bis ich konkrete Beweise als Beleg habe. Und dennoch war da diese Weisheit, die von einem Zweijährigen kam, der kaum aus den Windeln heraus war. Wie konnte ich leugnen, was passiert war? Es war so real und es war nichts, was ein Zweijähriger sich hätte ausdenken können. Es ging weit tiefer als das – tiefer als alles, was ich je gelernt hatte oder mir vorstellen konnte.

Ich hatte immer schon ein Problem mit der christlichen Doktrin der Hölle gehabt, weil sie kein Mitgefühl beinhaltet. Ich glaube, dass die meisten Menschen, die schlimme Dinge tun, aus rauen Milieus kommen oder als junge Menschen in irgendeiner Art traumatisiert wurden und dass sie einfach schlechte Karten im Leben haben. Ich stamme aus einer langen Reihe von Fundamentalisten – solche, die an Exorzismus und Ähnliches glauben –, die jeden, der etwas Böses tut, beschuldigen, von Satan oder von Dämonen besessen zu sein. Ich glaube, dass das falsch ist. Diese Art von Verurteilung verneint den freien Willen eines Menschen – sie verleugnet, dass es sich um Individuen handelt, die die Fähigkeit haben, ihre eigenen Entscheidungen zu treffen. Sie verdammt sie, ohne die Umstände zu berücksichtigen, die die Person dazu gebracht haben, eine schlechte Wahl zu treffen.

Dennoch ist das Niveau der Vergebung, von dem Alex sprach, überwältigend und wundervoll! Bevor er von seiner Lösung für die im vergangenen Leben begangene Missetat dieses Mörders sprach, war mein Verständnis von Karma:

»Du erntest, was du säst.« Deshalb hätte ich gedacht, wenn dieser Mann und mein Sohn eine karmische Schuld auszugleichen hätten, würden sie sich auf einem Schlachtfeld treffen und Alex würde ihm alles zurückgeben, indem er ihm exakt das antat, was der Mann ihm im früheren Leben angetan hatte. Aber die Lösung, ihn als Alex' Sohn zurückkommen zu lassen, ihm ein Vater zu sein, zeigt eine viel größere Weisheit als das. Diese Lösung war wesentlich mitfühlender, als einfach Vergeltung zu üben und den Mann zu bestrafen.

Ich begreife, dass es meinem Sohn bei seiner spirituellen Entwicklung helfen kann, wenn er gezwungen ist, der Vater seines Mörders zu sein, weil es ihn zwingt, tiefes Mitgefühl gegenüber der Seele zu zeigen, die ihm etwas so Großes genommen hat. Zur gleichen Zeit wäre es für die Seele des Mörders sehr demütigend, dieses Geschenk anzunehmen. Mein Zweijähriger hat mir mehr als jeder andere beigebracht, was Erlösung und Hoffnung bedeuten und was die wahre Bedeutung von Mitgefühl ist.

Am nächsten Morgen hatte Alex absolut keine Erinnerung mehr daran, was in der Nacht zuvor passiert war, oder an den Mann mit der Waffe und dem Messer. Die Erfahrung zeigte keinerlei Auswirkungen. Es ging ihm gut. Tatsächlich sogar mehr als gut: Diese Nacht setzte den Schlusspunkt für seine Asthmaanfälle. Seit er fünf Monate alt war, hatte er verschreibungspflichtige Medikamente gegen sein Asthma nehmen müssen, und ich erinnere mich genau daran, dass das letzte Mal, als er eine Behandlung brauchte, die Nacht vor der Erinnerung an sein letztes Leben war. Nach ein paar Monaten begriff ich, dass er geheilt war, und die Medikamente setzten auf dem Regal Staub an. Meine Mutter und ich veränderten uns sehr durch das, was wir in dieser Nacht gesehen hatten, und bei Alex war es offensichtlich genauso.

Alex' Geschichte öffnete mein Herz für einen höheren, mitfühlenderen Standard der Vergebung. Sie demonstriert, dass die universellen Gesetze, die über die Reinkarnation herrschen, unberechenbarer und gütiger sind, als ich es mir vorgestellt hatte. Die Reinkarnation hält die Seele nicht in einem rigiden Ursache-Wirkungs-Kreislauf gefangen, sondern stellt die Schlüssel für die Rehabilitation durch eine Veränderung der Umstände bereit. Ein Dieb in einem Leben kann im nächsten Leben ein Menschenfreund sein.

Sogar wenn wir schreckliche Fehler begehen und andere auf schlimme Art verletzen, werden wir nicht auf ewig verdammt und in eine brennende, Dantesche Hölle verbannt, und wir müssen nicht für unsere Missetaten leiden, indem wir einem strikten Vergeltungssystem ausgesetzt sind, in dem die Vergeltung buchstäblich »Auge um Auge« erfolgt. Vielmehr scheint es, dass Gerechtigkeit und Ausgleich auf kreative Weise und mit unbegrenzter Flexibilität erreicht werden können. Die Schönheit der Reinkarnation liegt darin, dass wir so viele Gelegenheiten bekommen, wie wir brauchen, um zu lernen und über unsere menschlichen Mängel hinauszuwachsen.

Die Suche nach dem Licht

Bevor ich dieses Buch beende, habe ich noch eine letzte Geschichte zu erzählen. Sie greift ein Thema auf, das sich durch viele der Geschichten in den vorangehenden Kapiteln zieht.

Das Thema ist *Glaube* – oder, um präzise zu sein, wie der frühere Glaube der Menschen ihre Fähigkeit beeinflusst, einen Fall von Reinkarnation in ihrer Familie zu *erkennen*, wenn er sich ereignet. Was mich überrascht ist, welch große

Auswirkungen schon eine geringe Veränderung in der Einstellung haben kann. Offen zu bleiben, auch nur ein kleines Bisschen, kann den ganzen Unterschied machen und darüber entscheiden, ob man einen Fall von Reinkarnation erkennt oder ihn komplett verpasst.

In den früheren Kapiteln habe ich den Prozess beschrieben, den Eltern normalerweise durchlaufen, wenn die Erinnerungen ihres Kindes an ein früheres Leben ihre Augen für die Reinkarnation öffnen. Hätte man diese Eltern gefragt, ob sie an Reinkarnation glaubten, bevor es ihnen widerfuhr, hätten viele mit »nein« oder mit »ich bin skeptisch« geantwortet. Aber als ihre Kinder begannen, Anzeichen für ein früheres Leben zu zeigen, hielten sie ihre Wertung zurück, beobachteten und wogen ab. Sie behielten durchgehend eine »Es könnte dies sein oder es könnte jenes sein«-Einstellung bei und sie schnitten ihrem Kind nicht das Wort ab, wenn es begann, über ein anderes Leben zu sprechen. Da sie offen und unvoreingenommen blieben, wurden diese Eltern mit einem Wunder belohnt, das ihr Leben bereicherte und ihr spirituelles Bewusstsein erweiterte.

Was in diesem Buch nicht beschrieben wird, sind die vielen Gelegenheiten, bei denen Eltern es rundweg ablehnen, die Möglichkeit von Reinkarnation in Betracht zu ziehen, selbst wenn es ihre eigenen Kinder betrifft. Ihr fester Glaube, dass »wir nur einmal leben«, verhindert, dass sie die Beweise sehen, die sich direkt vor ihrer Nase befinden. Diese starre Einstellung kann durch ihre Treue zu einem religiösen Credo verursacht werden oder durch ihren Glauben, dass nichts, was nicht durch die Wissenschaft bewiesen wurde, real ist. Wenn ihr kleines Kind daher von »als ich früher groß war« spricht, schimpfen sie es aus oder bringen es zum Schweigen und der Fall wird im Keim erstickt.

Ich weiß, dass diese Fälle existieren, weil mir frustrierte entferntere Verwandte davon erzählen – Tanten, Onkel und Großeltern, die deutliche Anzeichen für Reinkarnation bei ihrer kleinen Nichte, dem Neffen oder dem Enkel sehen. Sie sind überzeugt davon, aber die Eltern des Kindes verbitten sich jede Diskussion über frühere Leben oder werfen den wohlmeinenden Verwandten vielleicht sogar vor, dass sie das Kind bei »diesem Blödsinn« bestärken. Die Verwandten schweigen, um den Familienfrieden zu erhalten, aber sie schreiben mir eine E-Mail und bitten mich um Rat. Ich bestätige, dass das, was sie sehen, möglich ist, aber ohne die Einwilligung der Eltern bin ich genauso hilflos wie sie und kann mich nicht weiter in den Fall einbringen.

Ich weiß auch, dass so etwas passiert, weil ich es von Erwachsenen höre, die sich daran erinnern, als Kind Erinnerungen an ein früheres Leben gehabt zu haben. Manche können den Zeitpunkt, an dem sie mit einem »Psst« oder durch Verhöhnung ihrer Erinnerungen dazu gebracht wurden, sie für sich zu behalten, noch ganz genau festlegen. Manche erinnern sich daran, dass es nur ein Lachen oder die Bemerkung eines Erwachsenen brauchte, um sie zum Schweigen zu bringen. Das, was ich von diesen Menschen gehört habe, hat mir klargemacht, wie leicht Kinder dazu gebracht werden können, über das zu schweigen, was die Erwachsenen nicht glauben. Trotz der Entmutigung haben diese Erwachsenen die lebendigen Erinnerungen an ein anderes Leben nie vergessen. Sie kontaktieren mich, um mir dafür zu danken, dass ich das, von dem sie schon immer wussten, dass es wahr ist, endlich bestätige.

Die Kinder kommen eindeutig schlecht dabei weg, wenn es ihnen nicht erlaubt wird, ihre Erinnerungen an frühere Leben zu schildern. Auch für die Erwachsenen ist es ein Verlust. Sie verpassen nicht nur das Glück, einen geliebten Verwandten zu Hause willkommen zu heißen, sondern auch die Gelegenheit, Reinkarnation unmittelbar zu erleben und eine neue Perspektive auf das Leben der Seele zu gewinnen.

Nun zur letzten Geschichte. Sie wurde mir per E-Mail von Claire, einer Mutter, die in einer kleinen Stadt in Indiana lebt, geschickt. Weil sie dem, was ihr Sohn ihr erzählte – mit einem Rippenstoß von ihrer Mutter –, offen gegenüberstand, wurde sie Zeugin eines Wunders. Aber andererseits: Mit wem konnten sie und ihre Mutter ihr Geheimnis teilen?

Eines Tages besuchten mein zweijähriger Sohn Derek und ich meine Mutter und wir buken alle zusammen Erdnussbutterkekse. Aus heiterem Himmel, während er mir »half«, den Keksteig auf dem gefetteten Blech zu verteilen, informierte Derek uns: »Meine *andere* Mama hat diese Art Kekse auch gemacht.«

Ein wenig skeptisch sagte ich: »Deine *andere* Mutter? Was ...«

Bevor ich weitersprechen konnte, versetzte mir meine Mutter einen Rippenstoß und machte: »Schhh!« Sie wollte nicht, dass ich seinen Redefluss unterbrach.

Er sagte: »Meine andere Mutter, *Dorsey*.« Ich wartete, dass er mehr sagte, aber stattdessen begann er darüber zu sprechen, wie viele Kekse er essen würde.

Seine Bemerkung schockierte mich ein wenig. Aber meine Mutter, die vor Dereks Geburt viel über Reinkarnation gelesen hatte, erklärte mir, dass er sich wahrscheinlich an ein früheres Leben erinnerte und dass wir ihm erlauben sollten zu sprechen, ohne ihn abzuweisen oder es zu unterdrücken. Ich war mir nicht sicher, aber ich war bereit abzuwarten und zu sehen, ob er noch etwas Interessantes sagte.

Ich musste nicht lange warten. Im Verlauf des nächsten Jahres sprach Derek häufig von seiner anderen Mutter,

»Dorsey« (wir nahmen an, dass er »Dorothy« meinte, aber das *th* nicht aussprechen konnte). Er fügte weitere Details hinzu und sprach von seinem Bruder Matt und einer Schwester, an deren Namen er sich aber nicht erinnern konnte. Er machte diese Bemerkungen über seine andere Familie zu willkürlichen Zeitpunkten. Häufig verglich er, was ich tat und was Dorsey zu tun pflegte. Einmal, als er krank war, legte ich zum Beispiel einen kühlen Waschlappen auf seine Stirn, und er sagte anerkennend: »Das hat Dorsey auch gemacht, wenn ich krank war.«

An einer bestimmten Erinnerung an seine andere Mutter blieb er hängen. Er sagte, dass seine Mutter immer die Außenlampe für ihn angelassen habe, wenn er abends ausging. Er beschrieb besonders, wie die Lampe an der Seite der Garage angebracht war. Er fügte hinzu, dass seine Mutter die Lampe anmachte und ihm aus einem kleinen runden Fenster an der Seite der Veranda zuwinkte. Er wiederholte das mehrfach. Ich fand das seltsam, da wir kein rundes Fenster und keine Lampe dieser Art an unserem Haus hatten.

Zur gleichen Zeit gestand meine Mutter ein, dass sie so ein Gefühl in Bezug auf Derek hatte, und sagte häufig: »Ich *kenne* ihn.« Ich lachte sie aus und meinte: »Natürlich kennst du ihn, er ist dein Enkel!«

Aber sie sagte: »Nein, es ist etwas anderes, es ist mehr. Ich *kenne* ihn von irgendwoher …« Aber sie konnte es nicht genauer benennen. Weil sie an Reinkarnation glaubte, beschloss sie, dass sie sich in einem anderen Leben vor langer Zeit gekannt haben mussten.

Kurz nachdem Derek drei geworden war, fuhr ich durch einen Teil der Stadt, den ich selten besuchte, und Derek saß hinten in seinem Kindersitz. Plötzlich hörte ich ihn quietschen: »Da ist es! Das ist mein Haus! Das ist da, wo meine andere Mutter ist!«

Ich hielt an. Er sprang praktisch aus seinem Kindersitz, während er auf ein Eckhaus mit einer freistehenden Garage deutete. Er war *sehr* aufgeregt und wiederholte immer wieder: »Mein Haus! Da ist mein Haus!«

Ich fuhr das Auto an den Straßenrand und hielt wieder an, um die Garage besser erkennen zu können. Und da waren sie: Die Lampe, die an der Garage angebracht war, und das runde Fenster an der Seite der Veranda, genau so, wie er es beschrieben hatte. Ich dachte an all die Male, die er von seiner Mutter erzählt hatte, die ihm aus diesem Fenster zum Abschied zuwinkte und die Lampe für die Zeit anließ, wenn er nach Hause kommen würde. Aber jetzt war die Lampe nicht an.

Als Derek sah, dass die Lampe nicht an war, war er außerordentlich beunruhigt und aufgeregt. Er schrie: »Warum leuchtet kein Licht für mich?« Dann zeigte er aufs Fenster. »Da hat meine andere Mutter mir zum Abschied zugewinkt, als ich *das letzte Mal von zu Hause weggegangen bin.*«

Ich wusste nicht, was ich sagen oder tun sollte. Ich konnte mir vorstellen, dass Derek sich an ein früheres Leben erinnerte, aber ich konnte mir nicht vorstellen, dass wir tatsächlich das Haus gefunden hatten, in dem er früher in unserer Stadt gelebt hatte. Vielleicht sah es wie sein anderes Haus aus – aber *war* es auch das Haus? Das fiel mir schwer zu glauben. Mir kam in den Sinn, an der Tür zu klopfen. Aber was sollte ich sagen? Es würde sich zu verrückt anhören. Also fuhr ich weiter. Als ich losfuhr, guckte ich Derek im Rückspiegel an. Er war in seinen Kindersitz zurückgesunken und sah so traurig und verloren aus, als wäre gerade jemand gestorben. Er begann leise zu weinen und wollte nicht mehr mit mir sprechen, bis wir zu Hause ankamen.

Einige Tage später erwähnte ich diesen Vorfall meiner Mutter gegenüber und erzählte ihr, dass das Haus, die Lampe an der Garage und das runde Fenster dem entsprachen, was Derek zuvor gesagt hatte. Ich beschrieb Dereks heftige Reaktion, als er dieses eine spezielle Haus gesehen hatte, seinen Kommentar über *»das letzte Mal, als ich von zu Hause weggegangen bin«* und seine heillose Enttäuschung, als er sah, dass die Lampe nicht für ihn leuchtete.

Während ich sprach, wurde meine Mutter für ihre Verhältnisse ungewöhnlich still. Als ich meine Erzählung beendet hatte, fragte sie mich, wo genau sich das Haus befand. Sobald ich ihr gesagt hatte, an welcher Ecke es stand, machte sie das lauteste Geräusch jähen Erschreckens, das ihr jemals in meiner Gegenwart entfahren war.

Nachdem sie um Atem gerungen hatte, stieß sie hervor: »Ist dir eigentlich klar, wer dort gelebt hat?«

Ich sagte, dass ich keine Ahnung hätte.

»Mein Cousin Ted lebte einst mit seiner Mutter Doris, einem Bruder, Matt, und einer Schwester, Becky, in diesem Haus. Ted wurde im Jahr 1971 bei einem Autounfall getötet, nur eine Woche, nachdem er aus dem Vietnamkrieg zurückgekehrt war.«

Jetzt war ich ebenfalls schockiert. Ich hatte nie von Ted, dem Cousin meiner Mutter, oder von seinem Tod gehört.

Sie erzählte mir alles über ihn. Ted und sie hatten sich sehr nahe gestanden – sie waren ungefähr im gleichen Alter gewesen und zusammen zur Schule gegangen. Sie fügte hinzu, dass Ted in der gesamten Grundschul- und Highschoolzeit einen besten Freund gehabt hatte und dass die beiden Jungen zusammen nach Vietnam gegangen waren. Nachdem er aus dem Vietnamkrieg zurückgekehrt war, heiratete dieser Freund und bekam Kinder. Eines der Kinder dieses Freundes ist heute mein Mann! Teds bester Freund ist heute also Dereks Großvater!

Tante Doris ist vor vielen Jahren weit von unserer Stadt in Indiana weggezogen und meine Mutter hat den Kontakt zu ihr verloren. In den nächsten Wochen diskutierten wir, ob wir versuchen sollten, Tante Doris zu finden und ihr von Derek und seinen Erinnerungen an ein früheres Leben zu erzählen. In der gesamten Zeit, in der meine Mutter sie gekannt hatte, war sie eine fromme Kirchgängerin gewesen und hatte gern Bibelsprüche zitiert.

Wir kamen zu dem Schluss, dass es unwahrscheinlich war, dass sie an Reinkarnation glaubte, und dass sie denken würde, wir seien verrückt, wenn wir mit dieser Geschichte an sie herantraten. Sollten wir es ihr trotzdem erzählen? Nachdem wir alle möglichen Ausgänge berücksichtigt hatten, beschlossen wir, dass es das Beste war, nicht das Risiko einzugehen, eine ältere Dame aufzuregen.

Wir entschieden, dass wir es auch dem Vater meines Mannes, Teds bestem Freund, gegenüber nicht erwähnen würden. Wir wissen, dass er nicht an Reinkarnation glaubt und definitiv denken würde, wir hätten den Verstand verloren. Er und Derek hatten so eine enge und liebevolle Beziehung, dass wir besser nichts sagen wollten, was diese Beziehung zerstören könnte. Seltsamerweise begann Derek ab dem Alter von zwei oder drei Jahren seinem Großvater Fragen über den Krieg und über das Kämpfen zu stellen. Vor allem wollte er wissen, ob es neben dem Erschossenwerden noch andere Möglichkeiten gab zu sterben. Er war ganz versessen darauf, detaillierte Informationen über das Sterben zu bekommen, und führte immer weiter Erwachsenenkonversationen mit seinem Großvater, was skurril anzuschauen war, weil Derek zu diesem Zeitpunkt erst drei war. Ebenfalls zu einem sehr frühen Zeitpunkt hatte Derek große Angst vor Feuerwerk. In der Rückschau frage ich mich, ob seine Fragen zum Krieg und seine Angst vor Feuerwerk etwas mit seiner Zeit in den Gefechten in Vietnam zu tun hatten.

Seit dem Tag, an dem der dreijährige Derek das Haus gesehen hatte, erwähnte er seine andere Mutter oder das Haus oder die Lampe nicht mehr. Er ist jetzt zehn und erinnert sich nur an das, was wir ihm über seine Erinnerungen an die Garagenlampe und »Dorsey« erzählt haben. Seine eigenen Erinnerungen an sein vergangenes Leben als Ted sind vollständig verblasst.

Nach sieben Jahren quält es mich immer noch, dass meine Mutter und ich unser Geheimnis nicht mit anderen Familienmitgliedern teilen können. Schon mehrmals hätte ich beinahe den Telefonhörer in die Hand genommen, um Tante Doris zu finden und es ihr zu erzählen. Aber dann habe ich doch jedes Mal meine Meinung wieder geändert, weil die Chancen schlecht stehen, dass ich damit etwas Gutes bewirken würde. Und ich denke nach wie vor, dass es die Beziehung zwischen Derek und seinem Großvater sogar noch vertiefen würde, wenn er wüsste, dass Derek die Reinkarnation von Ted ist, der die gesamte Kindheit über sein bester Freund war – ganz zu schweigen davon, dass es die Vorstellungen meines Schwiegervaters über den Tod verändern würde.

Meine Mutter und ich sind uns einig, dass das alles Teil eines größeren Plans ist, der vorsieht, dass die beiden erneut zusammen sind und ihre besondere Freundschaft noch einmal genießen können. Aber weil *er* nicht an Reinkarnation glaubt und wir wissen, dass es nicht sicher ist, das Thema *ihm* gegenüber auch nur anzuschneiden, behalten wir es einfach für uns. Ich denke dennoch oft daran, wie schön es wäre, wenn Tante Doris und er das Wunder sehen könnten, das meine Mutter und ich sehen.

Es gibt keine Möglichkeit festzustellen, ob Claire und ihre Mutter die richtige Entscheidung getroffen haben, als sie beschlossen, Tante Doris nicht ausfindig zu machen, um ihr von ihrer Entdeckung zu erzählen. Ich denke, dass sie wahrscheinlich mit ihrer Entscheidung richtig lagen, wenn man berücksichtigt, was sie aus der Vergangenheit über Doris und ihren strengen religiösen Glauben wussten. (Im Fall des Großvaters mussten sie nicht raten, was sicher zu ihrer Entscheidung beigetragen hat, es Doris nicht zu erzählen.) Es war wahrscheinlich, dass Doris nur verletzt und beleidigt gewesen wäre, weil sie mit ihrer »unmöglichen« Behauptung, dass ihr toter Sohn zurück sei, ihren Glauben in Frage gestellt hätten.

Ich kann mir vorstellen, wie empfindlich sie darauf reagiert hätte, wenn die Wunde, die der Tod ihres Sohnes verursacht hatte, wieder geöffnet worden wäre, sogar dreißig Jahre später. Ein Kind zu verlieren ist das Schlimmste, was einer Mutter passieren kann, und der grausame Zeitpunkt von Teds Tod muss es für sie sogar noch unerträglicher gemacht haben. Ich stelle mir vor, dass Doris endlose, qualvolle Monate auf seine Rückkehr aus Vietnam gewartet hat. Dann, nur wenige Tage, nachdem er endlich zu ihr zurückgekehrt war, nach der Freude und abgrundtiefen Erleichterung, dass er endlich vor den Gefahren eines weit entfernten Krieges in Sicherheit war, bekam sie einen entsetzlichen Anruf mit der Nachricht, dass er in einem Autounfall in der Nähe von Zuhause getötet worden war.

Ja, Claire und ihre Mutter hatten wahrscheinlich Recht, als sie beschlossen, das Risiko nicht einzugehen, Doris nach all dem, was sie durchgemacht hatte, aufzuregen. Aber was, wenn die Dinge anders gelegen hätten?

Was, wenn Doris der Möglichkeit der Reinkarnation offen gegenübergestanden hätte, die beiden dies gewusst und entfernte Verwandte kontaktiert hätten, um Doris' Telefonnummer zu bekommen und sie anzurufen? Was hätte sie empfunden, wenn sie von Dereks akkuraten Aussagen über seine »andere Familie« und seiner zärtlichen Fixierung auf »Dorsey« gehört hätte? Und davon, wie sehr er die kleinen Dinge vermisste, die sie für ihn getan hatte? Hätte es ihr Herz nicht erfreut zu hören, dass er sich nach wie vor erinnerte, wie sie die Lampe für ihn angelassen hatte, und dass er erwartet hatte, ihr Leuchten als Willkommensgruß zu sehen? Würde es ihre Seele nicht besänftigen zu wissen, dass Derek – ihr Ted – mit seinem auf unschuldige Weise verzerrten Sinn für die Zeit immer noch nach ihr Ausschau hielt und sich danach sehnte, ihr Gesicht im Fenster zu entdecken?

Würde das Wissen, dass Ted zurück und von ihrer Familie und von Freunden umgeben war, nicht ein wenig helfen, das Loch in ihrem Herzen zu heilen, so wie es bei anderen Müttern geschah, die erfuhren, dass ihre Söhne wiedergeboren wurden?

Natürlich weiß ich nicht, was Doris in diesem Moment gedacht oder gefühlt oder wie sie reagiert hätte. Aber ich weiß, dass unzählige Menschen wie Doris um ihr geliebtes Kind, ihren Mann, ihre Frau, ihre Mutter oder ihren Vater trauern, der oder die in einem neuen Körper zurückgekehrt *ist*. Manche dieser Seelen befinden sich in ihrer neuen Inkarnation ganz in der Nähe genau der Menschen, die um sie trauern, tauchen unbemerkt in ihrem Leben auf, indem sie zum Beispiel im Wohnzimmer über den Boden krabbeln, wenn die Familie an Weihnachten zusammenkommt.

Ich weiß, dass das geschieht, aber die meisten Menschen sehen es nicht, weil sie nicht wissen, dass es möglich ist. Ich glaube, dass mehr Menschen die Freude einer überraschenden Wiedervereinigung mit einer innig vermissten Seele genießen könnten, wenn sie nur ihren bedingungslosen Glauben ablegen könnten, ihre Überzeugung, dass »so etwas einfach nicht passiert«, und sich der Möglichkeit öffnen würden, dass es vielleicht *doch* passiert. Eine kleine Änderung der Einstellung kann einen großen Unterschied machen.

Nachdem Ted gestorben war und als Derek wiedergeboren wurde, hielt seine Seele nach der Lampe Ausschau, die an der Garage hing – dieser Leuchtturm des Willkommens, der ihn mit seiner Mutter, mit seinem Zuhause und mit der Liebe verband, die er zurückgelassen hatte. Er war vollauf davon überzeugt, dass er noch da sein würde.

Was für eine angemessene Metapher, um für die Möglichkeit der Rückkehr in die Familie offen zu bleiben.

Machen Sie es doch genauso: Lassen Sie Ihr Licht an, auch wenn Sie nicht wissen, was Sie glauben sollen. Lassen Sie Ihr Licht an, um einen geliebten Menschen, der aus dem Himmel zu Ihnen zurückkehrt, willkommen zu heißen.

Danksagung

Ich danke allen, die so großzügig ihre Geschichten mit mir geteilt und mir die Erlaubnis gegeben haben, sie in dieses Buch aufzunehmen. Ohne ihren Mut und ihre bahnbrechenden Erkenntnisse hätte ich keine Geschichten zu erzählen.

Außerdem danke ich folgenden Personen für ihre Hilfe:

Pat Lawrence für die Betreuung des Reinkarnationsforums (ReincarnationForum.com) und für ihre umsichtige Kritik am Manuskript.

Betty Ballantine fürs Lesen des Manuskripts und ihre klugen Anmerkungen.

Trish MacGregor dafür, dass sie mich durch den Schreibprozess geleitet und dafür gesorgt hat, dass ich in der Spur bleibe – und dafür, dass sie mich Al vorgestellt hat.

Al Zuckerman für seine Ausdauer und Beratung.

Esther und Gregg Cohen-Eskin, die in ihrer Funktion als »Durchschnittsleser« wirklich tolle Arbeit geleistet haben.

Larry Ashmead für seinen Enthusiasmus, seine Weitsicht und seinen Glauben an dieses Projekt.

Und nicht zuletzt Allison McCabe und Krista Stroever für ihre große Unterstützung.

Mein ewiger Dank gilt meinem Mann und Schreibpartner Steve. Für seinen Einblick und seine Hilfe bei dem Vorhaben, meinen Ideen eine Form zu geben und sie zu gliedern, stehe ich tief in seiner Schuld. Ich habe mich auf seinen Sinn für Komposition verlassen, um diesem Buch eine Struktur und einen guten Lesefluss zu verleihen – und anschließend verließ ich mich auf seine hervorragenden Fähigkeiten als Korrekturleser, um dem Buch den letzten Schliff zu verpassen. Ohne ihn hätte ich es nicht geschafft.

Anmerkungen

Drittes Kapitel: Reinkarnation und Biologie

1 Die direkte Adresse des Forums lautet www.ReincarnationForum.com.

2 Das folgende Werk wird häufig zitiert und wurde mit *RB* abgekürzt: Ian Stevenson, *Reincarnation and Biology: A Contribution to the Etiology of Birthmarks and Birth Defects*, zwei Bände; Westport, CT: Praeger Publishers, 1997. *RB*, 2: 1429–1442. Keine deutsche Ausgabe.

3 *RB*, 1: 430–455.

4 Ian Stevenson, *Where Reincarnation and Biology Intersect.* Westport, CT: Praeger Publishers, 1997, p. 86. [Eine Zusammenfassung der Befunde aus *Reincarnation and Biology*, zeitgleich mit dem zweibändigen Alterswerk erschienen.] Dt. Ausgabe: *Reinkarnationsbeweise. Geburtsnarben und Muttermale belegen die wiederholten Erdenleben des Menschen*, Aquamarin Verlag, Grafing, gebunden 1999, im Taschenbuch 2011.

5 *RB*, 2: 1236–1250.

6 ebd., 1186–1200.

7 *RB*, 1: 300–323.

8 Aus einem Vortrag mit dem Titel »Some of My Journeys in Medicine«, der 1989 an der Southeastern Louisiana University gehalten wurde. Der vollständige Text ist unter https://med.virginia.edu/perceptual-studies/wp-content/uploads/sites/267/2015/11/some-of-my-journeys-in-medicine.pdf zu finden. »Was die Geschichte mich gelehrt hat, ist die Vergänglichkeit (...) unserer Theorien über die Natur des Menschen. Besonders die Geschichte der Medizin zeigt eine demütigende Abfolge von Theorien

über Krankheiten, von denen jede für eine kurze Zeitspanne unantastbar schien, nur um sich durch die nächste Theorie als widerlegbar zu erweisen, die ihrerseits – obwohl sie zunächst als endgültige Lösung bejubelt wurde – zu späterer Zeit widerlegt wurde. Das Wissen der Wissenschaft hält, wie Whitehead sagte, nicht länger als Fisch. (...) Für mich ist alles, was Wissenschaftler heute glauben, offen für Zweifel, und ich bin stets aufs Neue bestürzt darüber, dass viele Wissenschaftler das derzeitige Wissen für unverrückbar halten. Sie verwechseln Ergebnis und Prozess.«

Viertes Kapitel: Chicago, USA

1 Jim B. Tucker, *Life Before Life. Children's Memories of Previous Lives*. New York, N.Y.: St. Martin's Press, 2005. [Vorwort von Dr. Ian Stevenson.] Keine deutsche Ausgabe.

2 Im Jahr 1983 wurde ein Artikel mit dem Titel »American Children Who Claim to Remember Previous Lives« in *The Journal of Nervous and Mental Disease* veröffentlicht. Der Artikel vergleicht 97 amerikanische mit 266 indischen Fällen. Auch wenn in beiden Kulturen die jeweiligen Verhaltensweisen und die Anzahl der Äußerungen ähnlich waren, fehlten bei den Äußerungen der amerikanischen Kinder spezifische Details, insbesondere Eigennamen. Unter den 97 amerikanischen Fällen gab es nur einen, in dem ein Kind Namen nannte, mit deren Hilfe die frühere Identität als die einer Person außerhalb der direkten Familie identifiziert werden konnte. In diesem einen Fall handelte es sich um eine frühere Bekannte der Mutter.

3 Das Reinkarnationsforum ist Teil meiner Website. Wir stellen es zur Verfügung, um jede Frage oder Idee zu diskutieren, die mit Reinkarnation, früheren Leben von Kindern oder der Arbeit von Dr. Stevenson zu tun hat. Das Forum finden Sie unter www.ReincarnationForum.com, die ganze Website unter www.carolbowman.com.

Sechstes Kapitel: Sich ein Leben aussuchen

1 Rinpoche, Sogyal. *The Tibetan Book of Living and Dying*. New York: HarperCollins 1994. Dt. Ausgabe: *Das Tibetische Buch vom Leben und vom Sterben*. Otto Wilhelm Barth Verlag, München 1996; Taschenbuch-Ausgaben 2004 ff. im Fischer Verlag, Frankfurt, und 2010 ff. im Knaur Verlag, München.

2 W. Y. Evans-Wentz (Übers.), *The Tibetan Book of the Dead*. London: Oxford University Press 1960, p. 173. Dt. Ausgabe: *Das Tibetische Totenbuch. Erste vollständige Ausgabe – mit einleitendem Kommentar des XIV. Dalai Lama*, herausgegeben von Stephen Schuhmacher, Reihe »Arkana«, Goldmann Verlag, München 2005 ff.

3 Helen Wambach, *Life Before Life*. New York: Bantam Books 1979, p. 56. Dt. Ausgabe: *Leben vor dem Leben. Verblüffende Testergebnisse beweisen: Es gibt ein Leben vor der Geburt*, Heyne Verlag, München 1980 ff. (Taschenbuch).

4 Ian Stevenson, *Children Who Remember Previous Lives*. Charlottesville: University Press of Virginia, 1987, p. 68–71. Dt. Ausgaben: *Wiedergeburt. Kinder erinnern sich an frühere Erdenleben*, Aquamarin Verlag, Garfing 1989, und Zweitausendeins Verlag, Frankfurt am Main 1992.

5 *RB*, 1: 181–197.

6 *RB*, 2: 2076.

7 *RB*, 1: 878.

8 Ian Stevenson, *Twenty Cases Suggestive of Reincarnation*. Charlottesville: University Press of Virginia, 1974, p. 259–269. Überarbeitet und erweitert 1980. Dt. Ausgabe: *Reinkarnation. Der Mensch im Wandel von Tod und Wiedergeburt. Zwanzig überzeugende und wissenschaftlich bewiesene Fälle*. Aurum Verlag, Freiburg im Breisgau 1992 ff.; Nachdruck zuletzt durch Aurum im Kamphausen Verlag, Bielefeld 2003.

9 Ian Stevenson, *Cases of the Reincarnation Type*. Charlottesville: University Press of Virginia 1983, p. 7. Keine deutsche Ausgabe.

10 Raphael, Simcha Paull, *Jewish Views of the Afterlife*. Northvale, New Jersey: Jason Aronson 1994, p. 394.

11 Winafred Blake Lucas, *Regression Therapy: A Handbook for Professionals*, Vol. 2. Crest Park, California: Deep Forest Press 1993, p. 207.

Siebtes Kapitel: Kehrtwende im Mutterleib

1 Wambach, p. 99.

2 Michael Newton, *Destiny of Souls*. St. Paul, MN: Llewellyn Publications 2000, p. 382. Dt. Ausgabe: *Die Abenteuer der Seelen. Neue Fallstudien zum Leben zwischen den Leben*, Edition »Astroterra«, Astrodata Verlag, Zürich 2001 ff.

3 Diese Statistiken kommen über Dr. Stevenson. Aus Studien über spontane Fehlgeburten: »Es werden mehr Embryos während der Schwanger-

schaft verloren als sich zu Babys entwickeln, die lebend geboren werden. Wenn befruchtete Eier, die vor der Implantation absterben, miteinbezogen werden, ›enden ungefähr 52 % der Schwangerschaften vor der 28. Woche und alle bis auf 6 % dieser 52 % treten auf, bevor die Fehlgeburt klinisch anerkannt wird.‹ (A. B. Little, 1998, p. 241). Boklage (1990) gab an, dass ›mindestens 73 % der einzelnen, auf natürliche Weise empfangenen Embryos keine echte Chance haben, die ersten sechs Wochen der Schwangerschaft zu überleben. Von den Verbleibenden werden ungefähr 90 % die gesamte Schwangerschaft überleben.‹«

4 Wambach, p. 102.

5 *RB*, 1: 1095.

6 McGarey, Gladys, *Born to Live. A Holistic Approach to Childbirth*. Phoenix: Gabriel Press 1980, p. 54–55. Erhältlich über die Autorin: 7350 E. Stetson Drive, Suite 125, Scottsdale, AZ 85251; 609-946-4544.

7 Lucas, 263–264.

8 ebd., 299.

Achtes Kapitel: Vorausdeutende Träume

1 Elisabeth Halletts Website ist www.light-hearts.com.

Bibliografie

Anderson, George und Andrew Barone. *Lessons from the Light – Extraordinary Messages of Comfort and Hope from the Other Side.* New York: G. P. Putnam's Sons 1999.

Evans-Wentz, W. Y. (Übers.). *The Tibetan Book of the Dead.* London: Oxford University Press 1960. Dt. Ausgabe: *Das Tibetische Totenbuch. Erste vollständige Ausgabe – mit einleitendem Kommentar des XIV. Dalai Lama*, herausgegeben von Stephan Schuhmacher, Reihe »Arkana«, Goldmann Verlag, München 2005 ff.

Guggenheim, Bill und Judy Guggenheim. *Hello from Heaven.* New York: Bantam Books 1996. Dt. Ausgabe: *Trost aus dem Jenseits. Unerwartete Begegnungen mit Verstorbenen*, Scherz Verlag, Bern/München/Wien 1999; Nachdrucke im Weltbild Verlag, Augsburg 2003, und im Fischer Taschenbuchverlag, Frankfurt am Main 2007.

Hallett, Elisabeth. *Soul Trek – Meeting Our Children on the Way to Birth.* Hamilton, MT: Light Hearts Publishing 1995.

Head, Joseph, und Sylvia Cranston. *Reincarnation: The Phoenix Fire Mystery.* San Diego: Point Loma Publications 1991.

Hinze, Sarah. *Coming from the Light.* New York: Simon & Schuster 1994. Taschenbuch-Nachdruck unter dem Imprint Pocket Book 1997.

Kamenetz, Rodger. *The Jew in the Lotus. A Poet's Rediscovery of Jewish Identity in Buddhist India.* New York: HarperCollins 1994.

Lucas, Winafred Blake. *Regression Therapy: A Handbook for Professionals*, Vol. 1 & 2. Crest Park, California: Deep Forest Press 1993.

McGarey, Gladys. *Born to Live. A Holistic Approach to Childbirth*. Phoenix: Gabriel Press 1980. Erhältlich über die Autorin: 7350 E. Stetson Drive, Suite 125, Scottsdale, AZ 85251; 609-946-4544.

Martin, Joel und Patricia Romanowski. *Love Beyond Life – The Healing Power of After-Death Communications*. New York: Dell Publishing 1997.

Miller, Sukie. *After Death – Mapping the Journey*. New York: Simon & Schuster 1997. Dt. Ausgabe: *Nach dem Tod. Stationen einer Reise*, Deuticke Verlag, Wien 1998.

Moody, Raymond A. *Life After Life. The Investigation of a Phenomenon – Survival of Bodily Death*. New York: Bantam Books 1975. Dt. Ausgabe: *Leben nach dem Tod. Die Erforschung einer unerklärlichen Erfahrung*. Rowohlt Verlag, Reinbek bei Hamburg 1977 ff.

Newton, Michael. *Destiny of Souls*. St. Paul, MN: Llewellyn Publications 2000. Dt. Ausgabe: *Die Abenteuer der Seelen. Neue Fallstudien zum Leben zwischen den Leben*, Edition »Astroterra«, Astrodata Verlag, Zürich 2001 ff.

–. *Journey of Souls*. St. Paul, MN: Llewellyn Publications 1994. Dt. Ausgabe: *Die Reisen der Seele. Karmische Fallstudien*, Edition »Astroterra«, Astrodata Verlag, Zürich 1996 ff.

Raphael, Simcha Paull. *Jewish Views of the Afterlife*. Northvale, New Jersey: Jason Aronson 1994.

Rinpoche, Sogyal. *The Tibetan Book of Living and Dying*. New York: HarperCollins 1994. Dt. Ausgabe: *Das Tibetische Buch vom Leben und vom Sterben*. Otto Wilhelm Barth Verlag, München 1996; Taschenbuch-Ausgaben 2004 ff. im Fischer Verlag, Frankfurt, und 2010 ff. im Knaur Verlag, München.

Stevenson, Ian. *Cases of the Reincarnation Type*. Vol. 1: *Ten Cases in India* [Januar 1975]. Vol. 2: *Ten Cases in Sri Lanka* [April 1978]. Vol. 3: *Twelve Cases in Lebanon and Turkey* [Oktober 1980]. Vol. 4: *Twelve Cases in Thailand and Burma* [Juni 1983]. Charlottesville: University Press of Virginia. [Eine frühe Ausgabe aller vier Bände erschien bereits 1975; im Laufe der Jahre überarbeitete und erweiterte der Autor die Fassungen.]

–. *Children Who Remember Previous Lives. A Question of Reincarnation*. Charlottesville: University Press of Virginia 1987. Dt. Ausgaben: *Wiedergeburt*.

Kinder erinnern sich an frühere Erdenleben, Aquamarin Verlag, Garfing 1989, und Zweitausendeins Verlag, Frankfurt am Main 1992.

–. *European Cases of the Reincarnation Type.* Jefferson, North Carolina: McFarland & Co. 2003. Dt. Ausgabe: *Reinkarnation in Europa. Erfahrungsberichte*, Aquamarin Verlag, Garfing 2005.

–. *Reincarnation and Biology. A Contribution to the Etiology of Birthmarks and Birth Defects.* Vol. 1: *Birthmarks.* Vol. 2: *Birth Defects and Other Anomalies.* [Das zweibändige Alterswerk des Autors mit insgesamt über 2300 Seiten Umfang.] Westport, Connecticut: Praeger Publishers 1997.

–. *Twenty Cases Suggestive of Reincarnation.* Charlottesville: University Press of Virginia 1974, überarbeitet und erweitert 1980. Dt. Ausgabe: *Reinkarnation. Der Mensch im Wandel von Tod und Wiedergeburt. Zwanzig überzeugende und wissenschaftlich bewiesene Fälle.* Aurum Verlag, Freiburg im Breisgau 1992 ff.; Nachdruck zuletzt durch Aurum im Kamphausen Verlag, Bielefeld 2003.

–. *Where Reincarnation and Biology Intersect.* Westport, Connecticut: Praeger Publishers 1997. [Eine Zusammenfassung der Befunde aus *Reincarnation and Biology*, zeitgleich mit dem zweibändigen Alterswerk erschienen.] Dt. Ausgabe: *Reinkarnationsbeweise. Geburtsnarben und Muttermale belegen die wiederholten Erdenleben des Menschen*, Aquamarin Verlag, Grafing, gebunden 1999, im Taschenbuch 2011.

–. »American Children Who Claim to Remember Previous Lives«, *Journal of Nervous and Mental Disease*, Vol. 171, No. 12, 1983, p. 742-748.

–. »Birthmarks and Birth Defects Corresponding to Wounds on Deceased Persons«, *Journal of Scientific Exploration*, Vol. 7, No. 4, 1993, p. 403-410.

–. »Phobias in Children Who Claim to Remember Previous Lives«, *Journal of Scientific Exploration*, Vol 4, No. 2, 1990, p. 243-254.

TenDam, Hans. *Exploring Reincarnation. The Classic Guide to the Evidence for Past-Life Recall.* London: Arkana/The Penguin Group 1990. Dt. Ausgabe: *Tiefenheilung. Ein praktisches Handbuch der Rückführungstherapie.* Raleigh, North Carolina: lulu.com 2010.

Tucker, Jim B. *Life Before Life. Children's Memories of Previous Lives.* New York, N.Y.: St. Martin's Press, 2005. [Vorwort von Dr. Ian Stevenson.]

–. *Return to Life. Extraordinary Cases of Children Who Remember Past Lives.* New York, N.Y.: St. Martin's Press, 2013. Dt. Ausgabe: *Kinder erinnern sich.*

Dem faszinierenden Phänomen der Wiedergeburt auf der Spur. Allegria im Ullstein Taschenbuch, Berlin 2014.

Van Praagh, James. *Reaching to Heaven.* New York: Dutton 1999. Dt. Ausgabe: *Jenseitswelten. Erkenntnisse über das Leben nach dem Tode,* Reihe »Arkana«, Goldmann Verlag, München 2002 ff.

–. *Talking to Heaven.* New York: Dutton 1997. Dt. Ausgabe: *Und der Himmel tat sich auf. Jenseitsbotschaften. Die geistige Welt und das Leben nach dem Tode,* Goldmann Verlag, München 1998 ff.

Wambach, Helen. *Life Before Life.* New York: Bantam Books 1979. Dt. Ausgabe: *Leben vor dem Leben. Verblüffende Testergebnisse beweisen: Es gibt ein Leben vor der Geburt,* Heyne Verlag, München 1980 ff. (Taschenbuch).

Weiss, Brian L. *Many Lives, Many Masters. The True Story of a Prominent Psychiatrist, His Young Patient and the Past-Life Therapy That Changed Both Their Lives.* New York: Simon & Schuster 1988. Dt. Ausgabe: *Die zahlreichen Leben der Seele. Die Chronik einer Reinkarnationstherapie.* Goldmann Verlag, München 1994 ff.

–. *Messages from the Masters.* New York: Warner Books 2000.

–. *Only Love Is Real.* New York: Warner Books 1996. Dt. Ausgabe: *Die Liebe kennt keine Zeit. Die wahre Geschichte einer Seelenverwandschaft aus früheren Leben.* Ullstein Verlag, Berlin 2001; Neuausgabe ebd., Berlin 2007 ff.

–. *Through Time into Healing. Discovering the Power of Regression Therapy to Erase Trauma and Transform Mind, Body and Relationships.* New York: Simon & Schuster 1992. Dt. Ausgabe: *Heilung durch Reinkarnationstherapie. Ganzwerdung über die Erfahrung früherer Leben.* Knaur Verlag, München 1995, und Allegria im Ullstein Taschenbuch, Berlin 2007 ff.

Whitton, Joel L., und Joe Fisher. *Life Between Life. Scientific Explorations Into the Void Separating One Incarnation from the Next.* New York: Warner Books 1986. Dt. Ausgabe: *Das Leben zwischen den Leben. Ein Forschungsbericht aus der Welt jenseits unserer physischen Existenz.* Goldmann Verlag, München 1987 ff.

Williamson, Linda. *Children and the Spirit World.* London: Piatkus 1997. Dt. Ausgabe: *Kontakte mit der geistigen Welt. Durch mediale Kräfte in Verbindung mit geliebten Menschen bleiben.* Ullstein Verlag, Esoterik-Taschenbuch, München 1998.

Woolger, Roger J. *Other Lives, Other Selves. A Jungian Psychotherapist Discovers Past Lives*. New York: Doubleday 1987. Woolger ist führend in Theorie und Praxis, was Rückführungen in frühere Leben als Therapieform betrifft. Die Lektüre ist ein Muss! Dt. Ausgabe: *Die vielen Leben der Seele. Wiedererinnerung in der therapeutischen Arbeit.* Hugendubel Verlag, München 1992.

Die Autorin

Carol Bowman, geboren am 14. Oktober 1950, ist Mutter von zwei Kindern und eine international bekannte Therapeutin, Vortragsrednerin und Autorin. Sie studierte am Simmons College in Boston und schloss ein Coaching-Studium an der Villanova University mit dem Master of Science ab. Nach zwei Jahrzehnten der praktischen Anwendung von Rückführungsmethoden und ständigen Fortbildung ist sie heute eine Koryphäe auf dem Gebiet der Reinkarnationsforschung. Mit *Mama, ich war schon einmal erwachsen!* schrieb sie das erste nicht-akademische Werk über spontane Rückführungen bei Kindern. Es wurde zu einem Klassiker, der bisher in sechzehn Sprachen herauskam. Fünf Jahre später ließ sie ein Buch über Wiedergeburt in der Familie folgen: *Ich werde wieder bei dir sein!* Sie war zu Gast in allen einschlägigen TV- und Radiosendungen der USA, unter anderem bei *Oprah Winfrey, Good Morning America, Unsolved Mysteries, A&E, ABC Primetime,* der *Art Bell Show*, sogar im Discovery Channel und bei der BBC in England. Sie lehrte in Norwegen, Belgien, Kanada und den Niederlanden sowie am Omega Institute und an der Edgar Cayce Foundation. Mit ihrem Ehemann Steve ....

lebt sie in Media im US-Bundesstaat Pennsylvania. Ihre beiden Kinder, die den Grundstein für ihre Arbeit legten, sind inzwischen erwachsen und führen erfolgreich ihr eigenes Leben in New York City und Philadelphia.

Wenn Sie Kontakt aufnehmen möchten,
wenden Sie sich bitte auf Englisch an:

Carol Bowman
145 Latches Lane
Media, PA 19063, USA

www.carolbowman.com
carol@carolbowman.com

Pari Laskaridis
MANTRAS
Worte aus der Quelle der Kraft und Heilung

Musik von Satyaa & Pari

128 Farbseiten, Hardcover mit Fotos und CD
Amra Verlag, € 19,95 [D]

ISBN 978-3-95447-042-6

Wie finde ich mein persönliches Mantra? Es gibt sie nicht nur im Buddhismus und Hinduismus, sondern auch im Islam, Judentum und Christentum. Das gesammelte Wissen des Mantra-Sängers!

Auch als eBook

LD Thompson
WAS DIE SEELE SIEHT
Wege zum inneren Frieden

256 Seiten, Hardcover, oranges Leseband
Amra Verlag, € 22,99 [D]

ISBN 978-3-939373-18-8

Dein Leben wird von deiner Seele gestaltet, und je mehr du auf sie hörst und nach ihren Werten und Wünschen handelst, desto freudvoller wird dein Leben. Vorwort von Sabrina Fox.

Kabir Jaffe, Ritama Davidson u.a.
DEINE ENERGIE IN AKTION!
»Energy Balancing« fürs tägliche Leben

Auch als eBook

304 Seiten, Paperback XXL, Zusatzfarbe, reich illustriert
Amra Verlag, € 29,99 [D]

ISBN 978-3-939373-85-8

Nicht zentriert? Schutzlos gegen Energien? Dieses Lehrbuch gibt uns einfache Hilfsmittel an die Hand, die unser Leben verbessern. Dabei bedient es sich neuester Erkenntnisse der Energiemedizin.

Buchauszüge, Videos und Hörproben auf www.AmraVerlag.de

William Stillman
DIE SEELE DES AUTISMUS
Warum wir die hohe Spiritualität von Menschen mit Autismus brauchen

Auch als eBook

224 Seiten, Hardcover, rotes Leseband
Amra Verlag, € 19,95 [D]

ISBN 978-3-939373-15-5

Von unseren Freunden mit Autismus gibt es viel zu lernen über das Bewusstsein. Sie helfen uns bei der Entwicklung einer neuen Menschheit. Ist Autismus ein notwendiger Teil der Evolution?

Auch als eBook

Jacky Newcomb
ANGEL KIDS
Die medialen Erfahrungen unserer Kinder

240 Seiten, Hardcover, blaues Leseband
Amra Verlag, ***nur € 8,99 [D]***

ISBN 978-3-939373-22-3

Viele Kinder haben heute ganz außergewöhnliche Fähigkeiten. Wenn sie Engel sehen, mit Verstorbenen oder über vergangene Leben sprechen ... »Dieser Ratgeber hilft Ihnen!« – Diana Cooper

Meg Blackburn Losey
THE CHILDREN OF NOW
Kristallkinder, Indigokinder, Sternenkinder und das Phänomen der Übergangskinder

Auch als eBook

256 Seiten, Hardcover, oranges Leseband
Amra Verlag, € 19,99 [D]

ISBN 978-3-939373-09-4

Sie kommunizieren telepathisch, gehen mit subtilen Energien um. Zu welchen multidimensionalen Realitäten haben sie Zugang? Und wie kann die Gesellschaft diese talentierten Kinder unterstützen?

Textauszüge, Videos und Hörproben auf www.AmraVerlag.de